北京市高等教育精品教材立项项目
高职高专教材

U0821124

农产品营销理论与实务

主　编　李季圣　李志荣
副主编　王丽珍　周　怡
　　　　陈天宝　李　春

中国农业大学出版社

主　编　李季圣　李志荣
总编纂　李志荣
副主编　王丽珍　周　怡　陈天宝　李　春
主　审　许惠渊

内 容 提 要

《农产品营销理论与实务》教材主要以农产品作为营销对象，分两个系列介绍了农产品营销的基本理论和操作方式：一是基本理论系列构成，包括农产品营销的对象、职能、意义与方法等；农产品营销的环境分析；农产品消费对象的心理与行为分析；农产品市场细分与市场定位；农产品营销策略以及当前国际农产品境外营销部分规划与对策等。二是实际操作体系构成，以农产品营销的运作方式为侧重点，着重分析并介绍了农产品直接销售、间接销售、网络营销、农工贸一体化与期货、拍卖营销以及国际市场营销和农产品物流配送等营销方式。

全书坚持的中心思想是：农业要发展，必须打开市场，形成产销链培养市场开发的人才；农村要致富，实现小康社会，必须将市场与地头连接起来；农民要增收，必须懂得市场，找到通向市场的途径，掌握市场营销的方式，成为运作农产品市场的专门人才。尤其是贫困山区脱贫致富的农民，更要掌握农产品营销技术，学会打开农产品市场技巧。因此掌握现代市场营销理论，培养掌握农产品营销方式的人才是贯穿本书各章的核心。

本书内容特色：各章不仅对市场营销理论在农产品特色销售前提下展开探讨，概括了一系列的规则、特色和方法；同时还对农产品市场营销的操作实践进行了归纳、整理、提升和创新。针对操作型人才培养的目标，在各章都选择了大量的案例，展开分析；在各章最后都设计了基本训练、案例分析、网上调查、市场调查、模拟训练等内容，以期达到增长学习者实际经验和提高操作能力的目的。并力争探索出适合高等职业教育的技能型教育的教材模式。

前　言

《农产品营销理论与实务》是北京市教育委员会批准的2003—2005年高等教育重点项目立项的精品教材，也是各高校或高等职业院校以这个问题为题，编写的适用于高等职业教育，培养农产品营销领域的操作型、应用型人才的第一部教材。该教材的编写宗旨是：适应教材模式在教育体系改革方面的要求，建立以能力型人才培养为导向的职业教育的教材模式；以解决农产品的市场营销人员紧缺状况、培养出适合农产品营销岗位的销售人才、寻找缓解农村剩余劳动力压力与“三农（农业、农村、农民）”问题的解决相结合的途径为目标；为我国农产品的价值实现，提高农民收入，推进农村产业化，实现农业现代化服务。该教材适用于高等职业教育、成人大专教育、普通专科教育、农村经济组织市场开发的销售人才培训、城镇岗位培训以及农村经济管理干部培训等。

本书编写背景：21世纪初我国进行了产业结构的调整，但农业大国的性质没有改变，市场经济的初期特点没有改变。随着经济全球化和市场竞争在我国农产品营销领域的逐渐展开，突出的矛盾是农产品市场营销操作型人才匮乏，农产品市场乃至农村经济发展正面临诸多的机遇和挑战：①市场就是产业发展的龙头。随着国家产业结构的调整，农村经济体制改革的不断深化，土地确权后带来的农村经济结构的新变化，如何通过新形势下农产品市场开发、农产品营销规律的探索、农产品营销方式的变革与创新、农产品市场营销人才的培养，带动农产品生产、加工、运输、储藏和销售等产业经济链的有机结合，推进农业产业现代化的发展，已经成为各地农业经济发展的现实问题。②入世后我国农产品国际竞争力正面临挑战。加入世界贸易组织后，在一定意义上带动并推进了国内农产品生产、销售、运输等市场化进程，同时农产品出口市场的竞争更加激烈，因为市场的竞争归根到底是人才的竞争。国际市场的操作、产品运输和异地销售所遇到的更主要的矛盾不是产品本身，而是农产品经理、经销人才紧缺；在岗人员对国际市场领域陌生，市场经验不足。因此诸多矛盾亟待解决。③市场营销是解决“三农”问题的关键。2003年后，在解决全面实现小康社会的现实矛盾中，解决好“三农”问题已成为重中之重：一方面广大农村还有相当的剩余劳动力处于不稳定的就业环境，生活处于相对贫困的境地；而另一方面市场一线的农民急需通过更好更快的销售渠道、网络、策略或关系实现销售目标，提高农产品的附加值，提高农民的收入水平；农村经济组织亟待建设，并通过掌握相关的农产品营销知识和技能的人才，打造农产品销售的品牌，推进生产一经营体系的发展；更多的农村和城镇剩余劳动力需要找到他们熟悉的合适岗位；农业则通过农产品市场开发和建设形成自己的接续产业，并做大做强这一最能提升产品价值的产业，推进农业产业现代化的发展。④新技术进入市场营销带来新机遇。随着现代信息社会的发展，信息网络已经成为产品销售的重要门户之一，将成为变革传统农产品营销的革命性工具。如何学会并利用好这一新型的营销手段，推进分散的农户生产与市场整合、产品市场与需求市场整合，把市场引到地头，已经成为亿万农民热切盼望并亟待解决的问题。总之，如何迎接时代的机遇和挑战，将市场营销的基本规律和运行方式与农产品营销人才的培养工作紧密结合，与实现农产品价值紧密结合，与农民实现小康社会、小康家庭紧密结合，已经成为当前推进农村经济、社会发展，全面实现小康社会，实现“和谐社会”的关键性问题，也是编写本书的动力。

本书特色：农产品营销活动属于特殊产品、特殊市场操作的领域，其研究范围涉及了农产品销售的规律、问题、技术的诸多方面。比如农产品营销的政策、规则体系；特定农产品的销售体系；不同市场的不同运作体系；区域市场体系等。本书则以农产品的销售方式及其基本技能为内容，构成农产品营销的知识和技能体系。因此这是一部以岗位操作为目标而编写的理论与操作体系相结合的教材。

本书编写目的：面向农业高等职业教育的学生，培养从事农产品营销的专门人才；针对农产品营销专业人才紧缺和农村日益增长的剩余劳动力的矛盾，培养农村或城镇中有志于从事农产品营销岗位的专门人才，或专业经济组织从事营销工作的人才。通过教师教学或读者对该教材学习，使读者掌握农产品营销知识、农产品营销的操作方式，有志者可以通过教材实践成为农产品营销方面的专业人才或职业经理人。

本书的内容包括：农产品营销环境、农产品需求心理及行为、农产品市场细分及定位、农产品直接销售方式、间接销售方式、网络营销方式、其他营销方式、国际市场营销方式以及农产品营销策略、农产品物流配送方式以及国际农产品营销的部分规则与对策。

本教材在编写方面的特点：本书以课题形式立项；以研究带动理论提炼和经验的总结；以市场调查作为研究的基础；以大量的案例作为连接学习者的知识桥梁；参加编写（编著）的人员通过对农村社会和农产品营销行业的广泛、深入的实地考察，到各类农产品市场进行了广泛的研究，到农村经济组织进行深入调查，并参加了市场营销国际研讨会活动，获得了农产品营销方面的最新信息，有的同志在研究中撰写并发表了研究论文，最终完成了该书的理论框架和实践体系。

本书的编写人员组成：主要由北京农业职业学院从事农业经济、经营管理、心理学、国际贸易和电子商务等各学科，热衷于服务"三农"，并具有一定专业知识和研究能力的教师组成。职责分工如下：主编：李季圣、李志荣；副主编（按编写章的顺序排列）：王丽珍、周怡、陈天宝和李春；法律顾问：徐成响；参加第十二章整理材料的人员：史文华、李伟伟、任小娜、张林、许超。

全书编写分工如下（按章节先后顺序）：

李志荣：内容提要、前言、第一、六、十二章；

王丽珍：第二章和第四章；

周　怡：第三章；

李季圣：前言修订、第五章、第八章；

陈天宝：第七、十一章，英文目录；

李　春：第九章、第十章。

本教材在研究中，得到了来自农产品营销实践一线、具有丰富市场管理经验的有关领导和经理人的鼎立支持。如中央农产品批发市场领导、北京小汤山农业园区的市场部经理、八达岭蔬菜批发市场等负责同志，以及当地成长起来的农产品营销经纪人的大力支持。

本书的研究和出版是在北京市教委有关领导的直接指导和监督以及提供的研究经费的支持下，在北京市农委有关领导的大力支持下，在北京农业职业学院的书记、院长以及其他领导同志的亲自指导和经费支持下，以及中国农业大学出版社的同志热情帮助、全力支持下才顺利完成的。在此，谨代表我们编写组的全体人员，以及通过此书成为农产品市场营销的专门人才的全体学生向他们表示最衷心的感谢。

该书由于时间紧张，研究人员的实践经验有限，很多地方还有待深入研究，存在的不足之处在所难免。希望有志于这一领域的研究和从事农产品营销实践的同志给予多多的指正，并共同丰富发展这一理论与操作结合的教材体系，为促进农村市场经济发展，促进农民增收，构建"和谐社会"做出应有的贡献。

李志荣

2005 年 6 月于香山

目　录

Contents

CHAPTER 1

第1章　农产品营销概述

学习目标

学习本章后：

素质目标：学习后你将了解农产品营销的特定领域、要求；掌握农产品营销手段对于我国“和谐社会”发展的意义。

知识目标：了解农产品营销是什么；为什么在农业生产者和消费者之间需要营销环节；本书在农产品营销方面侧重的内容。

技能目标：对农产品营销的主体的基本认识，并掌握主体应具备的能力；对农产品营销方式的基本框架的认识，并掌握营销方式的基本渠道；掌握学习农产品营销的方法。

1.1 农产品营销的本质、特征与职能

1.1.1 农产品营销的内涵

农产品营销一直以来就是一个难题大、难点多、风险高的领域，搞好了可以低成本高收益；搞不好，全砸在手里，血本无归。如何搞好这个领域的经营，对于搞活农产品市场、实现农民增收具有至关重要的意义。

案例 老蜂农蜂蜜是如何成功的：

“投入少、产出大”一直是农民梦寐以求的事。对于农民来说，只要生产出的产品最好是有人不断求购，生产风险和市场风险都会降到最低点，最好零风险。但是达到这个目标常常是很难的。一般而言，一个农产品要想达到这个境地，要求社会对产品需求大，需求不断，需求者或供应商找上门来订购，产品能卖好价钱。要达到这些目标除非解决一系列问题：大家都知道、大家都熟悉、大家都愿意买、大家都欢迎。但是对于一个个体生产者，如何让“大家都知道”？如果没有强大的资金进行广告宣传，在今天的社会是很难让社会都知道的；如何让“大家都熟悉”？必须通过大家使用，不使用怎能熟悉，使用就要先卖出去，或试用一段时间，但对于一个个体户来说没有强大的经济后盾是无法实现这个目标的；至于“大家都愿意买”，首先是需求，有需求才有购买，而且有好的产品口碑才愿意买，对于一个个体户来说，得需要投放很多的产品先廉价甚至赔本销售，通过使用者使用，才能产生好的口碑效应，而个体农民这点财力是无法支撑这样的销售活动的；“大家都欢迎”的产品一定是目前缺少的、消费必需的，达到这个目标时常靠出示需求调查、产品定位分析、产品生产者投入市场的供给量的把握和产品比较优势，才能决定谁更能够赢得市场需求。这一切对于一个文化水平不高、没有营销知识和策划经验的农民来说的确是难上加难的事，也是广大农民生产者遇到的最基本的产品销售问题。

但是作为经营者，陈泰之——他成功了。首先，他考虑了该地区的优势。江西的井冈山地区环境优美，没有受到多少污染，植物茂盛，蜜蜂资源丰富，很多农民靠养蜂为生，有八百里“绿色银行”的美誉，因此是进行就地取材创业的大好机会。其次，他考虑了行业经营的条件。蜂蜜行业起点低，适合资金少的小企业创业。第三，他考虑了市场竞争的状况。蜂蜜是小产品的行业，不容易引起投资者注意，由于小批量、时间长，强大的竞争对手很少关注这个领域。第四，他考虑了宣传推广成本。

蜂蜜产品的功能大家都较熟悉，所以做好品牌在产品价值上不用过多的投人。第五，中国人的消费习惯。中国人对蜂蜜产品有传统的消费习惯，同时中国人口多，市场广阔，做好市场很有希望。然后他与几个朋友一起到市场进行考察，了解到当时(1998 年)国内保健品正处于产品周期下滑的阶段，即有相当的消费者对保健品的功能、效用产生怀疑、抵触，转而购买更倾向天然生成的、添加成分少的传统营养品，而且作为蜂蜜的很多产品不注意外在的包装，外观、字体都使人感到不太放心，如"罐是瘪的，字是歪的，颜色是不讨人喜欢的"；当时蜂蜜市场还没有细分的产品，如没有针对老年人的、中年人的、儿童的，或不同年龄和不同性别的蜂蜜产品；同时发现购买原老蜂农蜂蜜的消费者大部分都是白领女性，而且回头客很多；发现蜂蜜产品一般都是小卖部、小超市销售，其营销渠道的影响范围、影响力都太小。于是他找到了多个进入市场的切入点：设计好产品包装，进行市场细分，加工出不同人群需要的蜂蜜产品，与市场批量大的销售商建立联系等。就地取材创业，创业者投入 50 万元银行贷款，经过 5 年，不仅获得了 500 万元纯利润的创业回报，而且创造了一个让竞争对手出价 1 000 万元收购的中国蜂业知名品牌。

资料来源：中国农产品市场网

什么是农产品营销？首先要了解什么是市场营销，市场营销指"个人和群体通过创造并同他人交换产品和价值，以满足需求和欲望的一种社会活动过程和社会管理过程"①。包括产品生产、市场需求和预期信息、储运、保质、交换以及实现最终价值的运作与管理等一系列过程。

农产品营销是市场营销的重要组成部分。农产品营销与一般市场营销有共性也有区别，是指农产品生产者与产品市场经营者为实现农产品价值一道进行的一系列的产品价值的交易活动。其内涵包括：

1. *农产品营销主体是在产前、产中、产后开展农产品经营活动的个体和组织。*如专门销售粮食、蔬菜、水果的贸易公司或经济合作组织；也可以是生产者兼经营者，如外国的农场主，常常既是生产者代表，又是经销商，也可以是在产品产出后进行加工、保鲜、储运等活动的经营者。

美国农产品主要由相关的农产品经营企业或经济组织来完成。这些市场主体包括农场主经营的企业、农产品收购企业、农产品批发组织、农产品零售组织和农产品运输企业、仓储企业、专卖企业等。

我国农产品营销主体包括：农产品生产并销售的个体户，如我国的许多农民是自己生产了蔬菜、水果、鱼虾、稻谷、芝麻等，自己又到市场上出售的个体劳动者；专

① 菲利普·科特勒．市场营销管理(亚洲版)．北京：中国人民大学出版社，1997

门从事农产品市场经营活动的个体户和经济合作组织；市场上专门从事农产品营销运行的中介组织、批发与零售或专卖企业等。由于我国市场经济体制建立较晚，目前还存在国家农业部下属机构，或专门管理关系国计民生的主要农产品的部门和各级政府农业管理部门。他们虽然不直接操作具体的经营过程，但对农产品的生产和供给产生着重要的影响。

2. 农产品营销是通过生产、加工、贮藏、运输、市场交易的各个环节的多样性统一的整合过程。农产品从生产到消费，经历了各种不同的经营形式：第一种是生产—销售—消费者的最简单的经营环节的统一，如：果农将生产成熟的水果采摘后直接运到市场上出售。第二种是生产—粗加工—运输—进入市场与出售环节的统一，如：果农将采摘后的水果进行筛选、包装、低温保存、批发到市场上出售。第三种是生产—精加工—贮存—批发—零售，如水果、蔬菜、家禽、家畜、粮食等产品，在完成生产环节后，进入深层加工的生产环节，或改变原有形状、或提炼出所需要的物质、或加工成新产品，再进行库存、运输、批发及零售市场后才到达消费者手中。

3. 农产品营销是受农产品的自然生长周期、生产季节、生产产地、产品自身物理、化学性质等客观条件的制约进行经营的过程。该过程与其他产品的营销具有很大的差别。特别是产品自身的物理、化学因素，制约着经营者的市场风险、成本核算、额外保护等，加上我国农产品价格一直处于较低的价位，更增加了经营的风险。

案例　2004年的7月某日，一车皮的香蕉、木瓜从海南运送到北京，当时北京气温高达34℃。汽车进站后，接站的公司职员还没有到站，车厢内的冷冻措施已经不能再支撑2小时，于是他们对车厢内采取紧急降温措施，就地买来大量的冰块送入车厢，经过一天的处理终于保住了这批货物。第二天与对方公司紧急联系，当天将这批水果运走。但是由于水果采摘后生命延续的时间是有限的，保鲜已经成为很难的问题，经营该批水果的公司紧急召集员工将货物批发出去，价格是原价位的8成，公司为此在货到时就损失了2成，而由于车站接站不及时，造成的额外增加降温材料产生的费用，给这批货物利润又降低了2成。

资料来源：中国农产品市场网

可想而知，农产品与其他产品具有很多的不同，首先运送、保鲜就是很大的问题；其次从其价值上考虑，只要开始腐烂、变质，它就失去了产品的价值，在这一点上经营农产品市场风险更大。有些加工后的农产品也有贮藏问题，防虫、防污染、防鼠害、防霉变、防过期等。停留在经营者货舱的时间越长，货物损失越大，赔的因素越多，赚的机会越少。

这种特殊产品的经营过程的特殊性，还体现在：产品的经营者要有畅通的渠道，例如有市场没有供应商，将使机会流失；有货物没有市场，产品只能砸到手里。如果你是靠贷款经营的，你绝对承受不起如此挫折的。

1.1.2　农产品营销的基本特征

农产品营销是一门边缘科学。不仅要运用市场营销的基本理论和运做技巧指导产品的调查、市场细分、市场定位、市场开发、市场运做；还要运用农业经济学的知识、经营管理的知识指导农产品经营、销售的各个环节，探索其内在的特殊规律，推动农产品经营活动发展。因此，农产品营销的特点：

1. 营销产品具有较强的自然性和生物性。由于营销产品一般为生物性的自然产品或加工过的产品，保持其产品的自然属性或生物特性，是农产品与其他产品区别开来的重要特征。经营生物状态的鲜活东西，诸如蔬菜、水果、鱼肉、牛奶、花卉等，保证鲜活就是保障了产品的价值，这是经营其他诸如工业产品所不具有的突出特征。

2. 销售产品的季节性和期限性。营销农产品，必须按照季节来经营，并且经营时间受产品本身生命力的限制。如鲜肉、鲜奶保质期短，过期将腐烂、变质。如：水果、蔬菜采摘后应立即食用，存放时间长了必然腐烂、缩水，甚至失去食用价值。按照产品上市的季节，销售产品时还要考虑市场行情。如：近年来盲目地提早采摘各种水果，由于为了赶市场，水果还没有到采摘的时机，结果果实太生，不好吃，品质差，反而影响了产品的市场销售，特别是已开创了品牌的产品也倒了牌子。

3. 市场需求的批量性、连续性和多样性。在农产品市场上，首先，基本生活消费品是人民生活的基本保证，也是社会稳定的基本保证，因此市场需求大，少量的产品供应无法满足市场需求；其次是产品的连续性，生活消费的食用品天天用，时时用，无论是餐桌上的粮食、蔬菜、鱼肉、蛋奶，还是闲暇、旅游、集会、谈天都离不开加工的休闲食品。消费者的不同的个性、生活习惯，对农产品消费有不同的倾向；不同的年龄、发育阶段的消费群体，体现出对农产品的消费不同的理念；多样化已经成为各类人群消费农产品的基本特征。

4. 主流产品的稳定性。在社会发展中，每个区域的民族或国家，特有的生活习惯，消费饮食习惯，决定了对特定的农产品消费的主流产品及其消费的稳定性。西方国家多以西餐为主，因此，对黄油、牛羊肉和面包类食品和水果有特殊的稳定需求。而东方国家，尤其是我国广大地区以中餐为主，并发明了各种中餐菜系，大多以蔬菜、鸡鸭鱼肉、米饭、面食等为主要的消费食品，于是必然形成主流产品的相对稳定性。一旦西方国家牛肉、奶制品、大麦、小麦等紧张或东方国家蔬菜、大米、小麦、猪、牛、羊、鸡肉等紧张都会造成社会的不稳定。在我国市场产品短缺时期，一个谣言可以使粮店关门、副食店无货。这就是主流产品的作用。

5. 政府干预的必然性。由于主流农产品关系到国计民生，因此国家干预主流产品的生产、市场协调、价格稳定，也是其他类产品无法相比的特点。随着“三农”问题的提出，我国不断出台保证主流产品的宏观调控政策（如禁止占用耕地问题），并立法，保证了粮食生产的稳定性；如为农业生产设立保险，保证从事农业生产者的利益，大大降低了他们生产经营的风险，减轻了农民的压力。国家对农产品市场管理规范不断出台，也表明农产品作为特殊商品的经营的特殊性。

1.1.3 农产品营销的基本职能

搞好农产品营销不是简单的市场经营活动，它的特征决定了农产品营销职能：

1. 连接好两个市场实现顺利交易的职能。由于农产品的自然属性，生产者在丰收的季节，最担心产品是否顺利交易。因此农产品营销必须承担起顺利交易的职能。作为单纯的经营者要及时选择生产基地，督促基地的生产质量，绿色生产，并及时把市场信息传递给生产者，选择好需求市场，及时将产品销售出去。

2. 创造各种条件保证产品品质的职能。由于农产品的生物性和销售期限性制约了农产品营销，要求农产品交易必须在特定时间、环境下进行，如大宗产品的保鲜条件或设备等。农产品在经营过程中对大宗产品要进行维护和管理。在超市里我们看到大批的蔬菜由于没有及时的维护和管理，产品处于进入市场就将被毁损的状态。而消费者对这些产品又十分挑剔，无人管理最终导致资源的浪费。农民生产的产品无法实现其价值。正因如此，现在许多消费品市场中出现以出租柜台经营不易保鲜的农产品，产品卖不出由生产者或供应商承担风险，严重挫伤了生产者或供应商的积极性。因此，从事农产品营销必须具有保证产品品质的职能。

3. 规范经营行为提高农产品价值职能。农产品收获后的堆放状态，很难得到较高的价格回报。必须经过分级、储藏、加工、包装以及开发市场等一系列的相应活动。在国际市场上，西方国家农产品的价格远高于我国农产品价格，除了科技含量、劳动力价格等因素外，主要是经营过程产生出的产品价值升值。我国的农产品市场经营不规范，长期以来也做了大量宣传，但由于传统经营习惯和大多数人对规范经营的不熟悉，农产品价值升值还很难实现，这样提高农民收入的就很难解决。

4. 引导文明、健康消费的职能。我国的消费习惯制约着国民身体素质的提高，尤其是传统的消费习惯，如什么都敢吃、什么都想试，“非典”就是一个严峻的教训；对产品不了解其营养含量、所含成分，消费不科学，造成了严重的社会健康问题。饮食习惯可以通过社会传媒、社会健康教育来改进,而产品加工、储藏和改造则是农产品营销的职责,可以通过经营,引导人们健康消费,提高社会消费的文明程度,提高全民素质。这方面工作做好了将实现消费者与经营者的双赢和整个社会民族的健康发展。

1.2 农产品营销的研究对象及其体系

农产品营销是研究农产品市场运行的活动程序和规律的科学。本书的体系包括两个方面的目标:一是理论上,研究农产品经营销售过程的知识体系、规则体系的规律性理论;二是实务上,研究经营组织或个人如何进行农产品的市场选择、组织、开发;如何操作生产与市场对接,实现产品价值升值和满足消费者需要;如何掌握各种农产品营销渠道的内在规则,并规范市场经营行为,把握创造产品价值升值的机会等操作性的经验和途径。

1.2.1 农产品营销理论与实务的研究对象

农产品营销是以农产品市场运行活动的规律为研究对象的。

1. *农产品营销理论与实务是探索农产品市场发展过程的学科。*关于农产品营销实践的探索,早在古代部落文明出现后,随着不同部落间剩余产品的交换,为了方便交易,开始有了交换的场所。随着交易场所的稳定,市场就开始了。最早的交换产品无非是基本生存消费品,因此,可以说生活消费品——果实、猎物等成为古代部落市场营销的主要内容,即原始的生活消费品的营销。

(1)随着社会大分工的出现,农业生产逐渐独立出来。耕作成为社会的必需,此时农产品生产者为了用生产的多余产品换取其他生活消费品,在市场交易中出现了专门以农产品作为主要商品的交易市场。这种市场活动在经济历史类教科书中可以找到活动记载。可以说这是人类历史上最早的农产品交易市场,作为生产者又是直接交易者,则成为最早的农产品市场经营者,随着后来社会发展,一种专门从事商品经营活动的职业——商人出现了,则成为专门的农产品经营者。

农产品营销历来是以农产品剩余为基础的。因此农产品市场经营规模的发展,经营经验的增长,很大程度上取决于农产品生产力水平的提高。到了工业革命以后,机器的发明,并应用于农业生产,大大提高了生产速度和效率,大规模的农业生产和随之而来的大规模的产品销售逐渐成为社会关注的问题。

案例 世界上第一个过剩农产品营销问题：

19世纪上半叶的美国，在国内战争后，西部农业迅速开发，生产规模日益扩大，“农场占地由1850年的29 400万公顷增加到1880年的53 600万公顷；农场个数由150万个增加到3 400万个”。[①] 当时美国的西部人口稀少，尽管不断进入新的移民也无法消费掉如此多的农产品。于是大型粮食囤积地出现了，大型的农产品市场出现了。1870年，美国芝加哥建立了最大的谷物市场。由于社会经济发展促进科技发展和应用于交通运输业、农产品加工业、贮藏存储技术等，很快相关的农产品营销的重要要素：规模运输、先进加工、科学贮藏等都相继发展起来。包括从1870～1880年出现的现代一直使用并发展的冷藏铁路运输技术，冰块冷冻肉品、奶制品等。还有加工产品，如罐装产品出现，为农业产业发展创造了积极的市场机会，延续了产品寿命，丰富了市场供应，改善了社会生活质量，也提高了农产品的价值。尼阿波里斯成为当时最大的奶业产品的集散地。

在农产品市场发育中，人们遇到许多问题，包括市场不规范，操作方式落后，假冒伪劣产品进入市场，市场垄断，殖民者和生产者对市场控制等一系列矛盾，逐渐形成了农产品营销的理论和实践探索主题。

1903年，本杰明·H希巴德在美国的威斯康星大学开设了“农产品合作市场营销”课程，为理论研究和发展开辟了道路。1916年第一本名为《农产品运销学》(Marketing of Farm Products)发表了，作者：L. D. H韦尔德。1921年，本杰明·H希巴德又出版了《农产品营销学》(Marketing of Agricultural Products)。这些理论探索总结了农产品营销经验和操作规律，为以后研究和推动市场经营发挥了重要的作用。

(2)从20世纪70年代以后，整个世界经济发展进入了新的阶段。特别是随后经济全球化发展，极大地推动了农产品市场的国际化进程。一方面，人们对“和谐社会”的认识，促进了农产品市场对农产品绿色产品、有机产品的需求，推动了农业产业的转型和结构调整。市场上对污染、有害健康的产品产生了抵制和识别。另一方面，一些混合经营的产业从农产品市场中独立出来，如加工产业逐渐与市场经营分离，成为独立的生产部门，但市场营销的任务并没有减少，进入21世纪，加工产品在市场上的价值升值已经成为不争的事实，许多地区积极发展农产品加工产业，为农产品升值创造了条件。又如运输产业独立出来，成为离开生产、专门从事服务性的经营流通的产业。

此外，一些新式营销方式，随着科技发展、社会生活标准提高也陆续出现。

---

① 李崇光主编.《农产品营销学》. 高等教育出版社；第17页，2004.1

(3)从实践上许多国家对农产品流通领域和市场操作管理走向法制化、规范化。

案例 在美国,生产管理中对有缺陷产品实行召回制度。通常来说,食品召回是在国家管理部门的监督下,由生产商自愿执行的;而由法院强制执行的情况很少见。由于食品召回制度深入人心,美国消费者对食品安全颇有信心。

在美国,需要召回的食品一般分为三级。第一级召回食品是可能严重危害消费者健康甚至导致死亡的食品,比如其中含有肉毒杆菌毒素或不知名的过敏源等;第二级是会造成暂时健康问题的危害较轻的食品;第三级则是不会危害健康的食品,比如贴错标签、瓶口未封紧等。

美国食品和药品管理局与美国卫生和公共服务部每周都会公布食品召回执法报告,内容包括被召回食品的品名、代码、配料,生产商名字、召回原因以及销售量、所在市场等。比如,2005年公布的最新执法报告指出,美国伊利诺伊州一家贸易公司5月18日和19日分别用书信和电话方式告知食品和药品管理局,主动召回该公司进口的3种包装、共9 667瓶“中东风味芝麻黄油”,原因是发现该产品被沙门氏菌污染,并且没有产品批号。这类召回属于一级召回。目前,该公司在全国范围内的召回正在进行中。

食品和药品管理局其实可以很轻松地从召回企业那里得到信息。其法律规定,企业在发现产品存在缺陷时可以主动召回,或者在监管者发现问题时立刻“接受教诲”而召回。如有不从,则可能会面临“吃不了兜着走”的命运,罚款、查封产品、企业倒闭……因此,多年来,监管者和企业之间似乎形成了一种默契,企业从开始召回、召回进程、一直到召回完成都会向监管者呈递阶段报告。如果召回结束,食品和药品管理局还会对被召回食品是否已被销毁或恰当存储等予以确认。因此,执法报告还有“信息公开”和“召回跟踪”的作用。

某记者初到美国时,正寻思着去哪儿购买食品比较好,邻居向记者推荐了美国人推崇的一个食品和日用品超市品牌,因为他认为那里的食品让人放心。在美国许多“美国本土品牌”的食品超市在进货时都会对生产商进行严格审查;而对于容易腐烂的肉禽蛋类食品,都会标明生产日期、保质期和“容易腐烂”等字样。实际上,即便快要过期的食品仍在保质期内,许多美国超市已经开始处理这些食品了。通常,这些食品会被捐给“食物银行”,用来救助失业和低收入贫困人口,同时超市也因其善举可以享受一定比例的“免税优惠”。

目前,主管美国食品安全的有两个部门:食品和药品管理局与农业部,两个部门既分工又合作,其中食品和药品管理局主管除了肉禽蛋之外的占美国食品市场80%的产品。食品和药品管理局关于食品安全的执法不像农业部那样频繁,通常每年对相关企业作一次检查。一旦涉及到婴儿配方食品、酸奶和活海鲜等进口食品，食品和药品管理局还会进行现场监督检查。只有通过食品和药品管理局的检查，这些产品才能进人美国。

资料来源：中国农产品网　域外借鉴　钟秋

可见在经济发达国家，农产品的经营者在严格、规范的管理体制下工作，他们在这样的环境中也养成了较高的职业素质，因为食品召回不同于工业品召回，但是为了消费者的安全，他们同样要召回有问题的食品。

在发展中国家中经济发展较快的国家，在市场运行上也逐步合理规范。

在经济发达的日本，在市场管理上也日趋完善，很多到过日本的人，对日本农产品市场管理都留下了深刻印象。日本人的卫生、环保意识非常强，所到之处，无论是街头的食品店还是小超市，还是交易市场，卫生安全永远是第一位的。他们在市场管理上都有明确的规定和管理方法。尽管如此，近年来也出了一些食品安全的事故，为此在管理上更加严格。

案例　日本的食品管理　自 1995 年以来，日本政府先后对《食品卫生法》进行了 10 多次修改，但是食品中毒还是屡次发生。如 2000 年 6 月，消费者由于饮用了雪印乳品公司生产的雪印牛奶后，相继出现呕吐与腹泻症状。尽管雪印乳品公司在日本还是有名的企业，但是由于食物中毒和消费欺诈事件，造成很坏的影响。而事件发生时，公司并没有高度重视，只从当地的牛奶加工厂寻找造成食物中毒的原因，没有立即在全国范围内开展调查工作，因此未能及时采取停产整顿以及大范围地回收产品等相应措施，致使食物中毒者超过 1.4 万人，酿成日本有史以来最严重的食物中毒事件。因此引起了日本国内对食品安全问题的高度关注。日本政府在 2003 年制定并开始实施《食品安全基本法》，该法强调了食品安全事故之后的风险管理和食品安全对健康影响的预测能力。同年 7 月，日本又成立了“食品安全委员会”。该委员会直属内阁，由 7 位公认“能不受他人左右”的专家组成，他们拥有向农林水产省、厚生劳动省提出建议，并对其进行监督和检查的权力。与此同时，日本政府还对违反食品安全法律法规的行为施以更加严厉的处罚措施。《食品卫生法》规定，违法者最高可判处 3 年有期徒刑和 300 万日元罚款，对企业法人最高可处以 1 亿日元的罚款。雪印乳品公司的欺诈丑闻不仅导致该公司倒闭，公司两名主要负责人也分别被判处有期徒刑 3 年和两年半。

参考资料：中国农产品网　域外借鉴

我国农产品营销市场正在逐步完善。近年来连续出台了一系列的管理规定和法律文件。对规范市场行为，提高经营者的素质起到了积极的作用。

2. 农产品营销理论与实务是探索农产品在市场上流动方式的规律的科学。农产品在市场上的流动有其特有的方式。

(1)传统营销方式。产品从生产—消费经过的直销、间接销售到达消费者手中，这是最常见的方式。

其流程图：

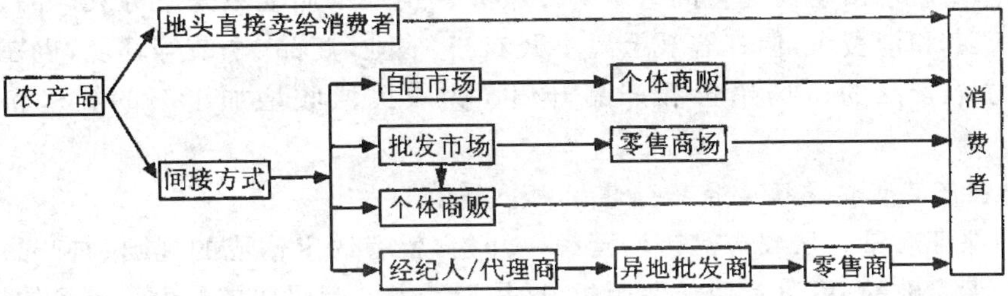

(2)综合企业营销。由于农产品生产者的特殊性，要获得利益，必须建立有利于产品经营者的组织体系；由于产品的季节性，单一的农产品无法维持组织的运转，综合农产品的经营组织成为这种需求下的一种形式；由于农产品的生物寿命期限的制约，消费者也需要得到真正安全的产品，于是生产者与消费者建立稳定的联系，共赢、双赢成为一种时尚。目前我国农村还出现了将土地租给城市人，为城市人耕种、管理，挣得工资，生产者得到了土地收入的基本保障，又没有离开土地，在生产中获得稳定的工资收益，城市的承租者不用生产，可以经常去了解情况，但却承担了收获时运作市场的任务。尽管他们还没有形成企业，但这种联合或合作关系，在客观上起到了综合营销的作用。当然产供销一体化的经营组织对于农产品市场营销发挥着巨大的作用。

(3)最新的形式：农产品网络营销。20 世纪 80～90 年代，随着网络技术的发展，网上市场的开发，农产品网上营销成为可能。这种营销方式对传统的营销方式、营销规则、营销经验提出挑战，一切有成就的实物市场经营者在网络面前都是无法应付的。然而，网络营销的市场将过去最困难的问题——拉近与消费者的空间距离，寻找、等待、招揽消费者的困难，变为最容易的事，经营者与消费者在网上实现了零距离接触；一切对于过去经营者来说要花费很大成本的库存、贮藏、运输等问题，在网络经营的前提下成为最简便的问题，无数个经营者可以同时与各个货物存贮中心、运输中心建立广泛的联系，使得因农产品自然属性产生麻烦、造成损失的可能性降至最低点，无论空间还是时间的经营上，这种经营方式对于市场竞争力具有极其重要的作用。以至于一些生产者自己开始经营产品销售，一些新的经营方式开始出现，代理人、经纪人成为农产品营销中的活跃主体。当然这种营销方式还存在许多问题没有解决，除了操作的规则，还有经营安全、网络支付的安全和企业信誉等一系列问题。

(4)服务营销。是伴随一些农业产业而发展起来的营销服务组织，如推行新科技产品的种子营销企业、新品种生产技术服务咨询指导经营组织、生产中的机械服务组织、生产收获时的观光采摘休闲经营组织、为实现人们将农业生产方式作为一种生活休闲娱乐活动而经营的组织等。服务营销就本质上不是服务农产品，而是服务生产者和消费者，但在客观上离不开农村、农业、产品、季节等环境，也在客观上实现了农产品的市场销售和产品升值。为农民增收增加了新的渠道和新的机会。

3. 农产品营销是探索市场销售规则的科学。

(1)保证质量。从农产品市场营销一开始，就有约定俗成的规则，农产品必须是完好、无腐败的，可以食用或使用的，这是消费者的起码要求。由于市场的规则，促使经营者必须遵守，否则无法将产品销售出去。

(2)绿色营销。由于20世纪80年代至90年代(1986—1996年)欧洲有机农业迅速发展，种植面积以10倍的速度增长，从12万公顷增加到120万公顷，到21世纪初已经达到300万公顷，导致美国市场上消费者需求迅速变化，人们追求无公害的有机食品、包装成为时尚，人们的消费安全意识、保护环境意识得到普及。当然绿色消费在我国一些中高收入的群体中也正在形成时尚。在市场上也成为一种时髦的营销方式，一些超级市场都有专门的有机食品柜台，经营绿色食品，但是在经营的环境保护和绿色经营上还差很大的距离。绿色营销要求农产品营销市场的主体，无论是组织还是个人都要注意两个协调和兼顾：一是在营销获利中，兼顾消费者的利益，兼顾社会利益；二是在生产、产品开发、产品流通、产品销售、产品服务各个环节顺利实施中，要兼顾自然保护、防止资源浪费、防止对社会生存环境和自然环境的危害，实现经济社会协调发展，生态生存可持续发展。仅就目前蔬菜安全等级都有具体的指标：

案例　蔬菜等级的五种分类：

据农业部蔬菜品质监督检验测试中心的专家刘肃介绍，在我国，涉及蔬菜产品质量安全的概念和标准有三类，按照安全可靠性从低到高分别为放心菜、无公害蔬菜、一般产品、绿色食品、有机食品。

放心菜　食用后不会造成急性中毒的安全菜，其对应的检测标准是快速检测方法，这种检测方法只能测定有机磷等农药，对含硫的蔬菜不适用。

无公害蔬菜　指产地环境、生产过程和产品质量符合国家或农业行业无公害相关标准，经产地或质量监督检验机构检验合格。经有关部门认证并使用无公害食品标志的产品。

一般产品　指的是没有特指为无公害食品、绿色食品或有机食品的产品，一般产品比无公害食品要求要严。

绿色食品　是指遵循可持续发展原则，按照特定生产方式生产，经专门机构认定，许可使用绿色食品标志的无污染的安全、优质、营养类食品。

有机食品　是来自有机农业生产体系，根据国际有机农业生产要求和相应标准加工，并通过独立的有机食品认证机构认证的农副产品。而有机农业是一种完全不使用化学肥料、农药、生长调节剂、畜禽饲料添加剂等人工合成物质，也不使用基因工程生物及其产物的生产体系。

专家也指出，这种排列方法是以其安全性为主要标准的。在产品的营养性和其他品质上未必越高越好。

今天农产品营销理论发展比较成熟的还属经济发达国家。较公认的理论权威是美国普度大学教授 Richsrd L. Kohls 博士，他被誉为现代农产品营销学的代表学者。美国一些著作反映了农产品营销的最前沿的理论，如美国的加利福尼亚、澳大利亚、新西兰三所大学的教授联合出版的《食品营销学——国际的视野》反映了 20 世纪 90 年代末国际农产品市场营销领域的国际合作的新成果。

1.2.2　农产品营销内容体系

本书体系表现为两个特点：一是突出营销方式的理论体系，二是突出市场营销技能训练的实务体系。

1. *以经营方式为主题的理论和训练体系*。包括：第 1 章农产品营销概述；第 2 章农产品营销环境；第 3 章农产品需求心理及行为；第 4 章农产品市场细分及定位；第 10 章农产品营销策略；第 12 章国际农产品营销规则与对策。在这六章中着重介绍基本知识和基本规则，但也兼顾实际操作素质的提高。

2. *以农产品营销实践为前提，提高经营者素质的理论体系*。包括：第 5 章农产品直接销售；第 6 章农产品间接销售；第 7 章农产品网络营销；第 8 章农产品营销的其他方式（含介绍一体化营销方式、期货营销、拍卖交易）；第 9 章农产品国际市场营销；第 11 章农产品物流配送。重点介绍农产品营销的知识运行方式。在上述六章中将实践的素质教育作为主要方向，在介绍相关知识时着重理论的实用性。

本书的特征：本书不是纯理论构架的知识体系，因此需要对营销的一般知识深入学习的读者，可以再参考其他普通高校教材或著作。而本书主要突出操作素质，每章的最终目标都在于：通过学习，读者能对所学的相关内容展开实践活动，因此读者在学习中必须配合所给出的训练要求进行演练才能有所得。通过每章内容的技能操作，达到引导初学者入门，丰富营销者的感性经验，提高营销者的实际操作技能的目的。

本教材知识与素质的基本构架：

- 如何对农产品消费者、生产者和经营者的市场行为进行分析获得相应的营销意识；
- 如何进行农产品消费者个性分析、群体心理分析，研究消费者和消费者群的心理规律，并进行实践，获得经验；
- 如何进行农产品营销的市场定位，获得农产品生产的定位，并进行实践，获得经验；
- 如何进行农产品直销，研究和掌握直接销售的规律和规则，并进行实践，获得经验；
- 如何进行农产品间接销售的活动，研究间接经营的规则，掌握专门经营农产品销售的规则与途径，提高经营运作能力；
- 如何进行农产品网络营销，研究网上经营的特殊规则，扩展营销途径，通过实践获得经验；
- 如何进行农产品国际营销，掌握世界贸易组织的农产品营销国际规则，在开发国际市场中，提高经营的效果；
- 如何在营销中将各种方式结合起来，优势互补，灵活运用，提高经营者的经营水平。

1.3 农产品营销对我国经济发展的意义

农产品营销是我国市场经济体系中具有特殊意义的营销领域。目前在我国农产品营销体系中还存在诸多问题没有解决，特别是如何使生产者的行为与市场需求行为有机结合，通过哪些渠道实现农民在农业生产中的高效益、低成本、高收益，是当前影响我国农业经济发展的重要课题。特别是对于农民或从事农产品营销的人员来说，仅仅具有市场营销的一般理论与操作技能还不能很好地指导农产品营销活动。

目前我国农产品生产和消费已经出现了相对过剩的现象，传统的即时销售、不讲效益推销、不讲产品价值降价销售、不注意农产品特性的营销活动造成大量浪费的时代已经过去。作为整个“和谐社会”发展需要、全面实现小康社会的需要、解决“三农”问题中农民增收的需要、解决农产品资源合理利用和有效利用，最大限度满足消费者需要，最终解决我国人口大国的吃饭、消费需要，都迫切要求在建立起规范的农产品营销的体系基础上，培养一批掌握农产品营销方式、熟悉营销渠道、善于经营管理的组织或人才队伍，这对于搞好农产品营销工作，提高营销工作的效率，促进经济社会发展都具有极为重要的意义。

1.3.1 研究和学习农产品营销理论与实务的意义

1. 研究农产品营销理论与实务知识是掌握农产品这一特殊商品的生产、经营和销售体系的基础。从上述简单的情况描述可见：农产品营销是对特殊产品的销售过程，这个过程不同于其他产品的，由于其自身的特殊性，制约着农产品生产和市场的发展。关系着生产者、消费者两头的利益，乃至国家经济的最基础性产业——农业的发展。

2. 农产品营销是一个关系国计民生的大问题。自从人类社会有了剩余食品，并且生产者也需要得到其所需要的其他部落生产的产品时，食品与物品的交换就开始了。从古至今，随着生产力水平的提高，各类产品交易市场的发展变迁，产品的交易形式也多样复杂。工业产品、农业产品、信息产品、服务产品等都在市场中以其特定的规则、方式交易、运行。其中惟独农产品的销售具有与其他产品不同的规则和表现。

案例　马克思当年揭露当生产过剩的情况下，资本家为了获取高额利润，不顾工人死活，将整车的牛奶倒进海里。牛奶是一种农产品，是人们生活消费的必需食品。从市场供求关系与价格规律考虑，成车的牛奶倒掉，产品总供给量减少，价格就会上升，资本家可以从市场上赚取高额利润。但是不倒掉，存起来，减少市场供应，也可以减少总供给，价格也可以上升。

同样的问题，在我国改革开放前，由于生产停滞，人民生活极端困难，国家依赖票证制度控制人们的消费。然而即使是在产品极度匮乏的情况下，当进入果蔬成熟的旺季，人们仍然可以以低廉的价格买到成筐的西红柿、茄子、黄瓜、土豆。

改革开放以后，由于农村率先实现了联产承包责任制，农业产品产量迅速提高。不仅极大丰富了人们的消费市场，提高了人们的生活水平，也提高了农民的收入水平。1998 年、1999 年粮食产量连续突破 50 000 万吨。其他经济作物如棉花产量也连年提高，到 1999 年时，棉花压库量达 7 000 万担，如果两年不生产棉花，也可以满足全国的消费。同时各类水果连年丰产，20 世纪 90 年代末期，水果年产量早已突破 4 600 万吨，仅北方苹果市场来看，在市场上已经卖不出好价钱。小商贩们用简易的网兜将 10 多斤的苹果装起来 10 元或 8 元就甩卖了。卖不出去的只有烂掉。经营者为什么不能像工业产品一样将苹果存放起来？显然农产品有其特殊的性质，人们对于购买这些农产品也具有特殊的需求和心态。正是在这样的客观事实下，人们开始对社会主义也会出现商品过剩的问题进行反思。党和国家的领导人开始关心“菜篮子”工程，关心农民生产的积极性。

牛奶存起来与倒掉有什么区别吗？

蔬菜产品多时，为什么不存放起来，慢慢销售？一方面受当时存放技术局限；另一方面即使存放起来谁又愿意吃存放太久的食物呢？

案例 进入21世纪，我国经济快速发展，制约我国经济的“三农”问题成为制约整个国家经济发展的关键问题。2003年党和国家领导人着重提出“三农”问题，并指出：提高农民收入是“重中之重”。但全国的农产品产量并非已经极大地满足了全国13亿人口的需求了，如按照世界水果人均消费70千克，美国人均水果消费为120千克的比例，我国人均消费38千克。4 600万吨对于13亿人口来说并不多，例如放假七天的“五一节”北京城消费了几万吨水果。说明水果市场还有很大的发展空间。而且从市场看，南方的水果产品，如木瓜、柚子、柑橘、荔枝等产品在北方仍然价格居高不下，北方的红富士、甜柿子在南方市场并不多见，仍处于高价位，但是当地农民的收入却日益降低。

问题：对于农民来说为什么不能得到高收益？农民为什么不能在市场经营中占主动权？谁得到了高利润？怎样运作农产品市场来提高农民的收入？上述事实表明，农产品营销关系到国家整个基础产业——农业经济的发展，进而关系到国家基本生活消费的大问题，关系到农产品价值的实现以及农民的根本利益，关系到全国13亿人口的生存及其生活质量的提高，即关系到全国人民的最根本的利益。

3. 在经济全球化条件下，农产品营销是我国解决农村经济发展问题的迫切需要。

自从20世纪末我国加入世界贸易组织后，给我国的农业生产带来了机遇，也带来挑战。农产品出口成为很大的问题。

案例 2002年全球水果总产量为4.71亿吨，比上年增长1%，水果产量已经连续三年保持基本稳定态势。在此期间，我国水果总产量每年约7 500万吨，苹果和梨的产量居世界之冠，柑橘位于世界第三，有些果品更堪称果中佳品，已开始进入国际市场。但是，我国的水果在国际市场上只能低价位出售。果农无法从丰收中获得高收益。一些水果专家认为，就营养和水果品质、口感而言，国产水果与进口水果并无太大区别。相反，不少洋水果在外观上诱人，而口感上还不如国产水果，且不耐储存，时间稍长就会变质。然而，我国的农民正在引进外国的品种，致使我国的一些优良品种在逐渐减少，与此同时一些外国农场主到我国生产区考察，却看上了那里的品种和商机，投资开发那里的水果资源。

中国的农业资源为什么要为他国的农场主赚钱，而中国的大多数农民还处于农产品市场中支付沉重的劳动、获取低廉收益的地位，谁掌握着农产品市场的主动权？我国农民怎样才能抓住农产品市场的商机？我国的农产品如何才能在国际市场上占有优越的地位，并使农民获得高额的回报？

中国的农民长期以来形成了传统的营销技术和种植习惯，如产品不规范，并且果品无论大小，一律按斤出售。而在国际市场上，农场主早已实行按规格生产，按品牌出售。在日本从市场上买苹果，不用称，论个出售，同一规格、品牌的苹果，随便拿一个，重量相差无几。外国的农民（或农场主）正是因为规范化生产、经营，用品牌意识指导市场开发与销售，才会获得较高的收益。这种规范生产—经营并获得较高回报的营销行为，来自他国农民对农产品经营规律的认识，来自对农产品市场信息的把握，以及市场的运作经验。

1.3.2 培养农产品市场营销经纪人

目前我国农产品生产存在的问题，主要是农产品营销的关键要素——农产品营销队伍小。一些地区还处于自然经济状态，有产品没有销售，缺乏经营销售的人才；农产品销售的组织程度不高、活力不强，市场体系不健全等。农产品营销工作的相对滞后，制约了农业生产的发展，加剧了农产品结构性、阶段性过剩的矛盾，影响了农业生产的效益增长和农民收入的增长。有几个问题急需着重解决：

1. *农村剩余劳动力的出路。*目前我国农业产业结构调整后，有两种现象比较突出：一方面是大批的劳动力剩余出来，不用统计，从事实上看，哪村都有大批的劳动力外出打工，家里的地用不着那么多人耕种。一些因结构调整产生的农户转成城镇户口的家庭，几乎全部失业，尤其是城镇交接地，这些人处于社会的边缘，集中起来将形成严重的社会问题。但是城镇可以提供的岗位有限，加上改革中大批的劳动者下岗待业，农民就业更难，因此解决他们的就业成为紧迫的任务。另一方面是农村的产品流通不畅，许多产品因得不到及时的销售，无法转化为商品，成为农民自产自销的产品，不能实现其价值，就会挫伤劳动者的积极性，而寻找市场需要大批熟悉农村、熟悉产品的经营者进行活动，将产品推销出去。因此农村剩余劳动力的出路可以从农村产品销售的需求得到部分的解决。

2. *农产品营销市场矛盾的解决。*目前农产品市场存在两种现象，一方面人员紧缺，在广大农村生产者没有销售渠道、销售人员，产品通过集市销售给小商贩，获得低微的收益；另一方面在一些地区出现了农民经纪人，并且这支营销队伍在逐渐扩大，凡是农民经纪人活跃的地方，当地经济结构得以迅速调整，经济发展效果明显。但是这两种情况都存在地区经济人才紧张问题。有一定经纪人经验的人，他们在实践中遇到很多的理论和技巧问题急需理论指点和提高。目前农村经济结构调整后，剩余劳动力成为现实问题，经过农产品营销培训可以使更多的剩余劳动力找到就业的门路，充分利用本地区的农产品资源，将市场运作起来，既解决农民剩余劳动力出路的社会问题，解决“三农”中重中之重的增收问题，也解决农产品出路问题，解决了农村经济发展的后劲问题，为振兴农业和发展农业发挥积极作用。

3. *搞活农产品市场也是当务之急*。我国农产品种类多，生产分散，各地区雷同产品多，规模小，批量少。因此如何将农产品市场运作起来成为国家经济发展的重要问题，农民丰产不丰收，丰收不增收的现象早该转变，关键是运作市场的人才紧缺，运作市场的组织薄弱，许多生产地的农民没有经济组织将生产与市场连接起来。搞活农产品市场就要培养人才，建立健全的经济组织机构，并提高农产品营销组织化的程度。《农产品营销理论与实务》一书可以为更多的农村经济合作组织培养专门人才，帮助他们在掌握基本的农产品营销方式和途径中获得营销操作性知识，成为经济合作组织的销售骨干。

4. *提高农产品营销队伍的综合素质*。要提高营销人员的科学文化知识、市场营销知识和专业技能，适应知识经济和信息时代要求，必须对营销人员进行营销专业训练。目前农产品营销人员，尤其是农民经纪人文化层次偏低，懂现代市场营销知识的人更少。因此，要加强对农产品营销人员的技术培训，引导他们学习文化知识，学习市场经济基本知识，学习专业技术知识，学习和掌握一定的法律法规知识；要引导和教育农产品营销人员守法经营、依法经营，做到按章纳税，自觉遵守和维护经营秩序；要引导和教育农产品营销人员树立良好的经营作风，杜绝坑农、害农行为，自觉维护农民利益。

5. *农产品国际市场开发急需操作人才*。我国农产品向国际市场进军已经成为现实问题，因此培养农产品国际营销人才已经是当务之急，包括对农民经营者进行世界贸易组织农产品贸易知识、规则、成功案例、失败教训等教育，对他们进行操作性训练，对于提高我国农产品营销人员操作素质和水平，促进农产品走向国际具有重要的意义。

由于历史的原因，中国农牧渔业的优势始终没有得到有效的发挥，中国的农牧渔产品始终没有在国际市场上占得应有的位置。随着中国的“入世”深入，世界各国先进的农牧渔业技术和优良的农牧渔业成果又都将对中国的传统农牧渔业产业产生极大的影响。有报载，“入世”后，首受冲击的，将是中国的农（牧渔）业、农（牧渔）民。面对挑战，怎么办？走出中国，进入世界，尽快与国际行业体系接轨——这既是中国农（牧渔）业产业的呼声，也是国际农（牧渔）业市场的召唤。但是必须具备操作市场的人才。在这方面我们也正有很好的机遇，一些国家在我国人世后积极主动地向我国农业发出邀请，并给予资金支持。例如：2003 年加拿大通过国际开发署率先向中国的农(牧渔)业体系投入 1 970 万美元的专项巨资，协助中国农(牧渔)业体系及产品进入国际市场。[①]加拿大是世界著名的农(牧渔)产品输出国之一。其农牧渔业和谷物及饲料作物、水果栽培、蔬菜种植及环保技术等都在国际享有盛誉，农牧渔产品加工制作能力及商品率都居于世界前列，这就给其帮助中国的同类体系奠定了基础；加拿大幅员辽阔，生活富裕，市场上的商品大部分为中国制造，但由于中加贸易交流不广泛，大部分商品多是由第三国转口贸易，这就给中国的企业进入其市场提供了广泛的商机。

总之，要加强农产品营销工作，加快农产品营销工作步伐，推动农产品流通总量快速增长，农产品流通总量增长要快于农产品产量增长，适应农业生产和城乡居民消费增长的需要。因此，首先是运作农产品的人才队伍的培养，要使农民掌握农产品经营和销售的技能，掌握农产品销售的基本规则和知识，对农民进行农产品市场知识的培训；国家应在资金和环境等方面，为农产品营销创造条件，从而加大农产品市场开发力度，大力加强农产品营销队伍建设，并加强农产品营销工作的组织领导。“三农”问题将随着市场需求的良性循环和增长，为农民增收创造机会；同时培育一支强大的农产品营销队伍，是搞好农产品营销工作的基础。现阶段北京市农产品营销队伍建设的重点是壮大队伍，提高综合素质和组织化程度，构建农产品营销队伍的群体优势，促进农产品营销工作跃上新的水平。中国农产品营销工作已成为农业工作的重要内容。加强农产品营销工作对加快农业结构调整，推动农业产业化经营，促进农业增效、农民增收，繁荣农村经济有着十分重要的意义。

农产品营销是借助一定的市场流通环节、流通手段、经济主体或组织以及特定的市场环境，进行农产品的市场交换，达到农业产品销售目的，实现产业产品价值的运行过程；它是整个社会产品交换中生活消费品交换的主要内容，它与人民生活密切相关，与“三农”问题解决直接联系，是中国全面实现小康社会关键因素之一。

1.4　学习农产品营销理论与实务的方法

本教材主要适合高等职业教育的学生，特别是针对学习市场营销专业、国际贸易专业、电子商务专业中有志于从事农产品贸易的学生和有志于从事农产品营销

---

① 详见 2003 年 1 月 10 日《世界日报》

事业的农民创业者、社会经济组织中农产品营销人员或各类有志于这一领域的经营者而编写的。其学习方法包括指导性原则和方法及实际操作训练两个部分。

1.4.1 基本原则和指导性方法

1. 吃透主要理论。农产品营销作为特殊的营销学,除了营销共性规则、规律的掌握外,要掌握农产品营销的特殊规则。在整个营销理论学习中将理论重点吃透,掌握营销规律的基本知识。

2. 大胆创新。任何产品的营销都有一般的规则,也是特定的过程,因此每一种产品营销都有其特定环境、背景、条件和产品特殊问题,营销学习过程也是创新的过程。在学习基本知识和一般技能基础上应多思考,对客观情况、关系有深入的调查分析,有充足、及时的信息把握,在学习中创造新的方式、环节,提高学习的效果。

3. 掌握必需的法律法规知识。学习和掌握农产品营销技巧,必须熟悉市场操作的法律规定,在懂法的前提下才能守法。把握农产品营销的知识和技能,还要注意学习一些农产品的常识和相关经营中的知识,包括产品性能、产品生物规律、货运程序及知识、保鲜知识等,从而强化和提高学习效果。

4. 坚持实践。《农产品营销的理论与实务》教材本身是以培养实际操作的技能,掌握农产品营销技能为目标的,因此掌握技能是本知识体系的重点。掌握技能就要大胆实践,勇于实践。任何真知都是从实践开始的,并在实践中获得的。本书中各章节以实践技能、操作为主线,因此都有实践的要求,学习者要按照实践要求将理论贯穿到实践检验当中去,从而提高自己的操作技能。

本教材专门配备了学习实训的大纲。

1.4.2 实际训练方法说明

为了担高农产品营销技能,专门编制了实际训练大纲,说明如下:

1. 指导思想。根据教育指导委员会对高等职业教育提出的应用型人才培养目标的要求,一方面在保证营销理论知识教学够用并达到大专水平的同时,强调教学过程中,对学生的营销岗位能力培养和训练。突出实际技能训练和对实务知识的理解;另一方面针对为郊区经济发展培养急需的农产品营销专业人员,本教材从提高农民知识素质和能力的目标出发,通俗易懂,确保培养学生具有较强农产品营销人员岗位适应能力,以期达到职业教育既定的目标。

2. 训练目的。《农产品营销学理论与实务》的教材是侧重营销方式的掌握，因此实训活动是其中重要的环节，是针对农村经济发展中存在的产品销售的技术问题，通过训练提高经营者素质，使学生或农民掌握农产品销售的技能，更好地推进农村、农业、农民经济发展，实现农民增产增收，实现农产品市场化、销售现代化和国际化。

3. 实训中应注意的问题。抓住营销理论与方式各环节的重点、难点，选择实践的对象，丰富农产品营销活动的经验和掌握市场变化规律，以能力培养为核心。

社会研究、模拟操作和真题真做等都要提供必要的分析材料和明确的活动目的和要求；组织好实践活动并达到应有的效果。

改革教学方法，将教学主体地位真正转向学生，各项活动应以学生独立活动为主，各项活动应有充分的准备和全面的组织，提出问题、解决问题、获得收获；培养受教育者的独立运作能力，使受教育者在学习中感受各种现实问题，在参与现实问题的解决中，提高其解决问题的能力。

4. 实训活动安排。实训项目总表如下：

序号	项目内容	学时	训练内容
1	资料收集：近两年我国农产品营销的发展趋势	2	电子资料室
2	案例研讨：农产品宏观环境与微观环境	2	实验室
3	社会调查：农产品消费心理与行为的现状	2	市场调查
4	社会调查：分组进行北京地区直销形式状况调查	4	市场活动
5	市场调查：分组进行北京批发市场调查	2	批发市场调查
6	网络营销模拟：进行网络营销模拟	2	实验室网络
7	网上查阅：国际农产品营销状况并撰写报告	2	电子资料室
8	实地考察：物流公司考察并撰写农产品物流状况报告	4	物流公司学习
9	综合实训：可以选择某一村镇为农产品真题真做	4	结合具体项目
合计		24	

1.4.3　各项实训项目内容与训练要求

项目 1　资料收集：近两年我国农产品营销的发展趋势

● 实训目的与要求：

通过自己查找资料了解当前我国农产品营销的理论热点、现实问题，达到对农产品营销市场状态的认识。

培养、锻炼学生自己查找资料、收集信息的能力。这是信息社会对应用型人才的基本素质要求。

使学生熟悉一种自学方式，锻炼学生实际解决理论问题的基本功，同时也适应了社会岗位对高等人才的资料收集、概括、写作的能力。

● 实训内容与安排：

查阅近两至三年的杂志和报刊，提供可查阅的信息：

杂志类：《农业经济》等杂志近三年期刊。

报纸类：国际商报、环球日报、南方市场等。

网络信息：搜索网站：中国农产品信息之窗；山东、江苏、浙江、陕西、广西、山西农业信息网；中国农友网；中国农民网；中国农副产品交易市场等。

将反映农产品营销的理论文章进行分类整理，列出作者、文章名，数据；

选择其中发展状况的问题对其文章反映的数据进行整理、统计、归纳；

可以组成三人小组，分工进行信息查阅整理工作，并撰写报告。

● 实训考核标准：

(1)查找资料的范围，三种信息都有，且数据较全；

(2)资料整理有数据统计、表格或图像及其说明；

(3)报告条理清楚、观点明确、覆盖面较全、信息数据准确；

(4)报告文字 3 000 字；

(5)根据达标的程度，成绩分为四等：优、良、合格、不合格。

● 实训地点与学时分配：

活动地点：图书馆期刊资料室；系实验室。

学时分配：利用第一次课的课余时间，在下次课上课时交报告。

项目 2 案例研讨：农产品宏观环境与微观环境案例研讨

● 实训目的与要求：

(1)通过活动提高学生语言表达能力；

(2)锻炼学生对现实的分析能力；

(3)训练学生运用他人的头脑整理自己思路的思维能力；

(4)文字概括能力；

(5)强化对农产品环境的较全面的认识。

● 实训内容与安排：

(1)分 5～7 人一组；

(2)根据给定的案例讨论；

(3)小组有每人发言记录，根据发言的积极性和观点评分；

(4)最后每人写一份研讨提纲，500～800 字。

● 实训考核标准：

(1)根据发言记录的发言内容和态度的水平打分(小组打分)；

(2)根据文字观点的概括打分(教师打分)。

● 实训地点与学时分配：

地点：实验室或电子阅览室。

时间：课内完成。

项目 3　社会调查：农产品消费心理与行为的现状

● 实训目的与要求：

(1)培养学生敢于进入社会，掌握与企业、人打交道的能力；

(2)培养学生有意识地运用知识把握社会心理现象的能力；

(3)锻炼学生学会研究现实问题的途径和方法。

● 实训内容与安排：

(1)指定一个时间组织市场调查；

(2)学生可以选择一个市场，可以是超市、贸易批发市场；

(3)对消费者购买行为进行观察记录；

(4)可以对不同的性别、年龄进行观察，适当时可以有礼貌地询问需求意向；

(5)调查资料的整理和报告撰写。

● 实训考核标准：

(1)调查信息人量不得少于 50 人；

(2)调查的对象应照顾各类人群；

(3)调查的内容、农产品的对象可以有所选择；

(4)数据资料的分析挖掘水平；

(5)调查报告的水平：文字清楚有条理，数据分析较真实，有依据。

● 实训地点与学时分配：

地点：选择一个市场。

时间：0.5 天。

项目 4　社会调查：分组进行北京地区直销形式状况调查

● 实训目的与要求：

(1)了解直销市场的发育情况，认识现实市场的操作方式；

(2)提高对市场的不同状况的认识能力；

(3)知识运用于实践的能力。

● 实训内容与安排：

(1)学生按所住区域分成 3 人小组；

(2)就本区域内的农产品贸易市场进行调研，注意寻找农民直销的经营户；

(3)住在郊区的可以就集市贸易进行调研；

(4)网上了解客户与生产厂商的直销活动；

(5)了解直销方式的特点、环节、难点、应掌握的技能等；

(6)将最后的材料汇集、统计、分析，写成直销过程描述和实践认识。

● 实训考核标准：

(1)考核团队协作效果，主要根据调查的范围和结果及其对问题的分析的程度，打分；

(2)考核个人参加活动的情况，包括出勤、投入情况；

(3)考核调查报告写作水平，对实际问题的分析的逻辑性和理论运用能力。

● 实训地点与学时分配：

地点：选择一个直销市场。

时间：0.5 天。

项目 5 社会调查：分组进行北京批发市场调查

● 实训目的与要求：

(1)了解批发市场的运行规律，提高对批发市场经营方式的认识；

(2)培养分析观察市场的能力，掌握批发营销的手段；

(3)学习批发市场与供应商、销售商的公关手段，提高岗位适应能力。

●实训内容与安排：

(1)请批发市场的经理讲座，介绍批发市场的运行方式和管理问题，使学生了解批发市场的特殊功能；

(2)到批发市场各处营业点观察农产品的交易形式。培养学生对批发市场的情况了解，认识批发市场与直销市场的区别，加深对市场类型、作用的认识；

(3)让学生了解市场营销细分、策略在批发市场运作中采取的方式或手段，提高学生对知识学习的针对性；

(4)了解批发市场与供货商的关系，批发市场与销售商的关系，学习批发技巧。

●实训考核标准：

(1)观察或分析报告，有报告成绩。占活动总分的 30%；

(2)写一份该市场营销策划或设计书，以此作为考核的依据；

(3)可以分组就某一产品的批发销售环节进行分析和研讨。

●实训地点与学时分配：

地点：选择大型的市农产品批发市场。

时间：0.5 天。

项目6 网络营销模拟:实验室进行网络营销模拟

●实训目的与要求:

培养学生多方面掌握营销工作、活动的能力,培养学生自我管理的意识。

●实训内容与安排:

(1)培养学生对批发市场的情况了解,认识批发市场与直销市场的区别,加深对市场类型、作用的认识;

(2)请批发市场的经理讲座,介绍批发市场的运行方式和管理问题,使学生了解批发市场的特殊功能;

(3)使学生了解市场营销细分、策略在批发市场运作中采取的方式或手段,提高学生对知识学习的针对性;

(4)了解批发市场与供货商的关系,批发市场与销售商的关系,学习批发技巧。

●实训考核标准:

(1)考察报告打分;

(2)实践活动态度,质量打分。

●实训地点与学时分配:

地点:选择一个批发市场。

时间:0.5天

项目7 网上查阅国际农产品营销状况并撰写报告

●实训目的与要求:

(1)培养学生的市场能力;

(2)注意培养职业爱好;

(3)及时调整反映;

(4)强化对学生操作能力和表达能力的锻炼;

(5)锻炼学生的组织能力。

●实训内容与安排:

(1)组织全班,进行网上查阅资料活动;

(2)掌握网址和网页的操作;

(3)学会将材料汇集、提炼,形成营销方案;

(4)要求学生将信息整理成营销决策的参考资料性文件,要统计、概括成文;

(5)将活动内容进行语言陈述;

(6)由学生组织活动并评估打分。

●实训考核标准:

(1)信息处理能力,能否形成完整的文字资料;打分:合格/不合格;

(2)能否完成营销方案,其重点突出,问题鲜明;

(3)能否顺利、逻辑地进行语言描述。打分:优、良、合格/不合格;

●实训地点与学时分配:

地点:实验室或电子阅览室。

学时:4学时。

项目8　实地考察:物流公司考察并撰写农产品物流状况报告

●实训目的与要求:

(1)了解物流活动的基本程序;

(2)观察活动中的关键环节并进行记录,把握活动的操作;

(3)写出活动报告,提高文字能力;

(4)进行交流,提高表达能力。

●实训内容与安排:

(1)选择一个物流企业或到基地进行物流考察;

(2)组织当地领导进行物流活动程序介绍;

(3)组织学生记录并组织讨论;

(4)文字撰写参观报告;

(5)小组交流。

●实训考核标准:

(1)考核活动中的态度,不参加活动的不能记分;

(2)考核活动中讨论发言的积极性,记分:合格/不合格;

(3)考核文字能力,能写出2 000字的参观报告;

(4)考核表达能力打分:优、良;

(5)考核组织能力,记分:合格/不合格。

●实训地点与学时分配:

地点:选择基地或一个专业物流企业。

时间:0.5天,交流2学时。

上述实验实训项目可以根据课程时间安排,不一定在一个学期做完所有活动,有些活动可以安排到假期进行,或综合技能训练时完成。

项目9　综合实训:可以选择某一项目进行农产品营销活动真题真做

例如选择一个村或乡镇的农产品营销项目,开展销售活动,将所学知识和技能综合运用起来,包括市场调查、市场定位、经营方案设计;展开市场公关等活动;最终为农民解决农产品销售中的问题,获得效益。也可以选择做农产品经纪人,通过活动检验自己对营销知识、技能掌握的程度。

本 章 小 结

本章阐述了农产品营销的主体是在产前、产中、产后开展农产品经营活动的个体和组织。揭示了农产品营销的含义、研究对象、学科价值、学习的方法和意义。农产品营销是通过生产、加工、储藏、运输、市场交易的各个环节的多样性统一的整合过程。农产品营销是受农产品生长自然周期、生产季节、生产产地、产品自身物理、化学性质等客观条件的制约进行经营的过程。

农产品营销的基本特征包括:较强的自然性和生物性;销售产品的季节性和期限性;市场需求的批量性、连续性和多样性;主流产品的稳定性;政府干预的必然性。农产品营销的基本职能包括:连接好两个市场实现顺利交易的职能;创造各种条件,保证产品品质的职能;规范经营行为,提高农产品价值职能;引导文明、健康消费的职能。

农产品营销理论研究对象是农产品营销活动的规律。农产品营销内容体系包括:理论体系和实践体系。研究和学习农产品营销理论与实务的基本方法:吃透主要理论、坚持实践、大胆创新、掌握必需的法律法规知识。农产品营销对我国经济发展的意义:是掌握农产品这一特殊商品的生产、经营和销售的体系的基础;农产品营销是一个关系国计民生的大问题;培养农产品市场营销经纪人对我国农村经济发展将发挥重要作用;加入世界贸易组织,对农产品经营人才迫切的需求。

通过概述,使学习者掌握学习的目标,明确实用价值,培养学习兴趣,提高学习掌握农产品营销理论与技能的自觉性。

主要概念:农产品营销、绿色营销、农产品网络营销、综合企业营销、服务营销。

主要观念:农产品营销本质、农产品营销的特征、农产品营销的职能、农产品营销的意义。

基 本 训 练

素质题:

1. 根据目前农村经济和农产品市场发展的基本状况谈农产品营销的重要性。
2. 根据我国农产品市场的发展状况谈在农产品市场发展中专业人才的作用。

知识题:

什么是农产品营销? 什么是农产品营销的职能?

简述题:

1. 农产品营销的基本特征?
2. 农产品营销方式包括哪些内容?

3. 农产品营销对于解决我国“三农”问题的意义?

案例分析

根据该新闻内容,你认为中国的商品市场对世界经济有哪些影响,设想农产品市场的开发将给中国经济带来怎样的收益。要求:写出800字的分析报告。

2005年07月08日人民网《市场报》第1版 报道:本周,全球媒体聚焦苏格兰首都爱丁堡,为期3天的第30届八国集团首脑会议于7月6日在这里拉开帷幕,中国国家主席胡锦涛应邀与会,受到了全球各界的高度关注。海外媒体和分析家们普遍认为:尽管中国不是八国集团成员国,但经济正快速发展的这个国家正在改变世界的经济秩序,如果没有中国的参与,讨论世界经济将没有多大意义。

路透社就此发表评论说,胡锦涛之所以被邀请参加八国集团年度首脑会议,是因为其他国家已无法再忽视这个拥有13亿人口的国家了。

评论说,中国一个城市生产的笔和打火机就可以满足世界大多数市场的需求,而另一个城市生产的电脑则占世界电脑市场很大的份额。伦敦经济学院的琳达·叶说:“胡锦涛出席会议可能意味着八国集团接受中国为成员国的可能性越来越大。”

此前有专家预计,到2050年,中国将成为仅次于美国的世界第二大经济体,印度届时将排在第三位。就在几年前,八国集团的外交官还对吸收中国为这个俱乐部的正式成员的想法一笑了之。但是,以中国为代表的发展中国家目前在促使世界经济增长方面发挥了重要作用。布什总统在八国集团首脑会议前夕就曾表示:“我对与中国讨论能源问题格外感兴趣。”

据此,日本时事社的一篇评论认为,中国作为一个大国的自信正在不断加深。实际上,G9(G8+中国)已经被中国纳入了视线。

从发展的眼光看,中国与G8强化长期的合作关系符合双方的利益。事实上,从去年开始,中国已接连通过参加七国财长和中央银行行长会议等,在金融和财政方面与发达国家加强了联系。

种种信号表明,中国参加国际组织,是要以自己的声音和行为方式表明,中国积极参与多边合作,决不只是作为附庸式的配角,不仅要捍卫自己的利益,更要发挥建设性作用。

资料来源:《市场报》(2005年07月08日 第1版)

市场调查

网上查阅近一年来农产品营销的相关信息,并将信息进行处理,写出网上信息调查报告，1 000 字左右。

网上调查

中国农业网，查农产品各类市场；查阅域外借鉴，把握国际农产品营销市场的情况。将信息资料汇集成表格形式。

CHAPTER 2

第2章　农产品营销环境

学习目标

学习本章后：

素质目标：形成对农产品的营销环境，包括宏观环境、微观环境的基本认识与把握。

知识目标：了解农产品经营企业与农产品营销环境之间的关系；了解农产品营销宏观环境的内容；了解农产品营销微观环境的构成。

技能目标：能充分认识农产品营销环境对农产品经营企业营销活动所产生的影响；掌握农产品营销宏观环境与微观环境的构成及分析方法；对具体企业的营销环境进行分析。

任何事物的生存和发展都离不开特定环境的影响。农产品经营企业的农产品营销活动也是这样，总是会受到企业内部条件和外部环境的制约。企业为了能够在复杂多变的环境中很好地生存、发展，并在市场竞争中取胜，必须通过市场调研，分析企业的营销环境，寻找市场机会，克服环境威胁，并不断地随环境的变化而调整自身的组织、战略和策略等，使自身发展与周围环境相协调、平衡。

案例　在 2005 年 7 月 9 日的中国市场网首页上发表了一则新闻，题目是：今年月饼保证不“花哨”。这一信息的获得来自四个方面的信息：

一是生活日报：“7 月 5 日讯：今年中秋节，济南老百姓将吃上货真价实的月饼。在今天济南市食品协会召开的 2005 年济南市月饼生产及馅料包装座谈衔接会上，金乔、益康、群康等 18 家济南本土月饼生产企业联合表示，在今年的月饼生产中，不搞豪华包装，不乱添礼品，实实在在地做月饼！（记者　田茹）”。

二是国家发改委等四部委联合下发公告，明确“规范月饼价格、质量、包装及搭售行为，并叫停广大消费者反映强烈的‘天价’月饼现象。对此，济南市食品工业协会苏会长认为，近几年颇受非议的‘天价’月饼在一定程度上扰乱了正常的月饼市场，拉高了月饼市场的整体价位，这一规范措施将会使今年的月饼市场回归其本位。”

三是介绍“自南京‘冠生园’事件后，地产月饼开始走俏，并以每年 20% 的速度递增。去年中秋节期间，地产月饼销了约 109 万千克，在整个市场上占了七成。而此次国家规范月饼市场，对地产企业来说是个极好消息。据有关人士介绍，“天价”月饼多是外地企业所为，它们打济南市场就靠豪华包装并添加各种礼品来卖高价以出利润；而地产月饼大都走团购和自销的路子，靠的是货真价实。因此，国家规范月饼市场有利于地产月饼扩展市场。”

四是据记者了解的信息：“今年的 9 月 18 日是中秋节，虽然离中秋节还有两个多月的时间，但本土月饼企业已开始了紧张的‘备战’工作。益康投资百万元购进了新设备并对原车间进行了改造，准备把产量从去年的 20 万千克提高到今年的 25 万千克。山东金乔食品厂的张磊厂长则告诉记者，国家出台有关规定后，将促使月饼厂家在质量和口味上下工夫。为此，他们选用了高质量的原料、馅料，让老百姓吃到货真价实的月饼，预计在本月中旬即可让市民尝鲜。”

信息来源：中国市场网

食用月饼是中华民族的传统文化，已经从吃上升到精神生活和社会活动。但是由于社会经济发展，人们在各种节日中寻找商机，于是抓住人们对月饼节的心理寄托，将月饼节变成高消费、高盈利的机会，各式各样包装的高价月饼占据了最明显的柜台；有的趁机以次充好，牟取暴利；更有的利欲熏心，将过期、变质的月饼充当好月饼卖给消费者。这种做法在一定程度上伤害了消费者的利益，以至于人们抱怨月饼节吃不上可口的月饼，月饼节成了有钱人的节日。对于这种农产品加工企业的经营社会不会置之不理，于是来自媒体的批评、来自社会群众的批评、群众拒绝购买抵制这种现象，甚至群众改变传统的方式，不吃月饼，改到公园全家团聚、餐厅聚会等方式。可见农产品营销必须考虑与社会各方面的环境、条件相结合相协调。

2.1 农产品经营企业与农产品营销环境的关系

2.1.1 农产品营销环境的含义

1. 农产品营销环境的含义。农产品营销环境是关系农产品经营组织的生存和发展，影响与制约农产品经营企业营销战略的制定和实施，对农产品营销活动产生影响和冲击的不可控制的各种外部因素的总称。这些因素由企业营销管理机构外部的行动者和力量所组成。现代经济组织作为一个开放的系统，所有活动都发生在一定的环境中，并不断地与外部环境发生着这样或那样的交流；从外部吸纳各种物质和信息资源的同时，也通过企业自身的活动，输出农产品、劳务和信息，对外部环境施加影响。

根据营销环境对企业营销活动发生影响的方式和程度，可将农产品营销环境大体分为两大类：宏观环境与微观环境，或间接环境与直接环境。所谓农产品营销宏观环境是指关系农产品经营企业的生存和发展，影响与制约农产品经营企业营销战略的制定和实施的不可控制的各种因素的总称，包括政治、法律、经济、人口、社会文化、生态自然、科学技术环境等。农产品营销微观环境又称直接环境，是指企业可以控制或可以施加影响的，对企业的营销活动构成直接影响的各种力量和因素，包括顾客、供应商、竞争者、中介等。这两种环境之间不是并列关系，而是包容和从属的关系，直接（微观）环境受间接（宏观）环境的大背景制约，间接（宏观）环境则借助于直接（微观）环境发挥作用。

2. 农产品经营营销环境的特点。

(1)客观性：客观性是营销环境的首要特征。营销环境的存在不以营销者的意识为转移。主观地臆断某些环境因素的存在及其发展趋势，往往造成企业盲目决策，导致在市场竞争中失败。

(2)动态性:动态性是农产品营销环境的基本特征。任何环境因素都不是静止的,一成不变的,而始终处于变化甚至是急剧变化之中。例如,顾客对农产品需求偏好在变,农产品产业结构在调整,等等。农产品经营企业必须密切关注营销环境的变化趋势,以便及时发现市场机会和克服可能受到的威胁。

(3)复杂性:农产品营销环境包括影响企业营销活动的一切宏观和微观因素,这些因素涉及面广,而且彼此相互作用和联系,既蕴涵着机会也潜伏着威胁,共同作用于企业的营销决策。

(4)不可控性:尤其是宏观环境各因素。相对于企业内部管理机构,如企业对自身的人、才、物等资源的分配使用来说,不论是微观环境中顾客需求特点,还是宏观环境中人口数量,都不可能由企业来决定。

2.1.2　企业营销与环境的关系

1. 营销环境对企业既创造机会也制造威胁。农产品经营企业在经营管理过程中,复杂而动态发展变化的营销环境一直不断地创造着新机会,也制造新威胁。营销者的任务就是要善于发现和寻找企业营销机会,解除或缓解环境威胁。所谓营销环境威胁,是指环境中一种不利的发展趋势所形成的挑战,如果不及时采取对策,这种不利趋势将会伤害到企业的市场地位。营销者应善于识别所面临的或潜伏的威胁,并正确评估其严重性和可能性,进而制定出应变计划。所谓营销环境机会,是指对农产品营销企业富有吸引力并易于建立竞争优势的领域。企业应对市场机会的吸引力和成功可能性做出恰当的评价,结合企业自身的资源和能力,及时将市场机会转化为企业机会,即符合企业实力的、使企业真正获利的机会。

实践证明,每一个环境因素的变化,都可能为某些企业创造机会,也可能为另一些企业造成威胁。而且,由于营销环境的动态性,市场营销机会和环境威胁在一定的条件下还会互相转化。例如,政府对环境保护的要求使许多企业感到压力和威胁,但也为许多企业带来巨大商机,绿色产品和绿色营销使这些企业在市场竞争中占据了优势地位。

2. 企业对营销环境的适应。这既是营销环境客观性的要求,也是企业营销观念的要求。现代营销观念以消费者需求为中心和出发点,要求企业必须清楚地认识环境及其变化,发现需求并比竞争对手更好地满足需求,否则就被市场竞争所淘汰。而且由于环境的复杂性和动态性,企业对环境的适应必须是永不松懈的,在客观环境面前,企业适应能力强、善于适应环境就能创造竞争优势。营销学认为,企业营销活动的成败,营销目标能否实现,就在于企业能否适应环境的变化,并以创新的对策去驾驭变化的营销环境，做到“以变应变”，“适者生存”。企业的科学决策有赖于对市场营销环境的分析，而企业的营销活动从本质上说，就是企业利用自身可控的资源不断适应外部环境不可控因素的过程。

但要强调的是，企业对环境的适应并不意味着企业只能消极被动地改变自己以适应环境，而应该是能动地适应，既有对环境的依赖，又有对环境的改造，即采取积极主动的行动影响营销环境因素，从而不断创造和营建对企业营销有利的宏观环境。在企业和环境的矛盾中，既要承认客观环境的制约作用，也不忽视企业营销活动对环境的反作用。成功的营销者是那些能主动地认识、适应并影响、改造环境的人。

3. 企业对环境的能动作用。现代营销理论特别强调企业对营销环境的能动作用，主要表现在两方面：

(1)营销环境虽然有不可控性，但企业可借助科学的营销方法和手段认识并预测环境的变化趋势，及时地调整营销计划和策略。例如，目前许多企业意识到消费者对自身健康和社会环境的关注将对市场需求发生深远影响，纷纷开发绿色产品，力争在市场中获得先机。

(2)企业可以通过各种手段，如广告、公共关系等，来创造需求，引导需求，促使某些环境因素向有利的方向发展变化。在实际生活中，很多的消费流行或时尚潮流都是由企业创造出来的，如色拉油、保健品。

2.2 农产品营销宏观环境

农产品营销宏观环境或称间接环境，包括人口、经济、生态自然、科学技术、社会文化、政治法律等因素。

2.2.1 人口环境

营销学认为市场是由有购买愿望并且具备购买能力的人构成的，人的需求正是企业经营活动的基础。对农产品市场而言，人口数量是决定市场潜量的首要指标，而从人口的分布、结构及变动趋势等方面进行分析，则能把握农产品需求的特点和发展趋势。

1. 人口总量。人口总量与农产品需求有着密切的关系。人口总量越大，市场容量越大；人口继续增长，意味着农产品市场需求总量进一步扩大，粮食产品尤其如此。所不同的是，低收入国家和发展中国家人口增长较快，经济收入低，市场需求压力很大，常常导致农产品供给不足，物价上涨，为企业开展农产品营销提供了相对有利的社会环境。而发达国家人口增长缓慢，农产品供给过剩，收入水平高，人们对农产品的需求趋向高级化、个性化。

2. 人口结构。人口结构主要包括年龄结构、性别结构、受教育程度和家庭特点，这些因素影响着农产品的消费结构和需求类型。如随着老年人口的增长和婴幼儿的增加，为老年人、婴幼儿饮食特需的农副产品、保健品、营养食品提供了良好的市场机会；随着妇女就业人数的增加，速冻食品、方便食品受到消费者青睐；随着家庭规模的小型化，家庭结构的多样化，消费者对农产品的包装、分销和促销方式等提出了新的要求；从受教育程度看，受教育程度高的顾客往往有先进的科学消费理念，他们往往是绿色食品消费的重要群体。

3. 人口分布和流动。人口的地理分布与人口流动也会影响农产品的需求结构。不同区域的人口常常具有不同的需求特点和消费习惯。例如，我国不同区域的食品消费结构和口味就有很大差异，北方人大多以面食为主食，南方多以大米为主食；口味上则有"南甜北咸，东辣西酸"的俗语。

在我国，随着工业化的发展，农村人口不断流向城市，大批农业劳动力从内地流向沿海开放城市。流动人口的增加促进了快餐业务的发展，同时也拉动了当地农产品的需求。

2.2.2　经济环境

市场不仅需要人口，而且需要购买力。人口因素是市场的主体，而购买力是构成农产品市场和影响农产品市场规模大小的另一个重要因素。社会购买力又直接或间接地受消费者收入水平、价格水平、消费者储蓄和信贷状况、消费支出模式等方面的影响。

1. 消费者收入。消费者人均收入是衡量一个国家或地区经济发展水平的重要指标，也是用来细分农产品市场，了解农产品需求变化趋势的工具。比如，近年来，我国居民人均收入增长较快，购买力逐年提高，绿色食品消费市场看好，空间巨大。

但同时要看到，消费者的收入分配在不同地区、不同人群是不平衡的，这会形成不同的农产品需求结构和特点。一般而言，收入水平高的地区和人员，对农产品需求尤其是质量好、价格高的食品需求有较强的拉动作用；但另一方面，如果不同地区和人群之间收入分配水平过于悬殊，则不利于农产品消费和开拓农产品市场。

农产品是人们生活的必需品，其供求缺乏弹性，因此，扩大农产品需求主要依靠全社会居民整体收入水平的提高和购买力的增强。

2. 消费者储蓄状况。在消费者收入一定的前提下，储蓄增加，则现实消费支出和市场购买力就减少；反之，储蓄越少，现实支出和市场购买力就越大，给农产品营销提供的市场机会也越多。

3. 消费支出模式。消费者支出模式是指消费者收入中各种消费支出的比例关系，它反映消费结构。随着经济发展和收入水平的提高，消费者的消费模式、消费理念等在不断发生变化，食物消费支出占收入的百分比即恩格尔系数呈不断下降趋势。但与此同时，消费者日益关注食品安全和自身健康，纯天然、无污染的绿色食品及农产品中的名、珍、稀、特品种越来越受到消费者的欢迎，安全、卫生、便捷、高效的农产品也将受到消费者青睐。

4. 经济全球化趋势。经济全球化是当今世界经济发展的显著特点和必然趋势。这一大背景下，农业国际化进程日益加快，各国农业与世界农业的关联度明显增强。农业竞争从国内竞争转向国内、国际双重竞争，农业资源由国内转向国内、国际资源双向利用，农产品国际竞争力的焦点不再是价格，而逐渐转向以质量和服务为主要标志的非价格竞争。农产品国际贸易技术壁垒不断强化。

2.2.3 自然环境

自然环境的恶化是全世界共同面临和关注的一个问题。许多国家、企业和个人逐渐认识到：环境保护并非多余的选择，它是营销过程中不可缺少的部分。农产品营销必须从维护和保持良好的生态环境入手，始终贯彻可持续发展的战略，使农业经济增长、农村社会发展与资源环境相协调，以保证实现农业社会经济发展步入良性循环的轨道。

目前，我国农业环境遭受污染的范围比较广泛，局部地区已很严重。农业环境污染成为阻碍农业可持续发展和影响人体健康的重要因素。据有关调查，我国遭受“三废”工业危害的农田面积已达 1 亿亩。面对日益突出的环境问题，政府和公众迫切要求企业生产无污染的绿色产品。因此，大力发展绿色产品和开展绿色营销的企业面临巨大的市场机遇。绿色营销具体而言体现在几方面：企业在选择生产技术、生产原料、制造程序时，应符合环保标准；在产品设计和包装装潢设计时，应尽量降低产品包装或产品使用的剩余物，以降低对环境的不利影响；在分销和促销过程中，应积极引导消费者在产品消费使用、废弃物治理等方面尽量减少环境污染；在产品售前、售中、售后服务中，应注意节约资源，减少污染。可见，绿色营销观念的关键，就是强调企业在进行市场营销活动中，要努力把经济效益和环境效益结合起来，尽量保持人与环境的和谐、发展。

生态环境问题对农产品的国际营销也有着越来越重要的影响。随着各国环境意识的增强，各国纷纷对出口农产品提出了“环保检验”的有关标准，已构成农产品国际营销的技术壁垒。目前，发达国家通过不断颁布新的技术法规，不断增加农产品检测项目，实行严格的产品标签制度、绿色包装制度以及质量评定和认证制度等，形成或提高限制其他国家农产品进入的贸易壁垒。

对于农产品生产、加工、营销企业而言，只有奉行社会营销观念、绿色营销观念才能顺应潮流，健康持续发展。

2.2.4 科学技术环境

科学技术是第一生产力。每一种科学技术的新成果都会给社会生产和社会生活带来影响甚至是深刻的变化，以信息技术为标志的现代科学技术革命对农产品营销活动有着广泛和深刻的影响。

从农产品开发方面看，现代生物技术中的细胞工程、遗传育种、基因工程等的开创和发展，不仅促使农产品数量大幅度增加，农产品品质不断提高，而且还能开发出自然界过去没有的农业生物新品种。科学技术的日新月异及其在农业中的推广应用，为企业向市场提供安全、优质、多样化的农产品提供了科技支撑和物质保障。

从对农产品营销渠道的影响看，随着工厂技术的发展，特别是 Internet 技术的出现和广泛应用，农产品营销渠道模式正在发生深刻的变化。在发达国家，传统营销渠道将失去其主导地位。网络营销大大提高了农产品营销效率，节约了交易成本，扩大了交易范围，方便了消费者。

从对农产品促销的影响看，由于网络营销是一对一和交互式的双向沟通，顾客能直接参与农产品营销活动，与营销者进行商务洽谈和情感的沟通，有助于加强企业营销人员与顾客的合作等，及时地把握市场机会，而传统的通过媒体或其他促销工具的单向式促销行为，不仅促销成本高，而且促销效率低。

2.2.5 政治法律环境

企业的营销决策很大程度上受政治法律环境影响。

案例　日本加强农产品知识产权保护

日本熊本县有关方面最近依据《种苗修改法》，以中国生产的一种蔺草侵犯了该县的农产品知识产权为由，要求日本海关禁止进口这种蔺草以及用这种蔺草制作的榻榻米。日本海关10日对从中国进口的蔺草席进行了严格的检查，以确认其是否侵犯了日本的知识产权。日本《种苗修改法》从2005年7月8日起正式实施。《种苗修改法》的修改重点首先是扩大了处罚范围。它不仅要对繁殖和销售受保护种苗的团体或个人进行处罚，而且还把购买和栽培受保护种苗、销售和进出口其收获物的企业或个人列为了处罚对象。

此外，《种苗修改法》还加大了对侵权者的处罚力度。修改前的种苗法规定对侵权的个人可以判处3年以下徒刑或处以300万日元以下罚款，对侵权的法人企业处以300万日元以下罚款。《种苗修改法》虽然对个人侵权者维持原来的处罚办法，但把对法人企业的罚款金额提高到了1亿日元以下。

日本是中国重要的蔬菜、花卉、水果等农产品出口市场。日本《种苗修改法》的实施将对中国农产品出口产生重要影响。由于不少日本商社委托中国农业企业栽培大葱、菠菜、生姜、大蒜等农产品，这些农业企业很有可能在不知不觉中就成了日本为保护其新品种专利而打击的靶子，中国对日农产品出口有可能因此受到意想不到的冲击。

资料来源：中国农产品信息网

现阶段，人们重生产轻销售的观念和做法仍是制约农民增收的一个重要因素。尤其是“入世”后，我国农村存在的小生产与大市场、分散经营与规模生产的矛盾更为突出，抓好市场营销比以往任何时候都显得重要和紧迫。树立“法治意识”、“合法经营意识”、“以消费者需求为中心”的农产品市场营销意识，把对农业的管理由重田间生产管理转移到重市场营销管理上来，发挥市场机制作用，培育农产品营销主体，搞活农产品流通，是促进农民增收的重要环节。于是，一些部门将影响农民增收的农产品市场进行整顿，提出一系列的规定和要求。

案例　安徽省巢湖市人大副秘书长在视察后，针对农产品市场提出一系列要求。搞好市场营销，在当前形势下要做到以下几点：

“一要不断创新营销思路。”提出：“要树立整体产品营销理念”。农产品营销不是“叫卖”，包括产品的推销和促销、产品产前市场需求的调研预测和定位、产中的加工、包装、品牌、质量管理及其售后服务的整个过程。“要积极实施营销组合策略。”认为“农产品要想长期在市场上立住脚，获取好效益，须在产品、价格、销售渠道和促销等方面，综合运用多种营销策略和手段。”常言道：“俏货也要俏打扮。”品牌是开启农产品市场的“金钥匙”，它不仅让人过目不忘，而且极易激发人们的购买欲望。农产品在更新换代上并不是越快越好，对一些地方传统特色的农产品，只要在包装、品牌等营销上稍加努力，“身价”便会得到很大提升。

“二要精心培育营销主体。”农民经纪人是现阶段开拓农产品市场最有活力的骨干力量，我们要积极鼓励发展农民经纪人队伍。他们闯市场、跑田头、忙交易，源源不断地把本地农产品推销出去，又把外面最新的需求信息带回来。我市被称为“中国荸荠第一乡”的杨柳乡，荸荠种植面积有 2.2 万亩，年产荸荠 4 万多吨。乡政府的同志在总结发展荸荠生产的成功经验时说，最主要的就是乡里拥有一支“跑全国、卖八方”的农民经纪人队伍。

“三要大力拓展营销渠道。”按照中央意见加快发展农产品连锁、超市、配送经营，鼓励有条件的地方将城市农贸市场改建成超市，支持农业龙头企业到城市开办农产品超市，逐步把网络延伸到城市社区。网络营销在我国农村虽刚起步，但其强大的生命力和发展后劲已经显现。

“四要认真优化营销环境。”农村各级党委政府要切实扭转“重生产轻营销”的倾向，真正把农产品营销摆上重要议事日程。要不断改善流通环境，坚持把建立高效率绿色通道作为支农的大事来抓，使鲜活农产品在运销中畅通无阻。

资料来源：求是杂志社 E-mail：qiushi@qsjournal.com.cn © Copyright 1999
作者：安徽省巢湖市人大副秘书长

从事农产品经营的企业必须遵循政府的政策，执行国家和地方政府制定的各种法令、法规。良好的政治、法律环境是建立健全市场经济秩序，规范和调整农产品营销活动的基本保障。

1. *政治环境*。农业是我国国民经济的基础产业。农产品营销活动客观上需要政府扮演管理者的角色，对农产品活动进行必要的、适度的宏观调控。纵观世界各国，当今政府在农产品营销活动中都扮演着重要角色，起着重要作用。比如政府制定的农业财政政策、农业金融政策、环境保护政策等，极大地影响着农业生产者和经营者的农产品开发、定价、加工与营销等方面的营销决策。

从企业角度讲，营销人员在从事农产品营销活动中，必须把政治环境的因素考虑在内，注意分析、研究政府所制定的与农产品营销相关的政策、制度，同时积极与政府部门保持沟通和联系，争取政府对农产品营销活动的关注、支持和指导，使农产品营销企业在宽松有利的政治环境中生存、发展，从而增强企业的核心竞争力。

2. *法律环境*。农产品营销的法律环境主要是指国家和地方制定的关于规范农产品营销活动的各种法令、规定。我国已颁布实施的与农产品营销有关的法令主要有：“环境保护法”、“消费者权益保护法”、“价格法”、“广告法”、“计量法”、“反不正当竞争法”等。企业应认真分析、研究有关法律、法规对农产品营销活动的影响，规避风险、守法经营。

3. 公众利益团体的发展。公众利益团体指代表一定公众利益的民间社团组织，如消费者协会、环境保护组织等。这些利益团体不是官方组织，不具强制性，但因其是某个群体的利益代言人，所以颇具影响力和号召力，形成一种强大的社会力量，从而影响着政府政策、法律的制定和舆论的导向。例如，某些消费者利益集团，往往对其群体的消费需求有引导或抑制的作用，构成对企业营销行为和市场地位的压力。

2.2.6 社会文化环境

社会文化深远地影响着人们的生活方式和行为模式。人们的消费观念、消费行为、消费需求等都深深地印有文化的烙印，例如，华人的春节和西方的圣诞节是有着两种不同文化背景的消费高峰期，不同的节日风格使他们的节日消费各具特色。另一方面，营销者本身也深受文化的影响，表现各自不同的经商习惯和风格，因此，社会文化环境是影响农产品营销全过程的重要外部环境。

社会文化的涵盖面非常广泛，包括知识、道德、信仰、艺术、法律、风俗、习惯等。

1. 宗教信仰。犹太教有星期五吃鱼的习惯；基督教重视圣礼、节日，推崇节俭、勤劳、守时；伊斯兰教食牛、羊肉，忌猪肉、烟酒；佛教徒不杀生，重素食，崇善行。每一种宗教和宗教团体内部都有各自的教规和戒律，影响、制约着宗教信徒们的生活方式、价值观念、审美观念和行为准则。企业在从事农产品营销活动时，要适应目标市场上宗教信徒的生活习俗和兴趣爱好，以发挥和创造市场机会、减少营销风险；要了解目标市场上的宗教禁忌对信徒消费行为的影响，顺势而为。

2. 消费习俗。消费习俗是人们长期形成的消费方式。它作为社会文化环境的一部分，受科技水平、文明程度、信仰、风俗等因素的影响，也受经济、政治因素的影响，因此，不同国家和地区的消费习俗差别很大。例如中国，人们在欢度春节时，往往会购买和消费较多、较好的农产品，形成肉、禽、蛋、奶等农产品相对集中消费的高峰。消费习俗是在一定的社会文化背景下长期形成的，具有相对的稳定性。企业应根据一个国家或地区消费习俗的特点，开展农产品营销活动，开拓农产品市场；同时也要顺应时代变革，对消费者的需求进行引导，注重改变某些落后的习俗。

3. 价值观念。不同的社会文化背景下，人们对事物的态度和看法有很大差异，即价值观念的差异，这要求企业在促销方法上应有所不同。如日本人的文化把和谐放在首位，强调克己、规矩，所以日本企业的广告宣传往往突出人们对产品的共性，而美国人崇尚个性，喜欢标新立异，因而其广告首先关注的是产品个性的张扬。

但自 20 世纪 70 年代以来，越来越多的国家和公众在绿色消费理念方面达成共识，意识到过度依赖现代生产要素投入的常规农业对资源、食品卫生、人体健康造成危害，越来越多的消费者确立了绿色消费的理念。因此，绿色产品生产、营销和消费日益为人们所重视和欢迎。

2.3　农产品营销微观环境

农产品营销微观环境，又称直接环境，各要素与企业间的协作、服务、竞争、监督等关系，直接制约着企业为目标市场服务的能力。包括供应商、营销中介、顾客及竞争者、政府、大众传媒等，它们共同构成农产品企业营销微观环境的全部内容。

2.3.1　供应商

供应商是向企业提供生产产品和服务所需资源的企业或个人。供应商是能对企业的经营活动产生巨大影响的力量之一。其提供资源的价格往往直接影响企业农产品经营的成本，其供货的质量和时间的稳定性直接影响农产品经营企业服务于市场的能力。所以，企业应选择那些能保证质量、交货期准确和低成本的供应商，并且避免对某一家供货商过分依赖，不至于受该供货商突然提价或限制供应的控制。企业与供应商应注意建立长期、稳定的合作伙伴关系和供应链，分类管理，交易成本降低，从而共生共赢。处理好与供应商关系的重要手段是加强信息沟通。

2.3.2　营销中介

营销中介是协助企业推广、销售和分配产品给最终用户的企业总称。有了营销中介企业提供的各种服务，才能使企业的产品顺利到达顾客手中。营销中介包括中间商、物流机构、营销服务机构和金融机构等。

1. 中间商。中间商是协助企业寻找顾客或直接与顾客进行交易的商业组织和个人。中间商分为两类：代理中间商和商人中间商。代理中间商指专门协助达成交易，推销产品，但不拥有商品所有权的中间商，如经纪人、代理人等。商人中间商指从事商品购销活动，并对所经营的商品拥有所有权的中间商，包括批发商、零售商。除非企业完全依靠自己的力量销售产品，否则中间商对企业产品从生产领域成功地流向消费领域有至关重要的作用。中间商是服务生产者和消费者的桥梁，他们直接与消费者打交道，协调农产品生产者与消费者之间所存在的数量、地点、时间、品种及持有方式之间的矛盾。在当前供大于求的市场态势下，对于许多农产品生产厂商而言，选择好中间商并协调好双方关系是重要的。

2. 物流机构。物流机构是帮助企业储存、运输产品的专业组织，包括仓储公司和运输公司，企业应从成本、运输速度、安全性和便利性等因素选择合适的物流方式。物流机构的作用在于使市场营销渠道中的物流畅通无阻，为企业创造时间和空间效益。由于农产品的一些特点，对仓储、运输现代化手段的需要，使得实体分配单位的功能越发明显和重要。

3. 营销服务机构。包括市场调研公司、广告公司、营销咨询公司等，它们提供的专业服务是现代企业农产品营销活动不可缺少的。尽管有些企业自己设有相关的部门或配备了专业人员，但大部分企业还是从专业的营销服务机构来获取相应的服务和信息。

4. 金融机构。金融机构包括银行、信贷公司、保险公司等对企业农产品营销活动提供融资或保险服务的各种机构。现代社会里，几乎每一个企业都与金融机构有一定的联系和业务往来。

同供应商一样，各种营销中介都是企业向消费者传递价值过程中不可缺少的支持力量，企业应视他们为伙伴，建立良好的合作关系，以便顺利地开展营销活动，争取业绩的最大化。

2.3.3 顾客

对于企业而言，顾客就是营销活动的目标市场，是企业的服务对象，是企业产品的直接购买者和使用者。企业失去了顾客就意味着失去了市场，赢得了顾客就赢得了市场，顾客的需求始终是企业营销活动的起点和核心。

1. 个体消费者。农产品经营要赢得顾客，企业就要给顾客提供优质的农产品，要认真听取顾客的意见，不断改进开发新产品；要切实维护顾客的基本权益，而不掺杂使假，欺骗消费者；要培养、引导顾客积极的消费意识，从而营造一个健康、良好、稳定的消费者环境。

2. 农产品加工组织。农产品有的需要加工处理，有的则可以加工为工业原料。为此他们是农产品大户消费者。他们的顾客，可以是批发、零售部门，最后是个体消费者；或工业企业、医药单位等。

2.3.4　竞争者

竞争是商品经济的必然现象。在商品经济条件下,任何企业在目标市场进行营销活动时,都不可避免地会遇到竞争对手的挑战。要想在竞争中取胜,企业就必须比竞争对手更有效地满足目标顾客的需求。为此,除了发现并迎合消费者的需求外,识别自己的竞争对手,时刻关注他们,并随时对其行为做出反应亦是成功的关键。

企业必须时时从顾客的角度出发,考虑顾客购买决策过程中可能考虑的因素,通过有效的产品定位,取得竞争优势。

2.3.5　政府

政府是农产品营销的管理者。作为管理者,政府对关于农产品营销的政策法规的控制程度、管理模式等对农产品营销活动有着重要的促进或制约作用。

在市场经济条件下,加强农产品营销管理是政府的一项重要职责。当今世界上所有的发达国家,无不对农产品营销进行宏观管理,以保障农产品营销的有序化、规范化。政府农产品营销管理的主要目标包括:稳定农产品市场供给和市场价格,保证农产品供求平衡;稳定或维持生产者价格,保障农民收入;稳定或降低消费者的产品价格,保护消费者的利益;实施绿色营销制度,维护生态平衡等等。这些目标相互联系、相互制约,政府要协调各目标之间的矛盾关系,以实现目标整体的优化,从而保证社会经济的稳定和可持续发展。

2.3.6　新闻媒介

新闻媒介包括报纸、杂志、广播、电视等。新闻媒介具有不可忽视的特征:它传递信息迅速,影响力大,威望度高,无论是对政治、经济、文化等均有巨大的影响力。一个企业、一个人物、一个产品,一旦被新闻界选中,成为集中报道的热点,会立即成为广大公众议论的中心,成为具有公众影响力的话题,进而也就自然地获得较高的社会知名度,被赋予较重要的社会地位。显然,企业离不开大众媒介的支持,否则无法争取广大公众的了解和赞誉。反之,企业如有失误,一经媒介的批露则会火上加油,严重的还会危及企业的生存。因而,处理好与大众传媒的关系十分重要。

本章小结

农产品营销环境是关系农产品经营组织的生存和发展,影响与制约农产品经营企业营销战略的制定和实施,对农产品营销活动产生影响和冲击的不可控制的各种外部因素的总称,这些因素由企业营销管理机构外部的行动者和力量所组成。在现代经济组织中是一个开放的系统。农产品营销环境具有这样一些特点:客观性、动态性、复杂性、不可控性。农产品营销宏观环境或称间接环境,包括人口、经济、生态自然、科学技术、社会文化、政治法律等因素。这些环境对农产品营销活动具有重要的作用。农产品营销微观环境,又称直接环境,各要素与企业间的协作、服务、竞争、监督等关系,直接制约着企业为目标市场服务的能力。包括供应商、营销中介、顾客及竞争者、政府、大众传媒等,它们共同构成农产品企业营销微观环境的全部内容。这些要素对于农民还是陌生的,但是是现代市场营销不可缺少的重要方面,农民必须学会适应他们并与他们连接起来。

主要概念:农产品营销环境、农产品营销宏观环境、农产品营销微观环境。

主要观念:

1. 农产品经营企业的农产品营销活动总是会受到企业内、外环境的制约和影响。

2. 企业要在复杂多变的环境中很好地生存、发展,并在市场竞争中取胜,必须通过市场调研,分析企业的营销环境,寻找市场机会,克服环境威胁,并不断地随环境的变化而调整自身的组织、战略和策略等,使自身发展与周围环境相协调、平衡。

基本训练

素质题:

1. 根据目前人口环境谈一谈我国农产品营销的发展趋势。

2. 根据目前我国经济结构调整的事实,你认为发展农产品营销将对社会产生哪些作用?

知识题:

1. 政府在农产品营销中的地位。

2. 营销微观环境各要素在农产品营销中的作用。

判断分析:

1. 农产品营销环境是农产品营销的决定因素。

2. 农产品营销微观环境对农产品营销影响很小。

案例分析

案例　新加坡在国家管理上，历来以执法严明著称，在市场管理上也不例外。

由于特殊的地理位置和热带气候，被誉为"花园城市"的新加坡的环境卫生是令旅游者叹服的，而在食品卫生上也不逊色。其经验是："以严密的法律体系、严格的执法检查和诚信的商业环境，来保证消费者吃得放心"。新加坡国土面积小，日常食品供应大量依赖进口。由于终年平均气温都在30摄氏度以上，食物极易腐烂变质，因此，在食品安全管理上非常严格。首先，制定了相关的法律，主要有《环境公共卫生(食物卫生)条例》和《食品出售条例》。其次，规定所有食品进口商都需在食品管制局注册，所有进口的食品都必须接受检查，从而确保它们符合卫生条例。不符合标准的食品(包括库存)都一律销毁，进口商也将被起诉。第三，也是更主要的，是执法严格，执法部门包括环境部、国家发展部下属的农粮食品和兽医局(简称农粮局)。并授权执法部门可在任何时间对任何贩卖和生产的食品进行检查，并查扣任何违法生产和销售的食品以及任何被认定会危害公众健康的食品。检查频率为：每年要进行近2万次执法检查，平均每天数十次的临检和常规检查与鉴定。第四，新加坡的食品卫生执法部门的权力很大，装备齐全，组织严密，稽查队每4人一组，配备有一名持枪保安，因此执法队伍很有"威慑力"。惩罚很严：根据该国法律，售卖不适于食用食品者，将被处以最高5 000新元(1新元约合5元人民币)的罚款；再犯者最高罚款1万新元，或监禁3年，或两者兼施。而食物中毒的罚款则根据中毒的后果而定。

例如，在一次例行检查中发现一农场鸡蛋不符合安全要求，于是勒令第一时间销毁了该农场300万只鸡蛋(全部)；同时对已经购买了鸡蛋的消费者进行退款；禁止2个星期上市，使该农场每天损失2万新元，无法再从事这一行业。看来，在严密法律和严格执法的保护下，新加坡的消费者确实能吃得放心。

资料来源：中国农产品网　域外借鉴

要求：分析案例的营销环境，其主要要素及其作用，并对我国的市场管理进行调查，写出1 000字左右的调查报告。

市场调查

1. 针对案例进行研讨；训练营销人员的基本功——表达能力。
2. 案例分析，展开讨论，训练营销人员的思辨能力。
3. 以小组的形式进行活动，逐步形成团队意识，训练营销活动的组织能力。

网 上 调 查

登陆中国农业网、中国商业网、人民网等，查阅：农产品的环境与要素的状况。

CHAPTER 3

第3章　农产品需求心理及行为

学习目标

学习本章后：

素质目标：在对农产品的营销过程中，充分考虑人的心理和动机对农产品营销的影响和积极意义。

知识目标：了解有关需要和动机的内容、特征及相关理论，把握消费者对农产品需要的发展趋势以及购买行为和决策。运用情感的力量影响消费者的购买冲动和对品牌的忠诚度。

技能目标：学会运用心理的有关知识和技能提高农产品的营销效果。

在产品的营销活动中，消费者的行为对产品的影响是众所周知的。为了提高产品的销售量，我们往往不惜花费巨额的广告投入来达到产品推广的目的。

案例 19世纪40年代，速溶咖啡刚刚投入市场时，曾被视为一种革新性的产品，它将完全改变人们的饮用习惯，会给制造商带来巨大的利润。经过广泛的市场宣传，一般来说，会立即取得空前的成功。但是，出乎人们的意料，这种饮料根本打不开销路。于是，请心理学家研究问题的症结。最初，心理学家对此调查的结果表明：消费者并不喜欢这种咖啡的味道。而据咖啡制造者的研究表明，速溶咖啡的味道和传统的豆状煮咖啡的味道是完全一样的。据此，进一步对消费者的动机进行了深入的调查。这一次，不再向人们询问为什么不喜欢速溶咖啡，而是列出了两张购买表(见表3-1)。

表3-1 购买速溶咖啡调查表

购货单(1)	购货单(2)
1罐朗福焙粉	1罐朗福焙粉
2条沃德面包	2条沃德面包
1扎胡萝卜	1扎胡萝卜
1罐雀巢速溶咖啡	1罐麦氏咖啡(原粉粒)
1磅半汉堡牛排	1磅半汉堡牛排
2罐德尔蒙特桃子	2罐德尔蒙标桃子
5磅土豆	5磅土豆

分别拿去给两组妇女看，让她们描述一下购买货单上所开列的这些货物的家庭主妇的人格和特征。结果两种假设的购买者的人格形象是截然不同的。人们把速溶咖啡的购买者说成是懒散、大手大脚、邋遢的人，而且可能不是一位好妻子。而原粒煮咖啡的购买者却被认为是勤快、节俭、精明、理智、对家庭充满兴趣的人，而且是一个乐于烹调的人。研究表明，人们对产品的认同并不像我们通常认为的是那些表面原因而是和消费者的内在动机有着很深的关系。而动机的产生根源则是需要。

3.1 农产品需求心理现象

现代社会的商品正处在一个"鼠系繁衍"的时代，即每一种商品都不断朝向差别化、多元化发展。农产品也不例外，以茶叶为例，按照品牌、产地的不同就有上百种之多。这将意味着人们在生活中可依赖的选择对象愈来愈多，决策的过程也将愈复杂。当然消费者做出决策的前提首先是消费者的需要和动机。

3.1.1 需要及需要理论

1. 需要的含义。需要是人们对某种目标的渴求或欲望。任何购买行为都开始于消费者对某一问题或需要的察觉,即消费者感觉到实际状态与渴望状态之间有差距存在。是消费者个人内部所感觉到的愿望,是购买的原动力。消费者的需要伴随着生理紧张状态而产生愿望,即对某种事物感到缺乏或不稳定时才会发生,有时是受到外部某种因素的刺激而产生行为,有时是受到内部刺激而产生行为,但不论何种因素,其行为都具有某种目的性。当然,对农产品的需要也必然符合这一特点。

2. 需要的种类。

(1)主要的需要:在消费者的有机体中,具有某种肉体上基本的满足,如果哪些满足因素长期缺乏,将使其生命发生危险而致命。例如,对食物、氧气、水、衣着、房屋及交通工具等的需要。它们的匮乏将危及人类的生存和种族的延续。

(2)次要的需要:所谓次要,并非是非肉体的需要或立即需满足的需要,但它在消费者生存的过程中,也担负着一种重要的任务,也称之为社会的需要。例如,人与人之间交往的需求、人对权力、地位、威望等的需求。

3. 消费者需要的特点。

(1)需要的多样性:消费者的需要是多样的,首先体现为每个人的需求是多种多样的,具有多元化特征,即不仅有生理的、物质的需要,还有心理的、精神方面的需要。其次,还体现在同一需要上不同的人也是各不相同的,因为每个消费者的收入水平、文化程度、职业、性别、年龄、民族和生活习惯等的不同,自然对同一需要也有很大差别。

(2)需要的层次性:消费者的需要是多层次的,其中既包括生存、安全等低层次需要,也包括享受、发展等高层次需要。一般来说,这种需要应从低层次向高层次逐级延伸和发展。当低层次的物质生活需要得到满足后,就会转向高层次的社会性、精神性需要的追求。

(3)需要的发展性:由于科学技术和生产力在不断地发展,社会在不断地进步,人们的收入和生活水平也在不断地提高,消费者的需要必然会发生变化。这种变化表现为由追求生活资料的数量到追求质量,由追求低质量到追求高质量,由比较单一的需要到多种需要。

(4)需要的时代性:消费者的需要常常受到时代精神、风尚、环境等的影响,时代不同,消费者的需要和爱好也会不同。时代性反映到人们的生活中就是消费时尚和消费流行，一个时期有一个时期的需要特征。时代性还体现在消费“热点”上，不同的年代，不同的商品会成为不同的消费“热点”。

(5)需要的伸缩性：即消费需要的弹性。消费者的需要受货币收入、支付能力和商品供应及价格的影响。收入高、价格便宜、供应充分，需求量就可能大一些；反之，则可能小一些。当然，不同商品的需要弹性不尽一致。一般来说，必需品(如农产品)的需要的伸缩性小，奢侈品(如高档时装)的需要的伸缩性大；急需品需要的伸缩性小，非急需品需要的伸缩性大。

(6)需要的可诱导性：消费者的需要是可以加以诱导和调节的，即可以通过环境的改变或外部诱因的刺激、引导，诱发消费者需要发生变化和转移。因此，企业可以利用消费者需要的可诱导性，使消费者的需要发生变化，使消费者的潜在需要变成现实需要，使人们的消费需要朝着有利于企业的方向变化。

(7)需要的联系性和可替代性：消费者需要的联系性是指一种需要将带动另一种需要，如消费水平提高后，肉食需要增加将带动蔬菜、水果等维生素类食物需要增加。消费者需要的可替代性是指一种需要的增加会导致另一种需要的减少。如肉食类需求量上升，粮食类需求量将减少，因为在食品中营养物质产生的热量具有代替性。

4. 马斯洛的需要理论。美国的人本主义心理学家马斯洛把人类的基本需要按其发生的先后顺序和重要的程度分为五个层次，即生理需要、安全需要、社交需要、尊重需要和自我实现需要。他认为人类的低级需要基本满足之后，才能谈到高一级的需要，如此逐渐向上一级推移，一直追求，直到满足最后一级的需要为止。

(1)生理需要(The psychlilgical needs)：是指人类最基本的需要，人体的活动均集中于满足生理上的需要，而且要求强烈，非获得满足不可。正如马斯洛所说的：如果一个人所有的需要都不能得到满足，这个人就会被生理需要所支配，而其他需要都要退到隐蔽的地位。对于一个处于极端饥饿状态的人来说，除了食物，没有别的兴趣，在这种极端的情况下，写诗的愿望，获得一辆汽车的愿望，对美国历史的兴趣，对一双新鞋的需要，则统统被忘记或退到第二位。这个人做梦也会梦见食物，看见的只是食物，渴望的只是食物，充饥成为独一无二的目标。所以对农产品、食物需求的满足，可以使消费者生存得以维持，生命得以延续。

(2)安全需要(The safety needs)：当生理上的需要相对满足之后，人们又显现出一种新的需要，即安全的需要。指消费者为保证自身生命安全、工作安全、身体健康，而对各种医疗服务、药品、劳保用品、保健滋补品、健康食品、健身器材、人寿保险以及各类商品的安全性能、卫生程度的需要。

(3)社交需要(Social needs)：指归属感、团结感、被爱、给人友谊与接受别人的友谊等。人由家庭进入社会之后，在所接触的团体中建立了感情，久而久之便归属于该团体，从而扩大个人社会活动范围，增加生活的色彩。

(4)尊重需要(The ego needs)：人人都有自尊心，希望得到别人的尊重。但是在得到别人的尊重之前必须首先要自爱，才能达到尊重的目的。麦克格来哥将其分为两类：一类是关于个人自尊的需要，如自信的需要、成功的需要、知识的需要等。另一类是关于个人名誉的需要，如：地位的需要、认识的需要、尊重的需要等。

(5)自我实现需要(Self-fulfillment needs)：指消费者为提高自身能力和实现个人的理想、抱负的追求。即尽量发挥自己的潜力，创造自己的实力，改变其在社会上的地位，求得更多的表现和成就。

3.1.2　动机及购买动机

人们从事任何活动都由一定的动机所引起。所谓动机是指：在需要的作用下，推动人们为了达到特定目标而采取的行动的心理驱动力。农产品是社会生活的基本必需品，人们对农产品的需求必然在一定条件下引发内在驱动力，并导致行为。

1. 动机的种类。

(1)生理的：是以人的生物性需要为基础，具有先天性，包括“生理”上的需要，如饥饿、睡眠、性等。它的满足方式不可避免地受到人类社会文化的影响。例如，对吃的需要来说，它本来是一种生理的动机，但是，在现代社会中，饮食已经发展成为一种文化，人类的饮食行为已不单纯是为了保证生存，往往还具有其他的功能。

(2)心理的：是指一切非生理变化所形成的需要为基础的动机。如，人的好奇心，即对新奇事物注意、探索和操弄等行为的内在驱力。像人们对一些新型技术培育出的蔬菜、水果的追求。

案例　马铃薯从美洲传入法国的历史就是一个很好的事例。当时，马铃薯刚刚传入法国时，得不到大家的认同，因为牧师称其为“魔鬼的苹果”。医生也认为它对人体有害，农学家说它会使土壤变枯竭。而当时法国正面临着粮食的危机。法国著名的农学家巴蒙蒂埃在德国做俘虏时曾经吃过马铃薯，回到法国后，他努力推广马铃薯，但是经过了很长的时间也没能说服任何人栽种马铃薯，于是他采取了一个计策。1787 年，国王批准巴蒙蒂埃在一块贫瘠的土地上种植马铃薯。他于是要求国王派遣全副武装的士兵在田野里看守马铃薯。但是这些士兵只白天看守，一到晚上就撤回去了。正是这样的做法激起了人们的好奇心，他们开始在晚上偷偷地把马铃薯挖出来，然后种在自己家的菜园里。于是马铃薯就这样在法国传播开来。当然，这也正是巴蒙蒂埃所企盼的。

(3)学习的：个人的行为及嗜好，依赖社会团体需要的规范，作为学习的指针，可从此规范中学习认识许多物品及嗜好。

(4)本我的:人性中属于兽欲的部分,包含更基本的内驱力及天赋本能,完全由潜意识所控制,如性、攻击。

(5)自我的:在人性的结构中,这是属于理性的一面,为人格的核心,它管制“本我”,引导人们的行为到有意义的途径上,并接受周围的环境,在饮食上、工作上、创造上,所表现的社会行为。

(6)超我的:在人格上具有监察的作用,是由父母、师长的教养、社会文化、社会道德、风俗习惯的熏陶等培养而成。完全由后天的经验所获得,它为个人的良知,保持正常“对”或“错”的理想,尤其是超越法律规定或习惯限制之时,能发生管理自我,监察自我的作用。

(7)社会认可:个人的需要,如果是遵从某一团体的规范,其标准与社会及文化的标准融合一致时,其行为便为社会所认可。例如穆斯林所购买的食品,一定要符合他们的习俗和规范。

(8)地位:个人如能获得一种方法,在工作的过程中引起别人的注意,则他必可超越别人之上,成为一个团体的领袖,或在社会国家之中,获得相当的地位。

(9)安全:保护个人的安全,防止物质上、心理上的伤害,避免身体感情遭受意外的创痛,提供金钱储蓄方法,以应付将来的需要及变化。

(10)兴趣:寻找个人的快乐或享受,如打球、爬山、游泳、种花等。

(11)自我了解:达成个人满足,了解个人本身的知识及能力,选择能发展特长的工作慎重行事,从工作中获得经验。

(12)暗示:当人们购买时,购买决策常常受其他人的意识影响而购买某一品牌的食品。

以上所列举的各种不同的动机,就消费者的购买行为而言,并不完全,尽管我们能对所有不同的动机予以清晰的区别,但要对每种产品或服务的购买清晰地归入单独的某种动机之内,也是非常困难的。例如:一个人为了健康和显示自己的财富而只购买价格昂贵的绿色农产品,一对夫妇为了社会的赞许及个人的兴趣而加入高尔夫球俱乐部等。

2. 消费者的购买动机。购买动机是指:消费者为了满足其需要,在商品目标的引导下,驱使消费者指向已决定的购买目标,实施购买行为的内在驱动力。消费者在购买商品时,事先在心理上都经过了考虑,即使每天所需的简单必需品(食品、蔬菜等)也不例外。因此产品的营销者,对消费者的购买动机必须有深刻的了解,才能使他们的产品在激烈的市场竞争中立于不败之地。马斯洛曾指出:消费者的任何行动通常均有一个以上的动机,在相同的行动中,要区别不同的动机如何,通常需做深入的研究。

(1)对产品情感的动机：

骄傲或野心：是消费者最普通最强烈的购买动机，商品为满足个人的野心或骄傲而售出。例如，名牌手表、钻石、汽车、别墅等售给成功人士。

竞争或争胜：购买货品起码要向他人看齐，甚至要设法超过他人，才能满足内心的需要。

尝新的需要：在购买力所及的范围内，为求个人或家庭的舒适，尽量在衣、食、住、行上讲究，购买最好最舒适的商品。

娱乐的欲望：购买最新式的乐器、音响等，充分享受人生的乐趣。

感官的满足：吃山珍海味，看电影电视，为满足口腹欲望、味觉、视觉等购买。

种族的保存：如为求爱、取悦伴侣、结婚、照顾儿童，而购买美丽的服装、香水、饰物、银器、瓷器、新家具等等。

生命的延续：如购买防弹汽车、保险、滋补品等，以确保生命的安全，延长自己的寿命。

好奇或神秘：为满足好奇或神秘的欲望，这也是推动购买的一项要素。如对某种新培育出的农产品的关注与购买。

占有意识：完全以占有为目的，是否对该商品加以利用并不在乎，如购买别墅作房东，目的在占有此房的所有权。

特殊爱好：有时购买某种物品，全受特殊爱好影响，有人常说：我买这样东西因为我喜欢它。

(2)对产品理智的动机：

容易使用：工具构造得精巧，易于使用。如罐头便于开启、香烟易于拆封等。

增加效率：使用此种工具或设备，如起重机、堆高机、打印机等可以增加工作效率。

使用可靠性：产品安全可靠，如购买自来水管，保证不漏水；购买花布、纸张，保证不褪色。

良好服务：如购买电冰箱、电视机、电脑发生故障时，厂家保证负责修理，直至货物用坏为止。

耐久性：如购买某一厂牌的汽车是因为其耐久性能极佳，不易损坏。

便利：肉类、蔬菜及啤酒、罐头，其包装分量刚足一餐之用，打开后即可佐餐，拼凑起来非常方便，每人均有一份即可。

经济：即购买当时的价格也许不太低廉，但因其寿命长久耐用，就长期摊算，仍然很经济。

(3)消费者光顾的动机：

地点时间便利：如商店地点或营业时间使消费者感到便利，有的商店晚上九点关门，而有的商店营业到十二点。

种类齐全：货品种类齐全，衣、食、住、行、学习、娱乐六大需要所需的各种货品，均可供消费者随意选择。

品质优良：货品品质优良，如蔬菜、水果等农产品特别新鲜，工业品或手工制品所含成色较高，或构造较精良，花纹较美观等。

店员礼貌周到：售货员礼貌特别周到，引起顾客好感，无论顾客购买与否均能始终如一，恭迎恭送，所以能感动顾客，使其时常光临。

声誉良好：商店货真价实，公平交易，童叟无欺。

提供信用及服务：如对顾客准予信用赊欠、分期付款、负责运送，并保证商品的质量不佳时可以退货。

价格适当：如商店以廉价或打折相号召，使消费者感觉划得来。

炫耀特殊身份：如专门在最贵的商店购物，以便向同辈或邻居炫耀其地位或财富。

消费者对农产品的需要与动机必然也符合其中的某些特点。对于消费者来说，他们所需要的农产品主要是指肉类、奶制品、蛋类、蔬菜、粮食等。对这些农产品的需要与动机的调查和分析，可帮助经营者提高他们的营销水平和经营利润。

案例　上海农业科学院农业经济研究所，通过对上海市民农产品消费行为的调查指出：上海的消费者对鲜奶、鸡蛋和蔬菜的消费需求较高。与其他农产品相比，奶制品的购买主要在超市中。对肉类产品的要求主要由是否新鲜这一因素所决定。其中对猪肉的选购主要受购买的方便程度决定，而牛肉的购买主要受价格因素的影响。找出不同农产品的购买决定因素必然离不开对消费者心理的研究。

3.2　农产品要求购买行为与决策

3.2.1　购买行为

消费者对农产品的购买动机并非都会导致其购买行为，购买行为是在购买动机驱动下，在当时各种因素相互作用下产生的行为。

购买基本的生活用品是由人的生存需要决定的。假定日常生活中必须购买基本的生活用品，但是市场上提供给人们的消费品琳琅满目，同种功能的不同产品很多，人们最终将购买哪一种商品是不能事先确定的，因此在市场上人们将出现常见的购买思考和购买斟选及购买决策，其结果也是多样的，有的人到市场上可能转了一圈都不满意，空手而归；有的人原本已想好所需要购买的商品，但是到市场上发现了其他更好的目标，于是改变初衷，购买了其他看中的商品；也有的消费者到市场上，在各种商品技术性能启发下、本人原有的基本素质和技术的驱动而产生的创作欲望下，不购买现成需要的产品，而是购买一些原料进行创作性的消费。可见，消费者购买行为是在购买动机驱动下，同时在各种因素作用下，经过内心的斟选和决策导致的购买行为。

3.2.2 影响农产品购买行为的因素

1. 文化、亚文化因素与购买行为。文化、亚文化和社会阶层等文化因素，对消费者的行为具有最广泛和最深远的影响。

(1)文化是人类欲望和行为最基本的决定因素，低级动物的行为主要受其本能的控制，而人类的行为大部分是从学习获得的，在社会中成长的儿童通过家庭和其他机构的社会化学习过程学到一系列基本价值、知觉、偏好和行为等的整体观念。

每一文化都包含着能为其成员提供更为具体的认同感和社会化的较小的亚文化群体，如民族群体、宗教群体、种族群体、地理区域群体等。一个人的购买行为受到亚文化的影响，这些因素将直接影响他的饮食偏好(选购不同的农产品)、衣着选择、娱乐方式和事业抱负。

在一切人类社会中，还存在着社会层次。它有时以社会等级制形式出现，不同等级的成员都被培养成一定的角色，而且不能改变他们的等级成员资格。然而，更为常见的是，层次以社会阶层的形式出现。即一个社会中具有相对的同质性和持久性的群体，它们是按等级排列的，每一阶层的成员具有类似的价值观、兴趣爱好和行为方式。

(2)亚文化又称副文化，指社会上部分成员所接受的特有文化。由于民族、地域、职业、年龄、性别、教育程度、宗教信仰等方面的共同性所形成的社会群体或集团，其观念、习俗等相互认同，构成的群体文化现象。

例如，就民族文化看：我国有 56 个民族，各民族仍保留着本民族的语言、文字、生活方式，在农产品消费方面，各自保留着自己的偏好。如蒙古族习惯饮奶茶、吃牛羊肉、喝烈性酒；回族人习惯食素，信奉伊斯兰教，禁大肉(猪、狗、驴、马等非反刍动物的肉、油、血等)；朝鲜族喜欢用辣椒做调料；汉族人虽多数并不喜欢喝奶茶，但饮食上少有禁忌，喜欢丰富的食物等。

地域亚文化看：南方人与北方人有很多差异，如川菜、鲁菜、京菜等八大菜系各有特色。就农产品食品来看：北方人多喜欢吃饺子，南方人多爱吃包子。南方人更注重食品的新鲜程度。

籍贯亚文化看：各地的人在生活居住地迁移后若干年，甚至几代人还保留着原来故土时的习惯，如湖南人、四川人爱吃辣的；苏州人、无锡人爱吃甜的。

职业亚文化中，农民与城市居民消费农产品的情况也有不同。农民追求实在性，知识分子注重文化内涵或艺术特点。

年龄亚文化对于消费更具有差异，如儿童的食物消费与成年人的食物消费有很大的差异。现代社会年轻女性与男性消费方式也各不相同。多数男性将饮酒作为聚会的必备饮料；而女性聚会常常将各样冷饮作为餐桌上的必备饮料。老年人对清淡蔬菜更青睐。

(3)社会阶层：基于社会与心理学的研究表明，不同社会阶层的成员，常常按照不同的方式行事。由于不同社会阶层的人有不同的价值观念和追求，不同的信仰和政治哲学，抱有不同的偏见和态度。他们的生活习惯和思想行为也完全不同，因此他们的消费行为也不一样。上层社会的消费者由于考虑他们的财富和社会地位的安全，往往认为表现自己的财富是愚蠢的。因此，他们可能驾驶老式的汽车，穿着传统的制服，而不受时髦的影响。中层社会的消费者喜欢用新潮的汽车、现代化的家具、时髦的服饰、出入豪华的饭店来炫耀自己的财富，他们实际上并不富有，但是希望人们认为他们是富有的，从而不惜负债累累。某一个对 1 000 多个常进出商场的顾客的购买行为的调查发现上层社会和下层社会的购买者之间有很大的差别，上层社会的购买者更信赖新闻广告，按照广告去购买大量更高级的商品。

2. *社会因素与购买因素*。消费者的购买行为也受到参照群体、家庭、社会角色与地位等一系列社会因素的影响。

参照群体是指那些直接或间接影响人的看法和行为的群体。直接参照群体指某人所属的群体或与其有直接关系的群体。又可分为首要群体和次要群体。前者是指与某人直接、经常接触的一群人，一般都是非正式群体，如家庭成员、亲戚朋友、同事、邻居等。后者是指对其成员影响并不很经常但一般都较为正式的群体，如宗教组织、职业协会等。间接参照群体是指某人的非成员群体，即此人不属于其中的成员，但又受其影响的一群人。这种参照群体又分为向往群体和厌恶群体。前者是指某人推崇的一些人或希望加入的集团，例如：体育明星、影视明星就是其崇拜者的向往群体。后者是指某人讨厌或反对的一群人。一个人总是不愿意与厌恶群体发生任何联系，在各方面都希望与其保持一定距离，甚至经常反其道而行之。

家庭是社会组织的一个基本单位，也是消费者的首要参照群体之一，对消费者购买行为有着重要的影响。一个人在其一生中一般要经历两个家庭，第一个是父母的家庭，在父母的养育下逐渐长大成人，然后又组成了自己的家庭，即第二个家庭。当消费者做出购买决策时，必然要受到这两个家庭的影响，其中，受原有家庭的影响比较间接，受现有家庭的影响比较直接。家庭购买决策大致分为三种类型：一人独自做主；全家参与发表意见，一人做主；全家共同决定。在农产品的购买中这三种情况都会存在，只是在选购不同的农产品时会有所偏重。

3. *个人因素与购买因素*。消费者行为也受其个人特征的影响，特别是受其年龄所处的生命周期阶段、职业、经济状况、生活方式、个性以及自我观念的影响。

(1)年龄和生命周期阶段：人们在一生中购买的商品是不断变化的，如在幼年期，需要婴儿食品，而在老年期，需要更多的是保健和延年益寿食品。同样，人们对衣服、家具和娱乐的喜好也同年龄有关。营销人员应经常瞄准生命周期中某一阶段上的顾客，作为自己的目标市场。

(2)职业：一个人的职业也影响其消费行为。一个从事教师职业的消费者，一般会较多地购买书报杂志等文化用品，而对于时装模特来说，漂亮的服饰和高雅的化妆品则更为重要。对农产品来说，职业的影响并不像对其他产品影响那样强烈。

(3)经济情况：一个人的经济情况会严重影响其对产品的选择。人们的经济情况包括可支配的收入、储蓄和资产、借款能力以及对消费与储蓄的态度等。对某些从事收入敏感型产品的营销人员来说，应不断注意消费者收入、储蓄和银行利率的变动情况。如果经济指标显示经济衰退时，营销人员就要采取步骤，对产品重新定位，以便继续吸引目标顾客。对价格较高的农产品的营销应注意此点。

(4)生活方式：来自相同文化群或社会阶层，甚至来自相同职业的人们，也可能具有不同的生活方式。营销人员研究他们的不同之处，对不同的人采用不同的产品广告宣传攻势。

(5)个性及自我观念：每个人都有影响其购买行为的独特个性。个性，是指个人独特的心理特征，这种心理特征使个人与环境保持相对一致和持久的反应。个性通常可用自信心、控制欲、自主意识、顺从、交际性、防守性和适应性等特征来描述。在能够区分出不同的个性，并且特定的个性同产品或品牌的选择之间存在很强相关性的前提下，个性就可以成为企业营销人员分析消费者购买行为的因素。

4. *心理因素与购买行为*。消费者购买行为要受感知觉、学习、态度等主要心理因素的影响。人们对于刺激物的理解是通过感觉进行的。所谓感觉是指通过视、听、嗅、味、触五种感官对刺激物的反应。随着感觉的深入，将感觉到的材料通过大脑进行分析综合,从而得到知觉。

知觉是指个人选择、组织并解释信息的投入,以便创造一个有意义行为的过程。其决定了为什么两个人在相同的激励状态和目标情况下,其行为却大不一样的原因。

人们要行动就得学习。学习是指由于经验而引起的个人行为的改变。人类行为大都来源于学习。一个人的学习是通过驱使力、刺激物、诱因、反应和强化的相互影响而产生的。由于市场营销环境的不断变化,新产品、新品牌不断涌现,消费者必须经过多方搜集有关信息之后,才能做出正确的购买决策,这本身就是一个学习的过程。通过行为的学习,人们获得了自己的信念和态度,而信念和态度反过来又会影响人们的购买行为。所谓信念是指一个人对某些事物所持有的描述性思想。生产者应关心人们头脑中对其产品或服务所持有的信念,即本企业产品和品牌的形象。人们根据自己的信念做出行动,如果一些信念是错误的,并妨碍了购买行为,生产者就要运用促销活动去纠正这些错误的信念。所谓态度是指一个人对某些事物或观念长期持有的好与坏的认识上的评价、情感上的感受和行动倾向。态度能使人们对相似的事物产生相当一致的行为。一个人的态度呈现为稳定一致的模式,改变一种态度就需要在其他态度方面作重大调整。

总之,一个人的购买行为是文化、社会、个人条件和心理因素之间相互影响的结果。其中很多因素是市场营销者无法改变的,但这些因素在识别那些对产品有兴趣的购买者方面颇有用处,其他因素则受到市场营销者的影响。市场营销者可借助有效的产品、价格、分销和促销策略,可以诱发消费者的强烈反应。

3.2.3 消费者对农产品购买行为的决策

1. 购买行为的参与者。消费者虽然是以家庭为单位,但参与购买决策的通常并非是一个家庭的全体成员,许多时候是一个家庭的某个成员或某几个成员,而且由几个家庭成员组成的购买决策层,其各自扮演的角色也是有区别的。一般在一项决策中可担任如下的角色:

发起者——首先想到或提议购买某种产品或劳务的人;影响者——其看法或意见对最终决策具有直接或间接影响的人;决定者——对买不买、买什么、买多少、何时买、何地买等问题做出全部或部分的最后决定的人;购买者——实际采购的人;使用者——直接消费或使用所购商品的人。

2. 购买行为的类型。

(1)习惯性购买行为:对于价格低廉、经常购买、品牌差异小的产品,消费者不需要花时间进行选择,也不需要经过信息搜集、产品特点评价等复杂过程,因而,其购买行为最简单。对于部分的农产品来说属于这样。但是,随着农产品数量和新品种的不断增加,习惯性购买行为的比例在不断地减小。

(2)寻求多样化购买行为:有些产品品牌差异明显,但消费者不愿意长时间来选择和评价,而是不断变换所购产品的品牌。这样并不是因为对产品不满意,而是为了寻求多样化。

(3)化解不协调购买行为:有些产品品牌差异不大,消费者不经常购买,而购买时又有一定的风险,所以,消费者一般会进行比较、看货,只要价格公道、购买方便、机会合适,消费者就会决定购买。购买以后,消费者也许会感到有些不协调或不满意,但在使用过程中,他们会了解更多情况,并寻求种种理由来减轻、化解这种不协调,以证明自己的购买决定是正确的。

(4)复杂购买行为:购买产品时,由于产品品牌差异大,消费者对产品缺乏了解,因而需要有一个学习的过程,以广泛了解产品的性能、特点,从而对产品产生某种看法,最后决定购买。

3. 购买决策过程:在购买行为中,购买者的决策过程包括五个阶段。

(1)引起需求:购买者的需求一般由两种刺激引起——内部和外部。对此,我们要注意了解那些与本企业的产品有关的驱使力。并善于安排诱因,引起消费者的强烈需求,并立即采取购买行为。

(2)收集信息:一般讲,引起的需求不是马上就能满足的,消费者需要寻找某些信息。消费信息的来源主要有个人来源、商业来源、公共来源、经验来源等。对此,我们要对消费者的信息来源认真加以识别、评价、分析,制订产品宣传的渠道。

(3)评价行为:消费者对产品的判断大都是建立在自觉和理性的基础之上的。一般的评价包括:

产品属性:即产品能够满足消费者需求的特征。例如,粮食和蔬菜满足消费者生存的需求。绿色食品既满足消费者生存的需求也满足消费者安全的需求。对此,市场营销人员应分析本企业产品具备哪些属性,以及不同类型的消费者分别对哪些属性感兴趣,以便进行市场细分。对不同需求的消费者提供具有不同属性的产品,既满足了顾客的需求,又最大限度地减少因生产不必要的属性所造成的资金、劳动力和时间的耗费。

属性权重:即消费者对产品有关属性所赋予的不同的重要性权数。消费者被问及如何考虑某一产品属性是立即想到的属性,就是产品的特色属性。但是特色属性不一定是最重要的属性。在非特色属性中,有些可能被消费者遗忘,而一旦被提及,消费者就会认识到它的重要性。所以我们应更多地关心属性权重,而不是特色属性。

品牌信念:即消费者对某品牌优劣程度的总的看法。由于消费者个人经验、选择性注意、选择性曲解以及选择性记忆的影响,其品牌信念可能与产品的真实属性并不一致。

效用函数:即描述消费者所期望的产品满足感随产品属性的不同而有所变化的函数关系。它与品牌信念的联系是,品牌信念指消费者对某种品牌的某一属性已到达何种水平的评价,而效用函数则表明消费者要求该属性到达何种水平他才会接受。

评价模型:即消费者对不同品牌进行评价和选择的程序和方法。

(4)决定购买:评价行为会使消费者对可供选择的品牌形成某种偏好,从而形成购买意图,进而购买所偏好的品牌。但是,在购买意图和决定购买之间,有两种因素会起作用,一是别人的态度,二是意外情况。也就是说,偏好和购买意图并不总是导致实际购买,尽管两者对购买行为有直接影响。消费者修正、推迟或者回避做出某一购买决定,往往是受到了可觉察风险的影响。可觉察风险的大小随着冒这一风险所支付的货币数量、不确定属性的比例以及消费者的自信程度而变化。

(5)购买后行为:消费者在购买农产品后会产生某种程度的满意或不满意感,进而采取一些使市场营销人员感兴趣的买后行为。所以,产品在被购买之后,就进入了买后阶段,此时,市场营销人员的工作并没有结束。而是应该分析和调查消费者对其购买产品是否满意。如果对产品满意,则在下一次购买中可能继续采购该产品,并向其他人宣传该产品的优点。如果对产品不满意,则会尽量减少不和谐感,通过放弃或退货来减少不和谐感。应采取有效措施尽量减少购买者对农产品质量、品种、规格等不满意的程度。

3.3 运用心理知识指导农产品营销活动

众所周知,情感可以刺激消费者的购买兴趣、引导选择、唤起购买动机以及影响未来的购买决定。购买的想法并不只是毫无生气的精神活动。这些想法可以是令人兴奋的,可以包含着强烈的喜好和不喜好、渴望和热望。

3.3.1 运用情感打造农产品营销品牌

1. 什么是情感。情感是一种体验,被用来概括对一些真实或想象的事件、行为或品质的高度肯定或否定的评价而引起的各种精神状态和身体过程。Emotion(情感)这个词是由 exit 和 motion 两个词缩合而成的。有人认为情感的展现包含着一个人的核心真实,并且是情感性的是表现真实的自我。因为人们对什么表露出情感就显示他们关心什么。当人们受到鼓励对某一产品寄予厚望,而这种期望又没能满足时,他们就会产生某种感受——愤怒交织着失望。如果这种愤怒得不到表达,就会产生怨恨。

2. 情感的特征。

(1)情感具有对象性:情感是关于某件事的,因此我们谈论某件事时有恐惧感,对所做的感到气愤,对某件事感到尴尬或非常骄傲等等。如果我们需要了解消费者的情感体验,就要对情感的对象加以明辨和分析,确定对象的哪些品质、特点、特性能激发出消费者的情感。

(2)情感来自于高度肯定或否定的评价:我们通常认为评价是有高度认知性的,即它是有感而发的并建立在信念和愿望之上。但是却存在一种潜意识对输入脑中的信息进行处理,筛选出我们关心和感兴趣的东西。如果某种东西与我们相关,立刻就会有一种非潜意识性的评价来产生"反射性"情感。这是一个感知的过程——情感的体验,伴随其间的是无意识性的认知。如果在输入过程中没有我们关心的东西,即没有什么来刺激我们的情感。

(3)情感与自律性的生理活动有关,而这类活动被作为感觉来体验。情感并对行为产生趋向性,如愤怒的感觉产生进攻的倾向。

3. 品牌价值。品牌重要吗?除非那些购买这种品牌的人能够感觉到它所提供的保证。当品牌代表着社会认可度和社会地位的时候,这些提供的保证也许和产品的核心技术一点关系都没有,可能主要是社会性的保证。每一种品牌都是由产品和价值两个成分组成的。

(1)产品成分:①功能:核心使用功能(如营养的);辅助使用功能(如规定的食物);方便使用的功能(如便于开启);关于自己和自己的群体的综合功能;经济的功能;及在购买中减少风险和不确定性的适应的功能。②享受:味道(如清爽的);感觉(如感到愉快);浓香(如闻起来新鲜);美学的要求(如看起来令人食欲大振);以及符合大众口味。

(2)价值成分:品牌价值是由消费者加到一个商品上的附加值。这个附加值是品牌同他的竞争对手相比,高于品牌直观形式的价值。例如,商标名称的醒目性,忠诚的客户,感觉到的品质,以及其他因素的综合。而这些和品牌形象相联系的其他因素会增加或减少产品所提供的价值。一般来说,更好的价值可能不是在产品的核心功能上,而是在其潜在的地位方面的要求。购买一种品牌就是给世界发出了一种信号，告诉他们这就是我自己的风格。虽然品牌价值部分在如香水、服装等方面起主要作用，但对于农产品来讲，在注重产品本身的同时也可运用相关的营销技巧树立品牌的价值。

4. 运用情感增强农产品品牌价值。如果营销管理是为了理解消费者，那么，了解消费者对产品的情感及树立对品牌的亲切感和喜好，并获得消费者的信任是十分重要的。因为消费者只有对一个品牌熟悉后，才会导致喜好，很高的熟悉和亲切感导致感情的增强。如果和一个品牌的第一次相遇留下了好印象，接下来的多次接触又增加了喜好程度，直到这个品牌变成了在这个不确定的世界中一种生活方式的固定的标志性信号。

3.3.2 运用消费规律指导农产品营销活动

农产品的消费与其他的产品消费有共性也有差别。作为共性，它们都是消费品，为人们提供了物质消费和精神享受；同时也有差别，不同于其他消费品，农产品的消费动机心理可以分为几个层次。

1. 抓住消费层次指导农产品营销活动。

(1)实用层次：追求实用、实效。绝大多数的农产品，都是满足人们的基本消费的。消费者在购买农产品时更注重对产品实用、实效的考虑。例如，人们每天都要消费粮食、蔬菜，在一定的经济条件允许下，人们还要有水果、饮料的消费，对于这些农产品的消费，人们首先的态度是实用、有效。人们必须实实在在地达到消费，不能有半点折扣。

追求物美价廉：在实效、实用的基础上，从目前我国初级阶段的基本国情看，绝大多数的消费者经济收入还不太宽裕，各种需求的变化与增加，社会消费层次的变化，使得消费者还必须重视实效与价格的关系，这是我国消费的大环境。

(2)求名层次：追求时尚。20 世纪 70～80 年代，我国多数地区讲求在节假日串门，随手送去水果和点心，对于被拜访的人是很高的礼物；20 世纪 80～90 年代特别是 20 世纪末，人们开始追求时尚，当节假日到来时上门随手送上水果花篮，花篮是不能吃的，但是它表示来访者对你的重视和心意。21 世纪以后，节假日如果人们登门拜访，带来的不仅有水果花篮，还可能是鲜花或花束，如金钱树、富贵花、高档酒等，送去美好的祝福。

追求档次：目前随着社会经济文化的发展，人们对农产品的需求也正在发生变化，如水果可以提供各种营养和水分，但是如果人们为了表明对对方的重视和对自己的身份实力的展示，则高档次的农产品作为选择的目标，如购买西瓜，不是追求实用，而是它的价值，用一万元购买最大西瓜，购买后并没有马上食用，而是展示起来，显示了自身的实力。上门送礼，送寿桃，几十元一斤的桃成为春节上门送礼的礼品。贵重的桃购买的已不再是食用价值，而是精神价值。正因如此，农产品生产者可以通过高科技的嫁接，生产特种农产品，开发农产品市场，提高农产品市场效益，增加收入。

(3)保健层次：对于农产品中绝大多数的基本生活必需品，粮、果、菜、鱼、肉、蛋等，人们越来越重视其绿色、环保、有利于健康。当人们得知黑色粮食有利于健康时，市场上的黑米、黑芝麻、黑玉米、黑豆等都受到消费者的关注，价格也看涨。由于绿色食品的知识增长和宣传，一些中等收入的家庭，会舍近求远地到超级市场购买绿色蔬菜、有机果蔬、无公害粮食，于是这种消费趋势也给农产品生产者带来了商机。反之，当社会上风传海产品用什么药水浸泡可以延缓产品的腐烂速度，但对人体有害时，一时之间海产品销售难成为市场上大问题，也影响了生产者的利益。因此注重保健动机是当今社会对农产品生产者提出的较高要求。

2. 抓住消费群指导农产品营销。

(1)抓住女性消费群，她们是市场购买力的主要群体。

例如，我国在第五次人口普查时，女性消费者达 61 228 万人。占总人口的 48.3%。其中育龄妇女 20～50 岁之间占总数的 21%。女性是家庭购买行为的发起者、决策者。她们的角色多重性表明她们在家庭生活消费中的绝对地位。包括在一定意义上，儿童、老人、家庭中男性的部分消费品取决于女性的消费观念和心理要求。

案例："网易"曾统计，在家庭中女性的绝对支配消费权占 51.6%；协商来支配消费的占 44.5%。

农产品是家庭生活的基本消费品，因此进行营销首先要打动女性消费者。

(2)关注中等收入人群，他们是消费者中最具购买潜力的消费群。我国中等收入人群占人口绝大多数，一部分是富裕起来的农民，一部分是城市有稳定收入的上班族，特别是文、教、卫、科职员；企业职工；个体经营者，由于稳定的收入和一定的积蓄，使他们在购买行为上比低收入者更果断，消费力更强。

(3)盯住中高收入人群，他们是购买行为最活跃的群体。在今天我国消费市场中，中高消费群固然处于少数，但随着我国特色的市场经济的发展，中高收入者与西方国家不同，将逐渐增多，成为小康社会强有力的支撑。包括私营企业或民营企业主、高级管理层、高级专业技术人员或高级市场营销人员等，由于收入的持续稳定和高薪积累，他们在消费上追求新、特、异等，如送一份礼可能上千元，高档寿桃、高档鲜花、名牌农产品都会成为他们为了生意、关系进行消费的对象。

总之，消费心理与购买行为的研究已经成为今天农产品营销市场必须关注的基本问题。抓住心理趋势，就抓住了商机，就会给农民带来可观的经济收益。

本章小结

本章介绍了涉及消费心理的基本概念和原理，涵盖了消费心理的需要及消费者需要的特点，包括：需要的多样性、需要的层次性、需要的发展性、需要的时代性、需要的伸缩性、需要的可诱导性、需要的联系性和可替代性。阐述了农产品消费者的动机，包括：对产品情感的动机、对产品理智的动机、消费者光顾的动机；概括了消费者的购买行为以及影响农产品购买行为的因素，包括：文化与亚文化对消费的影响；社会阶层、社会因素、个人因素等对消费行为的影响；阐述了购买行为的类型，包括：习惯性购买行为、寻求多样化购买行为、化解不协调购买行为、复杂购买行为；阐述了购买决策过程分为五个阶段：引起需求、收集信息、评价行为、决定购买、购买后行为；运用心理知识指导农产品营销活动；运用情感打造农产品营销品牌；运用消费规律指导农产品营销活动。对于经营者如何进行农产品心理分析进行了归纳和总结。

主要概念：需要、马斯洛需要理论、动机及购买动机、购买行为、情感因素。

主要观念：消费者需要的特点、消费者对产品的动机、影响购买行为的因素、购买行为的参与者、品牌价值、消除不良购买行为。

基本训练

素质题：

1. 消费者需要的特点、对产品的动机、影响购买行为的因素有哪些？
2. 如何消除购买中的不良行为？

知识题：

1. 什么是消费心理？
2. 消费需要与动机对消费行为的作用？
3. 社会因素如何影响消费行为的？

判断题：

1. 社会文化对消费心理有影响。
2. 社会亚文化对消费心理不起主流作用。
3. 家庭主妇对农产品的消费起一般的作用。

案例分析

分析广告对产品销售产生的心理作用

目前市场上的食用油竞争激烈，如各种色拉油广告竞争表现了营销部门的意愿。如众所周知的金龙鱼一代广告“1∶1∶1”人们并不认同，第二代调和油将1∶1∶1的营养进行解说，但人们仍然不理解，并对所说的三种配方及其效果产生怀疑。原本想利用人们对于健康需求的心理，进行竞争宣传，但结果并不理想；脑白金的广告“今年过节不收礼，收礼就收脑白金”虽然人们认为很俗，但却简单明了，给人留下深刻印象。宣传效果比较理想。

讨论问题：在案例中所依据的消费心理需求有哪些？对人的消费动机将产生怎样的影响？

市场调查

进行消费需求心理的市场调查及分析，掌握近年来一定区域内的群体，不同消费水平的人对农产品消费心理的趋势：

1. 请选择对 25 名家庭主妇的想法的记录和分析，她们属于中等收入的家庭。在超市中购买各种无公害蔬菜的行为。要求必须记录下她们购买前（预想的理由），购买阶段（当时的理由）和购买后（回顾性评价）的想法。

2. 到农产品市场或超级市场对农产品消费情况进行采访：一是采访消费者，了解他（她）对市场上不同的农产品的评价，主观认识和偏好，最常采取的购买行为；二是对经营者采访，了解消费者对不同品种农产品的销售情况、销售量、近 2 年来的销售趋势及变化。

3. 到农产品生产地进行调查，了解近三年来生产与销售的产品变化。

CHAPTER 4

第4章　农产品市场细分及定位

学习目标

学习本章后：

素质目标：形成对农产品的市场细分及定位的基本认识与把握。

知识目标：了解市场细分的作用；了解农产品目标市场的策略及选择目标市场应考虑的因素；了解农产品市场定位的策略。

技能目标：掌握农产品细分的依据；掌握农产品定位的方法；并对农产品市场进行细分，恰当定位。

从企业营销的角度看，每个企业都想把自己的产品卖给社会全体消费者。但实际上，任何规模的企业都不可能设法满足所有消费者的所有需要。特别是我国农产品市场供过于求，农产品相对过剩，消费者对农产品的要求越来越高，农产品生产者就更需要集中优势资源，服务于某一类或某几类消费者。因此，必须对农产品市场进行细分，在细分的基础上正确选择目标市场，恰当进行市场定位，才能在农产品营销中取得成功。

案例 酸奶是人们生活中常饮用的食品，它的保健作用一直被人们看重。一些人提出酸奶应该给老人喝，易于消化，补充蛋白质和营养；还有一些人认为酸奶应是大众食品，什么人喝都有好处，于是，酸奶在许多市场都可见到，目前已经出现了滞销现象。

有人对酸奶的饮用提出异议，认为酸奶并非全是好处，如果饮用不当也会带来麻烦。如：

- *要鉴别品种* 目前市场上，有很多种由牛奶或奶粉、糖、乳酸或柠檬酸、苹果酸、香料和防腐剂等加工配制而成的“乳酸奶”，其并不具备酸牛奶的保健作用，购买时要仔细识别。
- *要饭后 2 小时左右饮用* 适宜乳酸菌生长的 pH 值为 5.4 以上，空腹胃液 pH 值在 2 以下，如饮酸奶，乳酸菌易被杀死，保健作用减弱；饭后胃液被稀释，pH 值上升到 3～5。
- *饮后要及时漱口* 随着乳酸系列饮料的发展，儿童龋齿率也在增加，这是乳酸菌中的某些细菌起的主导作用，所以饮后要及时漱口。
- *不要加热* 酸奶中的活性乳酸菌，如经加热或开水稀释，便大量死亡，不仅特有的风味消失，营养价值也损失殆尽。
- *不宜与某些药物同服* 氯霉素、红霉素等抗生素、磺胺类药物和治疗腹泻的收敛剂次碳酸、鞣酸蛋等药物，可杀死或破坏酸奶中的乳酸菌。
- *不要给婴儿喂食* 酸奶含钙量较少，婴儿正在生长发育，需大量钙，且酸奶中由乳酸菌生成抗生素，虽能抑制和消灭很多病原体微生物，但同时也破坏了人体有益菌的生长条件，同时也影响正常消化功能，尤其对有肠胃炎的婴儿和早产儿更不利。

酸奶到底谁喝才合适？有哪些问题？你能帮我们解决吗？如果你是酸奶的经销商你将采取怎样的决策运作酸奶生意？

4.1 农产品市场细分

4.1.1 农产品市场细分的含义

所谓农产品市场细分，就是根据农产品总体市场中不同的消费者在需求特点、购买行为和购买习惯等方面的差异性，把农产品总体市场划分为若干个不同类型的消费者群的过程。每一个消费者群就是一个细分市场，即子市场。每一个细分市场都是由需求倾向类似的消费者构成的群体；不同细分市场的消费者对同一农产品的需求与欲望则存在明显的差别。

农产品市场细分的客观依据是同一农产品消费需求的多样性，即农产品市场细分以消费者的需要、动机、购买习惯等为依据。改革开放以来，我国农产品极大丰富，消费者行为日趋个性化、多样化。消费者对农产品的需求、欲望、购买行为以及对企业营销策略的反应等表现出巨大的差异性，这种差异性使得农产品市场细分成为可能和必然。

4.1.2 农产品市场细分的作用

1. **进行农产品市场细分，有利于企业发现市场机会，开拓新市场。**市场机会是已经出现在市场但尚未加以满足的需求。通过市场细分，企业可以了解农产品市场的竞争状况，研究消费者的购买水平和购买行为差异，分析市场需求的满足程度，结合本身的优势条件，找到对自己有利的目标市场。根据目标市场的状况，设计相应的营销策略，进入并占领市场。

比如，有报道说北方一些农民把鸡蛋的蛋黄和蛋清分开卖，拆零拆出了大市场。爱吃蛋黄的消费者买蛋黄，爱吃蛋清的消费者买蛋清，各有所爱，各得其便。消费者得到了实惠，卖方开辟出了新市场，赚到了以前赚不到的钱。

2. **进行农产品市场细分，有利于制定和调整营销策略，提高企业竞争实力并取得较好的经济效益。**市场细分，确定目标市场是营销策略运用的前提，离开目标市场，制定营销策略就是无的放矢。市场细分后，每个市场变得小而具体，细分市场的规模、特点显而易见，消费者的需要清晰明了，信息反馈灵敏，企业易于根据消费者需求的特点和变化制定并及时调整营销组合，如调整产品结构和价格等。同时，企业将有限的人力、物力、财力用在一个或几个子市场上，有利于扬长避短，充分发挥本企业的优势，提高竞争能力，取得较好的经济效益。

3. 有利于开发新产品，满足消费者多样化的需求。当众多的生产者奉行细分化策略，那些尚未满足的消费需要就会逐一成为不同生产者的一个又一个市场机会，新产品、优质产品会层出不穷，市场上农产品的种类、花色、品种增多，人民生活质量也将相应提高。

4.1.3　农产品市场细分的依据

农产品市场细分的依据是消费者需求的多样性、差异性。消费者对农产品的需求与偏好主要受地理因素、人口因素、心理因素、购买行为因素等方面的影响。因此，这些因素都可以作为农产品市场细分的依据。

1. 地理因素。由于处于不同地理位置的消费者，对农产品各有不同的需要和偏好，因此，企业可以按消费者所处的地理位置来细分消费者市场。例如，根据我国不同地区对大米的不同需求，可将大米市场细分为东北、华北、华东、华中、华南等子市场。

2. 人口因素。人口是构成市场的最基本、最主要的因素，它与消费者对产品的需求、爱好、购买特点、使用频率等关系密切。如年龄、性别、家庭人口、收入、宗教等人口因素都可作为细分市场的依据。又由于人口变量易于测量，人口因素是企业细分农产品市场最常用、最重要的依据。

3. 心理因素。心理状态直接影响消费者的购买趋向。特别是在比较富裕的社会，顾客购买农产品已不限于满足基本生活需要，他们购买时的心理因素的作用更加突出。企业可以按照消费者性格、爱好等来细分农产品市场。

4. 行为因素。行为因素是根据消费者对农产品认知、态度、使用及对销售形式的感应程度等行为来细分农产品市场。它是农产品市场细分的一个重要因素，在农产品相对过剩、消费者收入不断提高的市场条件下，这一因素愈显重要。

4.1.4　农产品市场细分的步骤

农产品市场细分一般分为以下几个步骤：

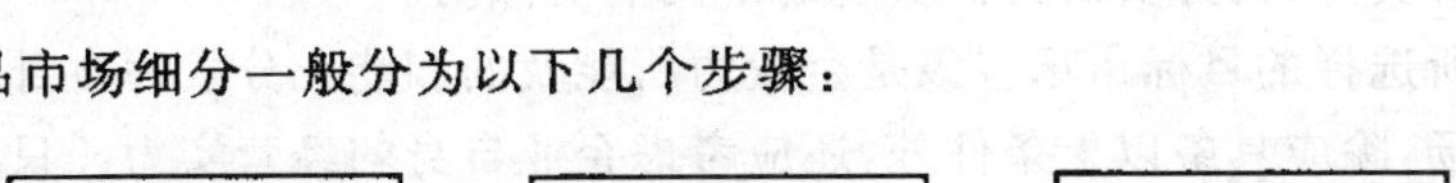

4.2 农产品目标市场选择

4.2.1 目标市场的概念

农产品市场细分是农产品目标市场选择的基础和前提。市场细分的目的就在于有效地选择并进入目标市场。在市场细分后，企业由于内外部条件的制约，并非要把所有的细分市场都作为目标市场，而只能综合考虑各方面因素，如产品特点、实力大小、竞争状况等。在众多的细分市场中，选择一个或几个有利于发挥优势、又最具吸引力，能带来理想的经济效益的细分市场作为目标市场。

农产品目标市场是指在市场细分的基础上，企业决定进入并为之服务的农产品市场。企业的一切营销活动都是围绕目标市场进行的。选择和确定目标市场，是企业制订市场营销策略的首要内容和基本出发点。

4.2.2 选择目标市场的条件

一个理想的目标市场应具备以下条件：要有足够的规模和需求量。作为农产品目标市场，如果市场狭小，没有挖掘潜力，企业进入后没有发展前途，这样的市场就没有开发的价值。只有具备足够规模和需求量（现实的或潜在的）的目标市场，企业才可能通过向市场提供相当数量的、适销对路的农产品，满足消费需求，而获得收益。

市场仅存在未满足的需求，不等于有购买力。如果没有购买力或购买力很低，就不可能构成现实市场，不能作为目标市场。只有当市场上的消费者具有现实购买力时，才能将未满足的需求变成现实的需求，构成现实市场，企业才能有足够的销售收入。因此，选择和确定目标市场时，要对消费者购买力分析，不具备购买力的市场，尽管有潜在的需求，也不能作为目标市场。在分析购买力时，不仅要分析收入和经济实力，而且要研究消费者的不同消费倾向。

企业所选择的目标市场应该是企业力所能及的和能充分发挥自身优势的。作为目标市场，除应具备以上条件外，还应考虑企业自身的经营实力。只有当企业的人力、物力、财力及经营管理能力等条件具备时，才能将子市场作为目标市场。在被选择的目标市场上，本企业具有竞争的优势。竞争优势主要表现为：该市场上没有或很少有竞争；如有竞争也不激烈并有足够的能力击败对手；本企业可望取得较大的市场份额。

案例　某水果店店主听取营销学教授建议，用红彩带将店中苹果两两一扎，取名叫“情侣苹果”。情侣们看上去、听起来都觉得很有趣，倍感新奇，尽管定价稍高，仍争相购买，即使遇上苹果不好销的大冷天也是如此，为此水果店收益颇丰。精明的水果店店主在市场细分后将占市场比例很大的情侣定为目标市场，加之独具匠心的产品定位，使其经营取得了成功。

4.2.3　农产品目标市场策略

为了有效地进入目标市场，企业可以采用不同的目标市场营销策略，一般有如下三种：

1. *无差异营销策略*。指企业在进行市场细分之后，不考虑各子市场的特性差异，而只注意各市场需求方面的共性，将所有子市场即农产品的总体市场作为一个大的目标市场，只生产一种农产品，制定单一的市场营销组合，力求在一定程度上适应尽可能多的顾客需求。

其优点是：一方面可以大批量地生产、储存、运输和销售，因而单位农产品的成本较低；另一方面，因为不用细分市场，经营方式简单，节约营销费用。其缺点是：无法满足农产品过剩情况下消费者需求的多样性；生产者产品单一、趋同，加剧市场竞争；企业市场适应能力低；由于企业产品单一，市场经营风险较大。

2. *差异性营销策略*。是指企业针对不同细分市场上消费者对农产品的不同需求，生产不同的农产品，并采用不同的营销组合，以适应不同子市场的需求。这种策略适用于从事多种经营的大型农业企业，小型农业生产者、农户不宜使用这种策略。其优点是：通过生产多种农产品满足不同消费者的需求，有利于农产品的销售，扩大企业总销售量，增加企业销售收入和利润。缺点是：生产复杂、投资大，单位产品成本高，营销费用高。

在农产品相对过剩，特别是低质农产品过剩、而优质农产品不足、农产品“卖难”的情况下，实施差异化营销很有现实意义。

3. *集中营销策略*。是指企业集中力量，选择一个或少数几个子市场作为目标市场，生产一种农产品，实行专业化生产和经营，试图在较小的子市场上拥有较大的市场份额。这种策略适宜于资源条件有限的企业或生产者，如开发特色农业、生产特色农产品。其优点是：扬长避短，有利于迅速开拓、占领市场，提高产品知名度和竞争力，节约营销费用。缺点是市场应变力差、风险较大。所以，使用这一策略时，要密切关注市场动向，对市场的变化趋势作出预测，以避免风险。

4.2.4 选择目标市场策略应考虑的因素

由于选择目标市场的三种策略各有利弊，各有适用性，企业究竟采用哪种策略，必须结合具体情况，综合权衡，才能作出正确决策。一般来说，企业在选择目标市场策略时应考虑以下因素：

1. 企业实力。企业实力包括人、财、物力、技术能力、经营管理能力等。如果企业实力雄厚，可以采用无差异营销策略或差异性营销策略；如果企业实力较弱，资源有限，无力把整体市场作为自己的经营范围时，则应选择集中营销策略，以取得在小市场上的优势地位。

2. 产品特点。产品的同质性表明产品属性特点等方面差异性的大小，是企业选择目标市场时不可不考虑的因素之一。一般对于同质性低或异质性产品，差异性营销或集中营销是恰当的选择。

此外，产品所处的市场生命周期阶段，也影响目标市场策略的选择。农产品在导入期和成长初期，市场上产品少，往往采用无差异性营销策略。当产品进入成长后期和成熟期时，进入市场的产品增多，顾客需求表现出多样性，竞争激烈，此时企业应适时地将无差异性营销策略转变为差异性或集中性营销。

3. 市场特点。供求是市场的两大基本力量。供不应求时，企业重在扩大供给，无暇考虑需求差异，所以选择无差异性营销策略；供过于求时，企业为刺激需求、扩大市场份额而往往采用差异性或集中营销策略。在农产品市场，普通农产品相对过剩，而优质农产品和特色农产品、绿色农产品则需求旺盛，此时，企业实施差异性营销或集中策略将大有作为。

从市场需求角度看，同质性市场(即消费者对某产品的需求偏好、购买行为相同或相似)，企业可采用无差异性营销策略；反之，异质市场则采用差异性营销或集中营销更合适。

4. 竞争者策略。企业可与竞争对手选择不同的目标市场策略。例如，竞争者采用无差异性市场营销策略时，企业选用差异性营销策略或集中营销策略更容易发挥优势。

4.3　农产品市场定位

案例　农产品反季节栽培曾一度是各地农民调整产业结构、提高种植效益的首选，然而近一段时期以来，这种一味赶早的果蔬产品却频频遭遇市场红灯，造成货多压市，产品滞销，让众多赶早农户叫苦不迭。专家分析认为，当前我国农产品市场变化快，往往会因为区域性一哄而上的规模种植而出现烂市，大棚早熟栽培自然也不例外。专家建议，农民朋友在选择品种和上市时间时，不要轻信一方提供的信息，要搜集该农产品上一年的市场销售行情，据此判断该种什么、什么时候种，只有这样才能抓住市场的空当，避免卖难。

资料来源：农业部信息中心。世华网。

4.3.1　农产品市场定位的含义

目标市场选定后，企业就要为自己的产品在市场上树立特色，塑造鲜明的形象，并争取目标顾客的认同，这就是市场定位。

农产品市场定位是对农产品所施行的市场定位行为，即指农产品生产经营者根据竞争者现有产品在市场上所处的位置，针对消费者对该产品某种特征或属性的重视程度，强有力地塑造本企业产品与众不同的鲜明个性或形象，并传递给顾客，从而确定该产品在市场中的适当位置。

市场定位的"位"，是产品在消费者感觉中所处的地位，是一个抽象的心理位置的概念。市场上的商品越来越丰富，但与竞争者雷同、毫无个性的产品，很可能淹没在商品的海洋中，无法吸引消费者的注意。农产品的市场定位是企业通过为自己的产品创造鲜明的特色和个性，从而在顾客心目中塑造出独特的形象和位置来实现的。这种特色和形象既可以从产品实体方面表现出来，如品质、包装等，也可以从消费者心理方面反映出来，如安全、档次等。

4.3.2　农产品竞争优势的确立

农产品市场定位的实质是取得目标市场的竞争优势。为使自己的产品获得竞争优势，企业必须在消费者心目中确立自己产品相对于竞争者产品独特的利益和鲜明的差异性。简单地说，就是要使消费者感到自己的产品与众不同，即与竞争者有差异，并且偏爱这种差异。从这个意义上讲，目标市场定位又是一种竞争性定位。

竞争优势是一个相对概念，当一个企业通过提供较低的价格或者较高的利益使消费者获得更大的价值，它就具备了竞争优势。某产品的“位置”取决于与竞争者相比较后消费者的认知、印象和情感等复杂因素。因此，企业要辨别目标市场上现有竞争对手及其产品的特色和地位，并决定自己产品的发展方向。

为了获得竞争优势而进行的目标市场定位包括以下主要任务：首先要确定企业可以从哪些方面寻求差异化；其次找到企业产品独特的卖点；然后要开发总体定位战略，即明确产品的价值方案。

案例 雅安市坚定不移地举“生态旗”、走“特色路”、打“绿色牌”，经过三年大规模结构调整，效益开始显现，农民增收步伐加快，经济作物已成为农民增收的重点。今年，经济作物为农民增收 1.05 亿元，人均增加纯收入 51.6 元。

上半年茶叶总产量 8 000 吨，收入突破 2 亿元，同比产量增加 1 000 吨，收入增加 4 000 万元，茶苗收入增加 500 万元，合计增收 4 500 万元。其中：名优茶 4 500 吨，收入 1.6 亿元，同比增加 800～1 000 吨，增收 3 000 万元。名山县人均茶叶增收 150 元。茶叶已成为拉动全市农民增收的骨干项目，预计全年茶叶总产量将达到 1.6 万吨，总收入可望达到 2.5 亿元，拉动全市农村人均纯收入增加 22 元。

蔬菜总产量 31 万吨，同比减少 1 600 吨，收入 2.5 亿元，同比增收 2 500 万元，拉动全市农村人均纯收入增长 12 元。蔬菜产量减少，收入增加得益于质量的提高和市场价格的上扬。汉源县皇木镇大力发展反季节蔬菜，面积自 1999 年的 620 亩发展到今年的 6 000 多亩，蔬菜收入占人均纯收入的 50%。

水果总产量达 14 万吨，增加 1 万吨，收入 1.45 亿元，增收 2 500 万元，拉动全市农村人均纯收入增加 12 元。以栽培金华梨、甜樱桃、甜油桃、黄果柑为主的汉源、石棉两县，坚持以改良品种为首要任务，优质果率从 2000 年的 40%提高到今年的 60%，汉源已成为全省第一产梨大县。

全年养蚕 5 万张，增加 1 万张，产茧 1 500 吨，增收 300 吨；收入 1 800 万元，增收 240 万元。由于实行了订单养蚕，均价稳定在每千克 13 元。

中药材占地面积略有增加，出口药品当归、蒿苯和黄姜增收 520 万元，预计可创汇 80 多万美元。

花卉产业迅速发展，以兰花、川派盆景、鲜切花为主的花卉产业增收 300 万元。

资料来源：中国农产品网　世华网

雅安市农民增收离不开对市场准确定位，首先信息来源于市场经营者对市场信息的反馈。同时来源于他们对农产品需求趋势的分析，然后抓住生态、绿色的市场目标，做好品牌，做好市场，才能有如此成绩。

(1)寻求差异化。差异化指为使企业的产品与竞争者产品相区分，而设计一系列有意义的差异的行为。差异化可以从以下五个方面着手进行：①产品差异化：即实体产品的差异化，可体现在诸多方面，如形式差异、特色、质量、产地等差异。②服务差异化：主要体现在订货方便、交货及时、客户培训与咨询等方面。③渠道差异化。④人员差异化。⑤形象差异化。

(2)寻求独特的"卖点"。任何产品都可以进行各种程度的差异化。然而，并非所有商品的差异化都是有意义或有价值的。有效的差异化应该能够为产品创造一个独特的"卖点"，即给消费者一个鲜明的购买的理由。

(3)确定价值方案，开发总体定位战略。消费者根据自身的的价值判断进行购买决策，因而确定价值方案就成为企业总体定位战略的核心内容。所谓价值方案是指企业定位所依赖的所有利益组合与价格的比较。消费者往往以此作为价值判断的依据。

其公式为：

$$V=B/P$$

式中：V——价值；B——总利益；P——价格。

例如，无公害蔬菜定位以食用安全为基础，尽管售价高于普通蔬菜，但与其价值相比，仍使人感到物有所值。

通常，企业可以从五种价值方案中选择一种进行总体定位：优质优价；优质平价；价廉物美；利益相同，价格较低；利益较低，价格更低。

在确定了总体定位战略后，企业应就其选择的定位对目标市场进行有效的传播和沟通。

4.3.3　农产品市场定位的方法

市场定位的方法多种多样，但由于农产品具有与一般产品不同的特点，因而其定位方法有其独特性。根据农产品质量和价格定位。产品的质量和价格本身就是一种定位，一般来说，在消费者看来，较高的价格意味着较高的产品质量。农产品价格普遍较低的情况下，对优质农产品实行高价，使其与普通农产品区别开来，满足消费者对优质农产品的需求，从而达到定位的目的。

1. *根据农产品的用途定位*。同一种农产品可能有多种用途，如有的农产品既可以供消费者直接食用，又可用于食品加工，那么就可以分别对它们进行不同的定位。此外,为一种老产品找到新用途时,也可用这种定位方法。

2. 根据农产品特性定位。农产品的特性包括其种源、生产技术、生产过程、产地等,这些特征都可作为农产品定位的依据。如“绿色农产品”、“无公害蔬菜”等都是根据农产品的特性进行定位。尤其是当农产品这种特性是竞争者无法提供时,这种定位更有效。

3. 根据消费者的习惯定位。这是按照农产品消费者对产品的习惯看法确定产品形象,进行目标市场定位。

4.3.4 农产品市场定位的策略

农产品市场定位的策略是指农产品生产经营者根据目标市场的情况,结合自己的条件确定竞争原则。通常可分为三种:

1.“针锋相对式”策略。这种定位策略是把产品定在与竞争者相似的位置上,与竞争者争夺同一细分市场。例如,有的农户在市场上看别人经营什么,自己也选择经营什么。采用这种定位策略要求经营者具备资源、产品成本、质量等方面的优势,否则,在竞争中会处于劣势,甚至失败。

2.“填空补缺式”策略。这种定位策略不是去模仿别人的经营方向,而是寻找新的、尚未被别人占领,但又为消费者所重视的经营项目,以填补市场空白的策略。例如有的农户发现在肉鸡销售中大企业占有优势,自己就选择经营饲养“农家鸡”、“柴鸡”,并采取活鸡现场屠宰销售的方式,填补大企业不能经营的市场“空白”。

3.“另辟蹊径式”策略。当农产品经营者意识到自己无力与同行业有实力的竞争者抗衡时,可根据自己的条件选择相对优势来竞争。例如,有的生产经营蔬菜的农户既缺乏进入超级市场的批量和资金,又缺乏运输能力,就利用区域集市,或者与企事业伙食单位联系,甚至走街串巷,避开大市场的竞争,将蔬菜销售给不能经常到市场购买的消费者。

本章小结

所谓农产品市场细分,就是根据农产品总体市场中不同的消费者在需求特点、购买行为和购买习惯等方面的差异性,把农产品总体市场划分为若干个不同类型的消费者群的过程。每一个消费者群就是一个细分市场,即子市场。每一个细分市场都是由需求倾向类似的消费者构成的群体;不同细分市场的消费者对同一农产品的需求与欲望则存在明显的差别。农产品细分的依据主要有地理、人口、心理、行为因素。

农产品市场细分是农产品目标市场选择的基础和前提。每一个细分市场都是由需求倾向类似的消费者构成的群体;不同细分市场的消费者对同一农产品的需求与欲望则存在明显的差别。

农产品目标市场是指在市场细分的基础上,企业决定进入并为之服务的农产品市场。企业的一切营销活动都是围绕目标市场进行的,选择和确定目标市场是企业制订市场营销策略的首要内容和基本出发点。农产品目标策略有三种,即无差异性营销策略、差异化营销策略和集中营销策略。

目标市场选定后,企业就要为自己的产品在市场上树立特色,塑造鲜明的形象,并争取目标顾客的认同,这就是市场定位。农产品市场定位是对农产品所施行的市场定位行为,即指农产品生产经营者根据竞争者现有产品在市场上所处的位置,针对消费者对该产品某种特征或属性的重视程度,强有力地塑造本企业产品与众不同的鲜明个性或形象,并传递给顾客,从而确定该产品在市场中的适当位置。农产品市场定位的实质是取得目标市场的竞争优势。为了获得竞争优势而进行的目标市场定位包括以下主要任务:首先要确定企业可以从哪些方面寻求差异化;其次找到企业产品独特的卖点;然后要开发总体定位战略,即明确产品的价值方案。农产品定位的方法有多种。

主要概念:农产品市场细分、农产品目标市场、农产品市场定位。

主要观念:我国农产品市场供过于求,农产品相对过剩,消费者对农产品的要求越来越高,农产品生产者需要集中优势资源,服务于某一类或某几类消费者;因此,必须对农产品市场进行细分,在细分的基础上正确选择目标市场,恰当进行市场定位,才能在农产品营销中取得成功。

基 本 训 练

素质题:结合实际谈谈农产品市场细分的依据。

知识题:

1. 农产品市场细分。
2. 农产品目标市场。
3. 农产品市场定位。

判断题:

1. 农产品市场细分的客观依据是同一农产品消费需求的多样性。( )
2. 农产品市场细分是农产品目标市场选择的基础和前提。( )
3. 目标市场定位是一种竞争性定位。( )

选择题：

1. 农产品市场细分的依据主要有地理因素、人口因素、心理因素和购买行为因素，其中，收入因素属于(　　　)。

A. 地理因素　B. 人口因素　C. 心理因素　D. 购买行为因素

2. 把产品定在与竞争者相似的位置上，与竞争者争夺同一细分市场，是(　　)定位策略。

A. “针锋相对式”策略　B. “填空补缺式”策略　C. “另辟蹊径式”策略

简述题：

1. 农产品市场细分有什么作用？

2. 理想的目标市场应具备哪些条件？

3. 选择目标市场策略应考虑哪些因素？

4. 农产品市场定位的方法有哪些？

案 例 分 析

北京八里桥农产品中心批发市场“绿色餐桌”定位

1998 年，中国的农产品生产和食品消费都面临着一个历史的转折点，由过去较多地注重数量的增加，进入了更多地追求品质提高的新阶段。面对全面建设小康社会的新形势，如何进一步开拓绿色流通渠道，来满足广大农民优产致富的需要；如何更快地营造绿色的餐桌，来关爱人民群众的身体健康，成为各级政府执政的要务，也是广大消费者心中的企盼。经过充分地协商和反复地论证，原国内贸部和北京市人民政府决定，在北京的通州，共同建设一个现代化的国家级农产品中心批发市场，作为经济发展新时期首都“菜篮子”的重点工程，为首都人民提供优质安全的食品，同时要对全国起到示范作用，带动全国农产品批发市场的现代化建设发展。

项目很快通过了国家计委的立项审批。市场自 1998 年开业以来，领导班子带领全场广大干部职工，以建设绿色现代化批发市场为目标，发扬“科学决策，艰苦奋斗，团结协作，勇于创新”的企业精神，努力拼搏，不辱使命，取得了企业发展和社会效益的双丰收。到 2003 年，市场已占地 40 万平方米，建筑面积 15 万平方米，营业面积 20 万平方米，有 12 个规范化的农产品、食品交易厅、棚，2 600 多个室内摊位，3 200 多商户，近万名从业人员。市场经营粮油、蔬菜、水果、肉禽蛋、水产品、副食调料、酒水饮料、加工食品、百货、建材等 10 大类 2 万多种商品，货源来自全国 20 多个省、市、自治区。2003 年，市场交易量将达到 5.8 亿千克，交易额 17 亿元，将分别比 1999 年增长

7.3 倍和 12.6 倍，年平均增长速度分别为 169.7%和 192%。市场营业收入将突破 3 000万元，实现利润达到 700 多万元，分别比 1999 年增长 5.5 倍和 69 倍，年平均增长速度分别为 59.5%和 289%。实现税收将达到 700 多万元，比 1999 年增长 7.5 倍，年平均增长 71%，是通州区前 50 名的纳税大户。

如今市场已实现了全面的跨越式发展，跻身北京市乃至全国超大型农产品批发市场的前列。2002 年按国家统计局发布的排名，八里桥市场在全国 2 000 多家综合性农产品批发市场中，名列第 36 位；被国家 9 部委授予"农业产业化国家重点龙头企业"称号，在全国 4 300 多家农产品批发市场中，获此资格的不足 20 家。八里桥市场在北京 60 多家农产品批发市场中，位居第 3、4 位，是本市唯有的两家国家级农产品流通龙头企业之一，也是京东最大的农产品集散地。"绿色批发市场"建设工作扎扎实实地向前推进，成果显著。市场先后获得从中央到地方各级政府授予的荣誉称号 30 多项。市场是农业部、原国家经贸委、全国三绿工程办公室的定点或示范市场，是北京市"食品放心工程"的指定市场，被市政府主管部门授予"首都文明市场"称号。市场的食品安全工作经验，分别在全国三绿工程工作会议上和农业部定点批发市场工作会议上，应邀做了专题汇报，全国几十家媒体进行了广泛的报道，广大商户和消费者给予了普遍的好评。首都的一个绿色餐桌，正在京东的大地上展现出来。

提高认识，转变观念，确立建设绿色批发市场的发展目标 。

对于建设绿色批发市场，八里桥市场的干部职工和商户，都有一个提高认识，转变观念的过程。因为同所有市场经济下的企业一样，生存和发展是首要的任务，由于八里桥市场建成开业时间比较晚，没有赶上那段"圈块地、搭个棚"就能赚钱的初期阶段，反而是刚刚开业就陷入了激烈的竞争之中。在市场半径 15 公里之内已经有 5 家农产品批发市场，其中的 4 家位于紧靠城区的三、四环路边上，而八里桥市场却在五环之外，中间连接市区的快速路限制了人力车、农用车行驶，汽车收费又高。另一家与通州八里桥农贸市场仅有一路之隔，且已经开业 7 年，形成了气候。为了生存兴市杀出重围，市场第一年对商户采取了免租、减租、发包子、给红包等一系列措施，全力招商留人。对商品质量不敢严格管理，怕把商户吓跑了，每当质监部门要来检查，一些市场管理人员往往是先抵制后包庇，水产厅竟有许多商户收摊停业躲起来。几个月下来发现，猪肉批发户几乎家家都卖注水肉，酒水饮料调味品经营中假冒伪劣商品猖獗。一年中接到质量投诉达 310 多起，几乎一天一起。真是兴市未成，劣质先行。严峻的现实向市场的领导班子提出了一个根本性的问题，那就是农产品批发市场到底应该确定一个什么样的发展目标，走什么样的兴市之路。领导班子通过深入分析宏观经济的大势，调查市场供求的变化，考察生产基地和零售市场，学习国家的方针政策，重温政府领导的嘱托，借鉴国内外经验，最后统一了认识。于1999年4月，他们提出了“建设绿色批发市场”的长远发展目标，2000年又提出了“创建放心批发市场”的近期目标，坚决走优质兴市之路。

为了实现这些目标，市场对职工和商户多次进行了教育培训，促使他们转变落后的经营观念。一是讲形势。让大家认识到，农产品的生产趋势、供求格局、销售方式和消费特点，都发生了根本性的变化，由数量扩张转为质量提高。农产品批发市场和经营商户，必须弃旧图新，顺势而为，迎接新的挑战，抓住优质发展的新机遇。二是讲法规政策。组织职工、商户学习《消费者权益保护法》、《反不正当竞争法》、《食品卫生法》、《产品质量法》、《动物检疫法》、《刑法》和各级政府关于整顿市场经济秩序，打击经营假冒伪劣商品的政策，以及实施“菜篮子”工程、“无公害食品行动”、“三绿工程”和北京市“食品安全工程”的一系列规定。使大家认识到，食品安全事关法律法规，业者人人有责，必须执行，不能通融，不能侥幸。三是讲商德。通过宣传有害食品造成严重后果的案例，唤起市场管理者和经营者的职业道德良心，不能挣黑心钱、害人钱，企业更不能在置老百姓生命健康于不顾中求“发展”。四是讲技能。请执法部门和生产厂家的专业人士向市场管理人员和商户讲授识别假冒伪劣商品的知识和技能，举办真伪商品对比鉴别展示会，提高大家鉴别能力，减少因无知上当的购假售假行为。

现在整个市场的质量观开始发生了四个转变：一是商户由抵制惧怕检查，转变为主动接受配合检查；二是由互相攀比包庇，转变为相互学习监督；三是由寻机销劣售假转变为自觉拒假售真；四是由过去想靠欺诈取巧赚钱，转变为走诚实致富之路。5年来，市场共举办集中培训班50多次，培训人员18 000多人次。市场管理人员已把确保食品安全当作自己的首要职责。食品质量安全第一的观念日渐深入人心，优质兴市，优质致富开始蔚然成风。几年来，在以人为本，提高职工和商户素质的基础上，八里桥市场的食品安全工作由点到面，迅速推开。

资料来源：中国农产品信息网　2003年1月　领导看农产品市场

问题：

1. 八里桥农产品中心批发市场是如何实现绿色定位的？
2. 批发市场就是什么都卖的，为什么一定要进行绿色餐桌定位？
3. 绿色定位对市场农产品营销的意义有哪些？

网上调查

查中国市场网，调查网上公布的不同农产品市场的定位情况。

查中国商务网，了解某类企业主要做哪些农产品定位活动。

CHAPTER 5

第5章　农产品直接销售

学习目标

学习本章后：

素质目标：具备对农产品直销的基本知识运用的水平。

知识目标：了解农产品直销的概念和运用农产品直销的基本条件。掌握农产品直销中不同形式的操作方法。

技能目标：掌握农产品订单直销、观光采摘及零售直销操作的基本技能；能够根据市场的具体条件和农产品的特点，应用直销的各种形式，成功地销售农产品。学会运用心理学的有关知识和技能提高农产品的营销效果。

生产者不光要从事生产，还要从事商品销售。这在市场经济发达的国家生产—市场已经形成链条，而在我国广大农村，生产者仍然肩负着沉重的销售压力。掌握农产品销售成为农民增产又增收的关键问题。首先是生产者如何直接向消费者和最终用户销售其产品，有许许多多的形式和方法。本章在界定直销的定义、特点之后，介绍了农产品直销的种种方式及各种方式在操作中应注意的问题。在实际中，可根据不同情况，选择相应的直销方式。随着营销方式多样化，直销这种形式也由面对面的营销发展到网上直销，从现货直销到期货直销，直销的范围在扩大，产品的品种在增多，其发展的态势是很可观的。

5.1 农产品直接销售概述

案例 北京市平谷区大桃协会成立于1998年，是由平谷区政府搭台兴办的农民专业合作经济组织，主要职能是依靠市场机制来指导生产，建立生产与销售的产业链，通过跑市场，抓生产，抓销售，协助农民进入流通领域，解决了大桃销售问题。

该区大桃协会成立了市场开发部，主要负责到国内一些大中城市进行实地销售。实行实地销售，减少了中间环节，提高了收购价格，富裕了农民。平谷大桃协会始终坚持服务于农民，让利于农民的原则。由于实行产地直销，在收购价格上每斤总要高出0.2～0.3元，从而带动了全区大桃总体销售价格的提高，避免了外埠客商低价、压价收购的现象。按每斤桃增加0.1元计算，农民每年可增加收入2 000多万元。除此之外，大桃产销协会还与城八区的20多家商场与超市建立了场地直销业务，有效地带动了全区大桃销售工作的开展，扩大了大桃营销队伍，促进了平谷区大桃产业的发展。目前，全区已有3.5万户、10多万农民从事大桃生产，大桃总面积达到16.8万亩，总产量2.3亿斤，总收入2.3亿元，大桃生产已成为山区、半山区农民致富的主要经济来源。同时大桃产业的形成，还带动了观光旅游、餐饮、包装、建材及运输等相关产业的发展，形成了以大桃生产、运销和加工为龙头的产业群体，产业的综合经济效益达4.6亿元。

由于大桃是鲜活产品，成熟后，短时间内销售才能保鲜，所以大桃业的发展，解决销路是很重要的一个环节，由中介组织帮助农民直销、观光采摘直销或直接到各地市场直销都是可减少中间流通环节、缩短销售时间、减少流通费用和减少损失的好的销售方法。当然还要有其他的营销方式，这儿就不一一介绍。

直销的案例还很多，比如，国家按照定购合同，收购农民粮食是国家对粮食的一种专营性收购，是生产者与收购者之间用合同形式确立的交易关系，同样属于订单直销的范畴,但国家的控制和干预,可以从根本上控制粮食的市场价格,有效地保护了农民的利益和种粮积极性;再比如饲料根据用户需要量和标准,送货上门,直接销售,既方便了用户又增加了盈利,提高了产品的竞争力;双汇火腿、春都火腿等大型肉类加工企业,在养猪生产基地进行集中屠宰后直接进货,对食用大户则由畜产品公司建立配送中心,以直销方式向食用大户直供等等都是农产品的直销形式。

5.1.1　直销的定义与特点

1. 直销的定义。生产厂商不经过中间环节,直接将产品或服务出售给消费者或用户的营销方式为直销。直销比其他商品销售的形式历史更悠久,只是随着社会的发展,人们的生活方式的改变,市场环境的变化,这种销售方式也在不断地发展。农产品采用直接销售的方式很多,较为突出的是鲜活农产品的销售,比如:蔬菜种植户把生产的新鲜蔬菜直接出售给用户,养殖户在农贸市场上出售自己养殖的鸡、鸡蛋以及猪肉、羊肉等等,是采用的直销形式;农产品加工企业,直接向生产者订购产品,一些用户直接到产地选购自己需要的农产品,比如有的人到田间地头采摘或向农民购买面粉、蔬菜等也是直销;生产者把农产品直接送到客户(旅馆、饭店)手中,或者农产品生产者利用计算机网络直接与客户达成交易等都是直销形式。这些形式多种多样,但共同点是产品的销售都不经过中间环节,因此从流通渠道划分,都应该属于直销。

2. 直销的特点。具体来说有以下几个特点:

(1)零层销售渠道,没有中间环节,起点是生产厂家,终点是用户,不用增加中间环节销售的费用。

(2)消费商品所有权仅发生一次转移就完成流通,即商品从生产厂家直接转移到消费者或最终用户。

(3)消费减少销售费用支出,厂家获得全部销售收入和利润,消费者获得的商品价值基本上来自生产厂家生产活动的生产成本,因而价格比较便宜。

(4)把商品直接销售给用户的人员是生产厂家派出人员或厂家的销售代表,不仅销售的商品归生产厂家,而且这些人员本身也受雇于或隶属于生产厂家,便于管理。

5.1.2　选择采用直销方式的条件

直销具有内在的优势,是其他销售形式不可替代的。但并不是说,任何企业在任何条件下，采用直接销售方式都是最佳的选择。一般来说，企业考虑是否进行直接销售，取决于生产与消费在时间、空间、数量上矛盾的大小与企业解决上述矛盾的能力。如果产销矛盾不大，企业能够自行解决，或者自行解决上述矛盾所需花费的费用不太大，可考虑采用直接营销渠道来完成商品销售。但是，如果不是这样，采用直接销售则可能带来负面影响。因此有必要具体分析一下农产品采用直销方式的条件。

1. 农产品的条件。

(1)农产品的体积和重量。体积大、笨重农产品，为减少装卸、运输和贮存费用，减少运输的麻烦，选择销售方式时，可以考虑采用直销。

(2)农产品的易损性。农产品的特性是影响销售方式选择的重要因素。对于那些容易损坏或容易腐烂的鲜活农产品，为了避免或减少中转过程中的损失和耗费，应尽量采用直销的形式。如水果、蔬菜、畜产品等。

(3)对观光旅游农业的产品及服务是用直销形式提供给游客的。

2. 生产者条件。能否采用直销方式销售农产品，要认真地考虑生产者的条件，具体来说，可作以下几方面的分析。

(1)生产者是否具有将产品售予最终用户所需的人力、物力和财力，除了经营管理生产外，还有相当的精力能放在产品的销售上，而且有能力承担市场的风险才可选择直销。

(2)直销较高的毛利率，是否能弥补因交易次数增多和成本增多带来的损失。产品直销比出售给中间商的价格要高，因此销售的毛利率较高，直销中生产者也要增加许多支出，比如谈判交易费用、市场信息咨询费等，要做个比较，在所得大于支出时才能选择直销。

(3)是否能有效覆盖目标市场。各种农产品的销售都有其不同的目标市场，选择销售方式时，要考虑这种方式是否能有效覆盖目标市场，因为只有占领了目标市场，并不断扩大产品的市场份额，才能以销促产。

3. 其他条件。在分析农产品本身的条件和生产者的具体条件同时，还应分析其他方面的条件，以决定是否用直销方式出售农产品。其他方面的条件主要有：

(1)竞争商品的销售渠道：一般来说，生产者采用与竞争产品同样的销售方式，比较容易占领市场。因为一种商品的销售方式和渠道，往往是经过长期实践形成的。而对顾客潜移默化的影响，使消费者形成了较固定的购买习惯或购买场所的偏好，因此选择是否用直销方式出售农产品时，应考虑竞争产品的销售渠道。

(2)空间便利：有些农产品在产地可就近出售给消费者，或者在交通便利的地方如十字路口或附近的集贸市场，都可选择直销方式。许多菜农在就近的农贸市场出售蔬菜，就是利用了空间的便利条件选择的销售方式。

(3)潜在购买者的性质：潜在购买者数量、地理分布、购买习惯、购买力水平等，也是在选择是否用直销方式时必须考虑的条件。一般来说，潜在购买者购买数量较大，地理分布又较集中或狭窄时，可采用直销方式。

5.1.3　直销方式的评述

直销是一体化发展战略的一种实现，可更好地建立企业形象，有效地提高服务效率。直销更贴近消费者，减少路程，且符合居民消费习惯。

1. 直销具有内在的优势。直销是其他销售形式不可替代的，它是生产与消费紧密结合的分销手段。具体来说，直销有以下优势：

(1)它免去了层层加价、多次倒手、多次搬运等环节，有利于降低营销成本和销售价格，提高产品的竞争力。

(2)生产者与使用者、消费者直接接触，有利于产品生产和服务的不断改进，有利于控制产品价格。

(3)返款迅速，加快生产者资金周转。农产品直接销售给加工企业或用户，回收资金，可用于再生产，避免三角债现象的发生或资金长期留存在流通环节中，提高资金周转率。

(4)为人们的特殊购物，谋求获得技术性很强的售后服务提供可能。观光旅游农业就是为满足消费者回归自然、休闲度假、旅游观光的需要，充分利用农业资源提供的种种服务；还有许多农产品是新、优、特品种，其直销时生产者可以做一些产品的详细介绍，使消费者对产品的性能有个全面的了解，逐步得到消费者的认可，就可以不断扩大产品的销路。

(5)可以安排更多的人员就业。直销这种人员销售方式，可以容纳非常巨大的再就业队伍。发展农产品直销，需要有大批的直销员，从已有的实践来看，直销员几乎不受年龄、文凭、性别、投资能力等方面的限制，大多数下岗失业人员或农村的许多剩余劳动力，经过培训就可以胜任。这样通过直销使一部分劳动力从生产领域进入流通领域，可以就地解决一部分剩余劳动力。

2. 直销的局限性。概括起来，直销的局限性，有以下几点：

(1)一切流通职能均由生产者承担，增加流通费用。生产者除了承担生产费用外，有关销售的费用，比如谈判费、咨询费、摊位费以及直销人员的费用等都要生产者承担。

(2)生产者承担全部市场风险。激烈的市场竞争导致价格在较短时间内有大幅度的波动，供求相关的风险，潜在的价格风险是市场经济所固有的，而农产品生产周期长，市场瞬息万变又使农产品市场波动更难掌握，采用直销形式时，市场风险只能是生产者自己承担。

(3)消费者居住分散，直销员无法使产品接触到更广大的消费者，市场占有率提高受影响，或者有时由于直销员销售方式不当导致销路不畅。当然随着网上直销的运用，这个问题会逐渐有所改善。

可以看出，直销这种方式要选择得当，可以充分发挥其优势，但任何销售方式也不是十全十美的，因此实际中是多种销售方式并用，才能获得较好的效益。

总之，直销方式是就农产品销售渠道而言的，同样是直销，但形式可不同，有的采用订单直销，有的采用观光采摘直销，还有的是零售直销、期货直销、网上直销，以及直销配送等等。期货直销和网上直销及直销配送在别的章节中论述，本章只就前三种直销形式作简单介绍。

5.2 农产品订单直销

案例 江苏省泰州市针对买方市场条件下农业生产的新情况、新特点，创新传统的农产品营销方式，应用符合市场经济准则的现代营销手段来搞活农产品流通。比如，订单农业就是重要的营销方式之一。订单农业的出现，解决了农产品销售难、加工企业原材料难的矛盾，同时也为农业结构调整、农民增收提供了一个很好的思路。该市台商独资企业兴化顶芳脱水蔬菜有限公司与配套原料生产基地通过"订单"进行产销对接，每个季度与生产基地对接，确定下阶段基地生产品种、数量以及收购价格。通过这种做法保证了企业加工脱水蔬菜的原料来源，同时也带动了该市1.8万亩蔬菜种植生产基地的生产，并促进了农业结构调整的深入展开。

广西壮族自治区田阳县位于白色地区中部、右江河谷中游，是一个以农业为主的县，近几年来，他们加强市场调查，转变农产品营销方式，加快蔬菜产销一体化进程，同全国各地进一步沟通，把蔬菜生产销售逐步推上了"订单"农业的轨道。按照所签订订单的要求，主要在面积、品种、季节调整方面下功夫。一是调大蔬菜种植面积，他们调出2万亩好田地进行蔬菜生产，确保蔬菜产量满足"订单"要求；二是调节品种，根据"订单"中的品种多为名、特、优、新品种的要求，大量引进适销对路的"订单"品种蔬菜；三是季节调顺，以往蔬菜上市只限于冬春几个月，上市时间和产量随意性大，签订"订单"以后，各市场对产品有了常年的需求，而且上市供货时间有比较具体的要求，根据合同产品的交货时间进一步开发了冬菜12万亩、秋菜

5万亩、春菜3万亩。做到合理安排季节、按时上市、抢占市场、效益不断提高。他们依靠订单农业，抓好销售环节，继续开辟新市场，发展新客户及新销售渠道，扩大蔬菜、水果订单，以销促产。目前在武汉、长沙、济南等地进行香蕉销售人员达300多人。在营销香蕉、签香蕉销售订单的同时，联系各路客商为蔬菜大规模上市销售做宣传准备工作，极大地调动了农民生产的积极性。

5.2.1 订单直销含义

订单直销是由农产品加工企业或最终用户与生产者在安排生产之前，直接签订购销合同的直销形式。许多农产品如粮食、蔬菜、畜产品等由于市场变化大，行情不稳定，加上产销衔接不好，影响了生产效益和农民收入的提高，如果先进行市场调查，根据市场需求的订单安排生产，把农产品的销售逐步推上“订单”农业的轨道，不仅有利于农业结构的调整，加快农业产业化进程，而且，解决了农产品的销售问题，为发展产销对接奠定良好的基础。类似案例中的蔬菜订单销售，水果订单直销，减少了流通环节和流通费用，搞活了果蔬流通，并促进了果农不断提高水果质量，发展优势水果品种，树立了品牌，开拓了国内外优质水果市场。除上述鲜活农产品走订单直销形式外，其他农产品也有采用这种销售方式的，比如粮食加工企业向农户直接下订单订购粮食，养殖大户订购饲料等，从初级农产品到加工制成品，都可以采用订单直销。

“订单”农业不一定都是直销形式。如果生产者与农产品加工企业签订了购销订单，比如粮食加工企业与粮农签订订单，蔬菜加工企业与菜农签订订单，屠宰加工企业与养殖户签订订单等，都是直销形式。但是，如果是生产者与批发商或其他中介商签订订单，就不是订单直销的形式。本节主要是针对订单直销形式来说明操作运行中的有关问题。

5.2.2 订单直销运行状况的分析

实现订单农业，先抓订单，再落实生产，使农产品的生产和流通产生滚动效应，充分发挥市场引导生产，销售带动基地生产的积极作用，有力地推动了农业产业化经营。从目前订单直销运行状况来看，形式是多种多样的，不仅订单直销运用的范围广，用于种植业、林果业、畜牧业等多项产业，而且下单企业地域也比较广泛，加工企业、公司或农业的龙头企业等都是下单企业，遍及各地；产销合同期限有长有短，种植业合同多数是一年，奶产品收购合同多数是三五年甚至更长，林果业的合同有一年期的，也有五年期的，订单农业普遍受到农民的欢迎。但是订单直销还处于发展时期，签订双方往往只强调自身利益，有的订单不能很好地履行，造成一方对另一方利益的侵害，使订单直销在运行当中不可避免地出现了这样或那样的问题，主要表现如下：

1. 缺乏科学的调查和论证，盲目签订订单。有的乡镇政府帮助农民签订订单，本意是想为农民提供服务，牵线搭桥，但由于对市场缺乏认真的调查研究，合同制定的不规范，使农产品无法销售。如有一乡镇的菜农，由镇政府搭桥，与某蔬菜公司签订了 300 亩白萝卜生产订单，订单上注明收购价为每斤 0.15 元。收购时节，白萝卜行情急转直下，市场价格每斤只 0.05 元，结果没有按订单收购，使农民每亩只收入 50 元，比订单水平少收 100 元。300 亩地少收 3 万元，给农民造成经济上的损失。

2. 合同不规范，规定不具体。产品的收购标准、产品收购时间、技术保证单位、违约后的处罚，规定得不具体，给违约的下单企业或农户留下可乘之机。比如，从下单企业来说，由于农产品生产周期长，公司对市场形势的变化缺乏科学的把握，遇到丰产丰收的年份，为降低成本，企业很容易产生收贱不收贵的想法，做出缓期延收拖收、压级压价或将订单弃之一旁的坑农害农的做法；从生产者来说，农民较为淡薄的法律、合同意识，使许多农民意识不到自己也是合同签约的一方，有保质保量照单供货的义务，影响了合同的履行。

3. 农产品质量不合要求，技术水平低。订单直销对农产品的质量有较高的要求，只有走科技兴农的道路，在品种选择、栽培技术、管理措施、产品的包装等方面都有较高的科技含量。但目前生产者往往追求产量，精品的数量太少，有时质量达不到用户的要求；还有的由于农业生产安排得不太合理，受季节性的影响，在生产淡季满足不了订单的需求量；还有的生产者由于农产品包装、贮运的技术设备落后而影响了农产品的质量。这些因素都在不同程度上制约了订单农业的发展。

4 政府代农民签约。有些地区，政府在帮助农民做了市场调查之后，就代农民签约，有些农民也委托政府为代表与下单单位签订订单，这在合同执行过程中暴露了许多问题。作为签约一方的政府，在协调产销双方利益关系、承担违约责任方面往往处于被动地位，且按《合同法》、《担保法》的规定，政府不具有法人和担保资格。

5.2.3 订单直销操作中注意的问题

由于市场变化大，行情不稳定，若产销衔接不好，必然影响生产效益和农民收入的提高。因此订单直销作为农产品直销的一种形式，在操作中要注意几方面的问题：

1. *政府要为农民签订订单把好关*。鉴于刚刚兴起的“订单农业”，市场运作经验不足，行为不规范，政府部门要积极参与订单农业操作全过程的规范管理，约束“订单农业”有关方的行为，使“订单农业”健康发展。政府要本着为农民增收的原则，对市场、对下单企业做好充分的调查研究，对本地农民的生产能力、生产水平做到心中有数，在此基础上鼓励农民与企业签单；政府要以订单为桥梁，积极协调好农企之间的关系，规范双方的经济行为；政府还要搞好技术、信息服务，帮助农民了解市场，开拓市场，并与厂商客户建立广泛的联系，为农民牵线搭桥，但尽量避免代农民签单的现象发生。

2. *维护订单的严肃性*。订单有效履行是整个订单农业的关键环节。在订单签订后，要有执行约定的严肃性，为日后的合作奠定守信的基础，切不可为自己的私利，撕毁约定，损害了合作的基础。常出现这样的情形，下单企业由于农产品生产周期长，公司对市场形势的变化缺乏科学的把握，遇到丰产丰收的年份，为降低成本，企业很难完成供货的履约义务。为此双方签订合同时，一定要考虑双方的利益和义务，使订单公正、合理，科学严谨，一定要把各项条款考虑周全，尤其是产品的收购标准、产品收购时间、技术保证单位、违约后的处罚等都要有具体的规定，避免发生不应有的纠纷或给违约的下单企业或农户留下可乘之机。

3. *发展订单农业必须始终注重提高农产品质量*。订单农业对农产品质量提出了新的更高的要求。质量是订单农业的生命，科技是提高质量的根本，为提高产品质量，应不断强化广大农户的质量意识、商品意识和市场意识，以良好的信誉维护精品形象，多争取订单；同时广泛运用先进技术，从各个环节提高农产品的营养品质、商品品质和食用品质，满足广大客户对不同品质、不同用途农产品的需求，以高科技含量、高附加值的农产品占领市场。

5.3　农产品观光采摘直销

案例　北京市门头沟区政府提出“资源变资本，劣势变优势，包袱变财富”的开发思路，结合区实际情况，做出了以发展观光农业为重点，以“观光农业园区”为载体的决策。高标准、高水平地培养了一批“观光农业园区”，比如葡萄园区建设，就是按现代化农业生产流程，规范园区标准化生产，作出生产、旅游、观光、采摘、吃农家饭、住农家屋的整体规划，建立健全各项管理制度，为旅游、观光、采摘的游客提供宽松舒适的环境。各个园区经营各具特色，但归纳起来都是以田园观光、鲜果采摘、休闲度假、农家体验为基本特征，迷人的乡村环境、可人的农家气氛、宜人的绿色餐饮、诱人的田园文化使这种营销方式有了强大的生命力。

5.3.1 观光采摘直销概述

观光采摘直销就是通过游客观光、采摘、垂钓等方式，直接推销自己农产品和服务的一种直销形式。观光采摘农产品价格可比上市的高1倍到几倍。如北京市顺义区李桥镇新世纪梨采摘价为20元/千克，市场上零售价最高只卖到5元/千克；北京市顺义区北石槽镇的鲜杏2001年采取传统销售方式，实现纯利24.52万元，2002年改为观光采摘加传统销售方式，由于单价和销售量的提高使纯利达到了53.73万元。除此之外，各种服务提供的收入也相当可观。据北京市农业与农村资源区划办调查，"九五"初期，1996年京郊拥有119个观光农业景区(点)，共接待了近300万人次的游客，获得经营性收入(不完全统计)3.2亿元。而到2001年，郊区观光农业继续发展，内容更加丰富，取得了良好的社会效益、经济效益和生态效益。观光农业项目已累计达到1 589项，全年接待游客2 856万人次，观光农业总收入17亿元。不仅为农村经济带来了新的活力，极大地促进了京郊农村产业结构的调整，直接拉动了农民增收致富，而且推进了首都生态环境产业的建设。

观光农业是一种以农业和农村为载体的新型生态旅游业。伴随着农业产业化的发展，人们发现农业不仅具有生产性功能，还具有改善生态环境质量，为人们提供观光、休闲、度假的生活性功能。随着收入、闲暇时间的增多，生活节奏的加快以及竞争的日益激烈，人们渴望多样化旅游，尤其希望能在典型的农村环境中放松自己，于是回归自然。自然的观光，吃农家饭、住农家屋、做农家活成了新的热点，观光农业就以"绿色、休闲、参与、体验"为特色，给游客提供可以观赏、垂钓、烧烤、狩猎、采果、制作标本等各项服务，农产品与服务就在各种休闲、参与项目的过程中就地直接消费，这种直销方式是和观光农业这种新兴产业相联系的，或者说它是观光农业的产物，有观光农业，才能为游客提供各种服务，游客才会消费这种服务和一些农产品，反之这种直销方式的进一步完善，也必然会推动观光农业的发展。

5.3.2 观光采摘直销的运行状况分析

观光采摘直销形式是随观光农业发展应运而生的，要分析观光采摘直销的运行状况就必须分析观光农业的发展现状。目前，由于观光农业投资不大，见效快，致使一段时间内各种形式单一、规模狭小的各种农业观光园遍地开花，但多数是惨淡经营，特色不明显，管理不规范，设施供应不足，存在不少问题，归纳起来主要从三个方面加以分析：

1. 单纯模仿，缺乏生命力。目前，大多数观光农业园项目停留在发展的初级阶段，观光果园、垂钓园、森林公园开发比较多，设计的旅游活动多数雷同，在经营上仅限于人们在生产性果园、温室、鱼塘内自行采摘、垂钓或单纯地为游客提供餐饮和住宿，活动形式简单，项目缺乏特色，有些项目单纯模仿，缺乏创新。没有经过可行性论证，没有科学的规划和市场调查，仓促上马，设施简陋，服务质量差，游客人数有限，更吸引不了多少回头客，加之建设水平低，多数是乡村集体或农民个体出资建设，普遍存在资金短缺的问题，给观光农业项目经营带来负面影响，直接影响了观光采摘直销的发展。

2. 季节性是发展观光农业的制约因素。由于农业具有季节性，观光农业也存在同样的问题。一般夏、秋两季，农业生产内容丰富，可以吸引较多的游客，淡季时门庭冷落，造成了资产的闲置和浪费。另外，游客的旅游时间多集中在周末，游时有限，还不均衡，给观光农业的发展造成一定的困难。如何构造观光农业全年均衡经营，随着季节变化进行项目的变化是需要认真研究的问题。

3. 缺乏合理的规划与布局。数量众多，布局随意，造成项目客源市场范围小，项目之间的竞争加强，根据国外经验，农业旅游区在半径 29.5 千米的区域范围才可以发挥最佳经济效益。而在北京，观光农业项目的密度为 0.09 个/平方千米，也就是说，平均每个观光农业项目只有 11.52 平方千米的范围。这样每个项目的市场范围就很小，加上观光园区领导缺少创新意识，招揽客源力度小，只是等客上门，效益就很不理想。

4. 缺乏有力的政策手段。观光农业作为农业结构调整的出路之一，政府应为观光农业发展提供良好的政策环境，给予足够的重视和支持，但是从目前来看，政府对这一新兴的、大有发展前景的产业重视不够，很少有具体的优惠政策，各地没有实质的主管部门行使对观光农业的开发立项的审批、备案、可行性论证等技术职能以及对观光农业项目发展过程中的指导、检查与管理等行政职能，导致了一定程度的宏观管理失控、办事效率不高的现象。有的地方任观光农业自生自灭，或者谁都管的混乱现象。

利用农业资源办旅游，把传统的农村建设成为一个充满生机的生态旅游观光村，在发展上远未成熟，可以说，从观光休闲农业理念的认识，到项目经营和管理的各个环节也都存在着不同程度的障碍和问题，目前是处于低级发展阶段，有待今后实践中不断探索，不断提高。

5.3.3 观光采摘直销的操作方法

在观光采摘直销中，通过举办采摘活动或举行开节仪式，可吸引大批中外宾客和多家宣传媒体的到来，从而提高了本地区的知名度，对本地区农产品的销售及经济发展状况起广告宣传作用；另外通过观光、采摘等活动，带动了本地区其他产业的同步发展，促进其农业产业结构的调整。但具体操作起来，有以下几方面的问题需要特别注意：

1. *观光农业的优质服务和新奇特的产品是扩大销售的重要因素*。观光采摘销售对象是产品和服务。优质的服务和新奇特产品对扩大销售起重要作用。一般来说，观光农业以发展养殖、种植园为最主要的经营项目，养殖和种植品种力求做到新、奇、特。养殖品种中，可引入市场销售情况较好的、人人喜爱的野生动物和特色品种；种植项目可引进速生、抗病、丰产、好吃、好看、外观奇特的产品，游客来园区观赏奇特物种和生态景色的同时，品尝珍奇水果、蔬菜及各种山珍野味。而优质的服务会使游客感到舒心，玩得开心，增强了再度前往观光的吸引力。

2. *观光农业要突破季节性的限制*。针对季节性的不同，观光园做到一年四季有景看，有地方玩。北方冬季可在大棚里引进电脑自动控制温度、湿度、施肥及无土栽培的新特农产品品种，发展农业科普旅游基地的模式，还可以利用淡季开展果品和饲养品的销售，将旅游和果业的双向开发结合起来，尽量在淡季利用好资源，有观光点就有游客，有游客就可以进行各种农产品的直销。

3. *改善观光农业的外部环境*。观光农业的外部环境是吸引游客的重要因素之一。外部环境既包括经营者的素质，又包括园区的各种设施。从经营者的素质来说，需要不断地培训和提高，要及时了解市场变化和游客的需求，建设一些精品项目及创新创特的项目，提高服务质量和管理水平；改善园区设施（主要包括环境卫生、道路交通、饮食住宿等方面的基础设施），彻底改变“脏、乱、差”的现象，真正办成环境优美、项目独特、服务周全的观光、休闲、度假园区。

4. *提高观光农业经营档次*。观光农业作为新的农业经营方式，使农民由一产进人三产，跨度很大，显然农民对此心理、知识以及能力水平准备不足。观光农业的内涵包括“服务消费和经营管理”的理念，具有相当高的文化层次；其经营内容和管理方式也包括很高的科技含量，因此需要有科学的经营手段和配备一定数量的专业人员，其财务管理、人力管理、导游管理都需要专门人员，经过多方培训，有效地提高他们的经营能力，才能提高观光农业园区的经营档次，使观光农业向着高质、高效、规范、健康的方向发展。

5.4　农产品零售直销

农产品零售有直销、中间销售两种情况，本节主要阐述的是零售直销的有关问题。

案例　在山东济南市历城区董家镇三官庙村，有一位农户于 2002 件 1 月份在济南市开了个菜店，并起了个响当当的名字：农民超市——十亩菜园店。因为他自己的几亩菜地加上他帮着卖菜的姐姐等人的正好十亩。开店后，他费了不少心思，最后他把二三十种蔬菜沿墙一溜摆开，进来买菜的顾客先拿上一个方便袋，出门时各种蔬菜一起算账，流程真有点像超市。3 个月来，他一天基本能卖 400～500 千克的菜。

5.4.1　农产品零售直销的基本概况

一些鲜活的农产品如蔬菜、水果、水产品等，生产者在田间、地头、农贸市场直接把产品出售给消费者，或直接把农产品送到客户（旅馆、饭店）手中，都属于这种直销形式。直销中，生产者和消费者都处于主动地位，不仅保证了生产者的收入和消费者的合理支出，而且保证了农产品鲜活性，少损耗。当然，这种销售方式要求生产者具备一定的销售能力和承担市场风险的能力。

目前农产品零售直销通常有三种形式：①集贸市场上农民自己出售农产品。我们经常在各地的农贸市场上看到一些农民出售自己种的蔬菜、面粉和一些畜禽产品，生产者参与流通，获取部分商业利润，同时也能及时了解市场行情和顾客的需求。②农民把自己的农产品直接送到用户手中。生活消费上追求无公害、无掺假的市民，如今有了一种新的购买方式，就是等着周边地区的农民将清油、面粉和蔬菜送到家门口，或是干脆去乡下购买。比如据《西宁晚报》报道，青海省西宁市各个居民小区都活跃着一些农村来的小贩，他们将自家的农产品在相对固定的区域内出售。这些农民小贩，一辆自行车或农用运输车，既是他们的交通工具，也是他们的摊位，简单的甚至只有一副担子或一只筐子。购买这些农产品的市民，往往首先考虑的不是价格，而是放心程度。土豆、蚕豆之类的原生农产品除外，像清油、面粉、牛奶之类的农产品，往往要靠时间积累起来的信誉，以农民小贩的“脸熟”做招牌，才能得到小区居民的认可。③邮售直销或网上零售直销。这种形式在其他章节介绍，本章所说的零售直销主要指前两种形式。

5.4.2 农产品直销中直销人员应具备的素质

在农产品直销中，产品的生产者直接销售产品，这些生产者在市场上推销产品就是直销商。推销产品成败的关键与直销商的素质有很大关系。培训高素质的直销商，是零售直销重要工作之一。直销商应具备的素质，主要有：

1. 思想道德素质。直销员要有现代营销观念，以顾客需要为中心，以顾客满意为服务标准，具有良好的思想品质和良好的道德品质，诚信可靠，足斤足两，实事求是，并有较强的敬业精神。

2. 良好的服务态度。服务态度要主动、热情、耐心、周到。主动是要主动介绍商品，主动询问顾客的需要；热情是指对顾客要做到热情接待，对顾客要一视同仁，尤其要做到买与不买都要热情；耐心即对顾客的提问要耐心，对顾客的挑选要耐心，不计较顾客的态度，耐心解答；周到即指站在顾客的角度，处处为顾客着想，帮着顾客挑选商品。

3. 提高商业服务技能。熟悉农产品知识，尤其对自己销售的产品的特点要掌握清楚，对不同的品种、品级，不同性能分类处理，熟练商品的包装、捆扎，对腐烂变质的产品要及时处理，计算和收货款要快速、准确，做到唱收唱付，当面点清。

4. 研究不同顾客心理。直销中会遇到各种各样的顾客，这些顾客在性格、年龄、职业等方面都有很大的差异，要因人而异。要抓住顾客光顾的机会，认真研究体察顾客的心理，根据不同类型的顾客采取不同的接待方法，吸引更多顾客购买产品。

5. 有一定的文化知识。直销员要懂法律法规，党和国家的方针政策，如国家的物价政策、广告法、商标法等，为不断提高自己的文化和业务水平，应学习农产品营销学、消费心理学、商品学以及农产品储藏加工等方面的知识，这样才能更好地为顾客服务，促成交易。

5.4.3 农产品零售直销操作中的相关问题

农产品直销中，除了上述所说的要提高直销人员的商业素质，针对不同顾客采取不同策略外，还有许多相关问题直接影响产品销售的质与量。在此就主要问题作一些简单分析。

1. 质量是生命，信誉是效益。产品质量即产品的使用价值，只有保证并不断提高产品质量，产品才具有竞争力，才能顺利销售，才能更好地满足消费者的需要。

像案例中所讲的青海省西宁市各居民小区的小商小贩，就是凭借自己产品的质量和信誉赢得了居民的信赖。我们在农贸市场上也会看到：有的菜农蔬菜销售得很快，人们争相购买，有的则反之，所以，一定要保证质量，讲求信誉。

农产品的质量必须根据不同时代、不同地域以及不同国情、民情、民俗来确定产品质量开发标准。比如南方人喜欢且习惯吃籼米，而北方人认为籼米太素，因此还必须保留籼米生产基地。随着人们生活水平的提高，消费水平和消费习惯都会发生变化，尤其是买方市场形成，消费者购买产品的要求增多，如北方的大白菜，过去大家都成堆买，直接向附近菜农定购，或由农民直接送到家，而现在大白菜已不再成为众多人家冬季的"看家菜"，买的人少了，消费者不欢迎，就很难扩大销售。当然，产品的质量和信誉不仅是直销也是其他销售方式成败的关键。市场经济条件下，顾客欢迎的产品就是质量合格的产品，顾客的需要是产品质量开发的惟一目标。

2. *农贸市场的建设是发展农产品零售直销的基础。*农贸市场是满足消费者生活必需的农产品交易的市场，各种粮食、蔬菜、水果、肉食、禽蛋、水产品等都在市场现场交易，有直销的农产品，也有的是中间商经销的产品，无论是哪种形式，都需要有个好的环境，有个交易的场所。市场位置的选择、市场布局以及市场公共设施的建设都直接影响商品的交易，需认真对待。

目前，多数农贸市场设施还比较简陋，缺少必要的综合配套设施，没有形成规范性的、交易顺畅的买卖场所，甚至有的市场连交易大棚设施都没有建设，交易的方式和交易手段比较原始，直接影响农产品的交易。因此，加强农贸市场硬件和软件的建设是当务之急。要投入一定量的资金，对农贸市场的基础设施进行改造，加大对农畜水产品质量监督检测系统建设的力度，逐步使农贸市场设施配套，交易规范，才能提高市场的收益。

3. *信息反馈及时，是农产品零售直销的关键。*及时了解市场行情和信息，反馈给生产者，以销定产才不会出现销售难的问题。中介组织或营销大户常年都有市场调研人员，对市场的信息变化了如指掌，这些信息能帮助生产者进行项目的决策，参与市场竞争，走出"坐门等客"的狭窄圈子。有条件的农民自己可以上网查询，及时了解各地有关产品的需求状况，也可以网上直接推销产品，扩大了产品销售的范围。

4. *借助于中介组织，发展农产品零售直销。*为解决农民卖难问题，各地出现了许多中介组织，这些中介组织，解决了农民想办办不了，政府要办办起来很难的事情，受到广大农民的欢迎。中介组织帮助农民开拓市场，疏通渠道，当好农民进入市场的引导者。中介组织经常组织营销人员，奔赴全国各地，了解各地市场的价格信息，选择最佳的销售市场，给农民提供各种信息。

但必须强调指出，这种中介组织不同于一般的专业合作社或农民的经济合作组织，前者主要是把农民组织起来，去市场上零售自己的农产品，是以市场为前提，工作的中心是销售，其他的服务都是为更好的销售做的准备，但中介组织并不代替农民去销售产品，更不包销其产品。后者经常为农民提供全方位的服务，而且经常代替农民销售产品，这种中介组织是起代理制营销方式中代理商的作用。当然，这是在理论上进行阐述，在实际中农产品销售绝不是采用一种方法，比如直销和代理制营销以及其他营销方式是结合使用的，因此中介组织的功能在实际中也没必要特别加以区分。

本章小结

本章介绍了农产品直销的定义、特点及运用直销的条件；阐述了订单直销、观光采摘以及农产品零售直销的基本概念和操作中应注意的问题。直销在整个农产品营销中占的比例并不大，但是运用恰当，不仅可以减少销售费用，而且能推动农业生产的发展，为此，本章对直销不同销售形式的实际运行状况作了一定的分析，这些内容对于掌握农产品直接销售的基本技能是非常重要的。

主要概念：直接销售、订单直销、观光采摘直销、零售直销。

主要观念：随营销形式的多样化，直销的形式也是多种多样的，且直销的发展态势是很可观的。

基本训练

判断题：

1. 观光采摘直销形式是观光旅游农业的产物。

2. 订单农业一定是采用订单直销形式。

3. 农产品直销是指销售渠道而言的。

选择题：

1. 从销售渠道上划分，直销是(　　　　)。

A. 零层销售渠道　B. 经过批发再零售　C. 经中间商再零售　D. 由代理商零售

2. 给游客提供观赏、采摘等各项服务属于(　　　　)。

A. 农产品零售直销　B. 订单直销　C. 观光采摘直销　D. 以上三种说法都不对

简述题：

1. 简述农产品直销的特点。

2. 简述农产品订单直销应注意哪些问题。

技能题：

比较农产品订单直销、观光采摘直销和农产品零售直销操作中关键问题，掌握这几种主要直销形式操作技能。

分析题：

分析哪些农产品比较适合直销？生产者要采用直销，需要考虑哪些因素？

案例分析

案例　北京锦绣大地农业股份有限公司坚持高投入、高科技、高产出、高效益的原则，以市场为龙头，以资本为纽带，以实用型高科技为支撑，以人为本，通过技术创新，产学研相结合的道路开发现代农业，建立了优质产品、品牌、理念、资产、资本全方位运营的现代企业经营方式，使传统的农业生产方式转变到以现代企业运营的新轨道，公司形成了以工厂化农业生物链为主的核心竞争力。主要产品为种畜、种苗、中兽药、食用菌、安全无公害农产品、花卉、天然药物以及科技观光等。其中水培蔬菜的生产技术、设备申报了国家专利，其产品被认证为北京市绿色安全食品；食用菌、彩色马蹄莲被中关村高科技园区认定为新产品；天然中兽药按GMP标准进行建设和生产，已获得10个药号和生产许可证；食用菌生产和加工品已通过鉴定，种畜均为从国外引进的优良品种，如布尔山羊，目前存栏种羊1 300只，经北京市动物检疫所认证为无疫病种羊场；黑安格斯牛400头及其他品种，其生产、技术水平、产品质量均为国内先进或一流。

公司在发展观光旅游农业方面有许多具体措施，公司观光园区占地600多亩，其中人造湖泊面积60亩，修建278个独立单元。针对季节性生产对观光旅游的影响，公司力求四季都有景看，都有地方玩，比如建立了现代化大温室，引进国际先进现代农业设施，展示电脑自动控制温度、湿度、施肥、无土栽培和新特农产品品种，成为农业科普旅游基地等。冬季游客也可以进行参观游览，同时特种农业的产品在公司展厅内展出，游客在参观展室时，通过讲解员介绍不仅了解了特种作物的有关知识和产品的性能，而且购买了其产品，等等。

市场调查

1. 组织学员参观北京锦绣大地农业股份有限公司(也可以另选一处观光旅游采摘农业办得较好的单位)，或结合案例让学员思考几个问题：①推销游客不了解的新产品时，讲解员相当于直销员，如何针对不同的顾客，采取不同的策略来扩大自己产品直销量？尤其是对那些拒绝的顾客，应如何分析其心理状态，有针对性地做工作，以改变其态度。②实地考察后发现观光旅游业中产品直销有哪些问题？提出解决这些问题的思路。③如何在观光旅游业创办中增加些新意以吸引更多的游客？

2. 到农贸市场上调查农产品直销的基本情况，并针对农贸市场状况进行分析，提出扩大销量的有效措施。

CHAPTER 6

第6章 农产品间接销售

学习目标

学习本章后：

素质目标：形成对农产品的各种间接销售方式，包括各种渠道、特点和条件的基本认识与把握。

知识目标：了解进入间接营销渠道的机构、操作方式、程序和基本原则；了解批发商自发组织与经销商合作组织的主要区别；了解电子商务形式的出现对批发业的营销方式的影响；了解销售代理与批发、分销商之间在与制造商关系上的区别。

技能目标：学会某种间接销售的组织、运行程序，把握间接销售应注意的问题；掌握间接营销方式的技巧；通过实际训练，获得间接销售的经验或启发，提高其间接销售的能力；并对间接销售进行一定市场观察，并顺利进入该渠道进行市场经营活动。

6.1 农产品间接销售概述

农产品由生产者转移到消费者的方式可以是直接实现的,也可以是间接实现。现如今,在市场经济的社会里,间接地将农产品所有权、经营权转换主体,最终到达消费者手中,已经成为普遍形式。直接与间接的营销方式并存,而后者在市场经济中占有重要地位。

案例 就以鸡蛋为例,鸡蛋是人们日常生活最普通的消费品,是最廉价的、方便的、经常食用的营养品,几乎有的人每天都要吃。有时由于它的营养价值,还成为礼品送给病人、孕妇等。在特殊的情况下,如饲养业出了问题,家养的柴鸡鸡蛋就成为很有价值的礼品。就鸡蛋的市场运行来说,我们不能想像让所有的消费者都养鸡,况且在大城市养宠物不许养鸡。

有许多人认为柴鸡鸡蛋更有营养,但这种柴鸡一般是指散养在乡村的、吃活食的自由自在地放养的鸡。这种鸡蛋与养鸡场吃饲料、圈养的鸡所下的蛋不同。虽然没有人考证两种鸡蛋的要素含量或营养成分的差别,但从消费者的口感上确实存在差别。人们要吃到家养的柴鸡鸡蛋,一般有两个途径:一是乡村各地设有供销社,将工业产品或加工食品出售给农民,同时还收购农民自产的农产品,特别是有市场需求的家养的柴鸡鸡蛋。然后将产品卖给乡镇或县城更大的收购点,这些组织机构有的有较全的冷藏设备,有的与冷库等贮藏组织相联系,将所收购的鸡蛋集中起来,放入冷库,再批发给城市商业网点或个体商贩。商业网点或个体商贩再将鸡蛋出售给消费者。另一个途径是农民到集市去赶集,将积攒好的鸡蛋放在集市上,一些消费者可以在赶集时购买到需要的鸡蛋,或一些小商贩到集市上专门低价收购鸡蛋,再到城市走街串巷地卖给消费者。假如某个特殊的时期,鸡蛋紧张,也有第三条途径就是消费者到乡下农户家购买柴鸡蛋。在改革开放前,由于计划经济的束缚,实行消费品配给制,许多城市人吃不到鸡蛋,就跑到乡村自动上门买农民的鸡蛋。但在当时社会的严格控制下,将冒着倒买倒卖的罪名而受到处罚。改革开放以后,农民可以直接卖给批发组织或企业,或这些组织上门收购,再集中冷藏,批发给各销售网点。

当农民将农产品转给第三方时,这就是间接销售。

在现代西方国家,有些农产品有时可以通过直接市场渠道分销出去。例如,农民在自己的农场门口开设门市部,或在城市市场上摆摊,将其生产的蔬菜、水果、鸡蛋等鲜农产品直接销售给最后的消费者;有些大的制造商和面包房,自己开设零售商店和门市部，将其产品直接销售给最终消费者，或者雇佣推销员挨家挨户向家庭主妇推销产品；有些制造商采取邮购方式，将其产品直接销售给最终消费者；有的制造商通过电视、电话将其产品直接出售给最终消费者。

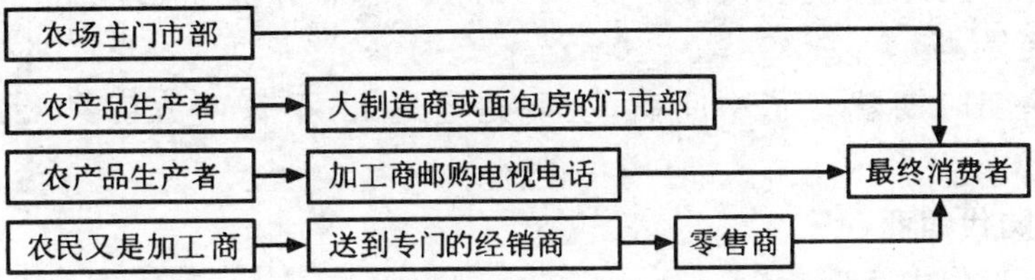

图 6-1　西方国家一般的农产品的分销渠道

东、西方生活方式尽管有些不同，但又很相似。

直接销售对农产品的经营对象、经营规模、经营中的各种问题处理、成本的支出等都受到很大的制约，因此人类商品经济发展中，很快就出现了另一种专门从事商品流通、经营的中间组织或商人，随之发展起来了多种多样的间接销售组织或企业。

6.1.1　农产品间接销售的含义、产生与特点

1. *农产品间接销售的含义*。农产品间接销售，指连接农产品生产者与消费者的中间商，包括取得产品所有权或帮助转移产品所有权的企业或个人。包括：分销渠道的代理商和分销商；或从是否具有经营权来区分的独立的中间经营供应商或代销商；或根据是消费市场还是产业市场区分为前者批发商、零售商；后者销售代理商或批发代理商。

从市场营销渠道来区分，当产品从生产者手中不经过任何中间环节就达到消费者手中，称直接销售或零渠道营销；当产品离开生产者进入流通领域，消费者要经过中间环节才能得到商品时，称间接销售或有渠道营销。

2. *农产品从直接销售到间接销售的历史演变*。

(1)最早的代销人：

案例　中间商出现的早期形式

早在 14 世纪 90 年代，意大利就有人采用合伙生意的方式，有些产品是自己的，有些是替别人代销的，他们只收取标准佣金，如船长、货运管理人员，都可以做

这样的业务。早期美国的市场经济中，坐商也很流行，他们通过沿河城镇及港口将生产者的产品与其他商人交易，这些坐商不仅出售这些小企业的产品，还提供原料、工具与设备(称一揽子服务)，这些人在18世纪90年代以后支配了当时的经济。在这种商人的基础上，发展起了一批销售代理商与收购代理商，并集中于棉花和谷物的交易。

我国唐朝时期就有了中间商，主要是经纪人，早于西方国家1 000多年的历史。

(2)代购代销商：

案例　近代中间商

18世纪90年代，美国的商业化的发展加速了东部商业走向专业化，前所未有的棉花交易，使纽约成为全国首屈一指的大城市。同时棉花的交易造就了专业化的大公司，他们不采取买进的方式，而宁可向客户支取固定的服务佣金，佣金一般在5%左右，大批原棉与布匹的采购与销售代理商出现了。这些人大多是英格兰人，人民与棉花港口与内地新城镇如哥伦布、奥古斯诺、纳切兹等地的美国本地商人成为了美国种植场主的贸易代理人。

(3)代理商：代理商在当地市场进行采购，通常还一年两次到纽约及东北部其他商业中心采购，经营方式是：为种植场主在无固定买主的国际市场上推销产品，直接卖给制造业者的经纪人，或者以寄售的方式，用船装运到邻近的沿河或沿海的港口，甚至是利物浦或欧洲其他港口，卖给那里的中间商人。这些人再转卖给美国或英国的制造业者，或再转手给另一组中间商；早期的代理商大多安排谷物或棉花的运输、支付保险费、仓储费和运费，或必要时支付租金、码头费等，而他们则提取佣金。随着美国工业革命的进程，生产率提高，销售成问题，又出现了为制造业大批产品经营的销售代理商。由于他们掌握着市场，甚至可以控制工厂制造什么产品，于是生产厂商与销售代理之间并存、排挤、竞争。由于代理商水平跟不上复杂的服务，代理制度不完善，到19世纪代理商衰落。

(4)商务代理和经销商并存：进入20世纪，随着商务代理体系的完善，商务代理除了销售代理、采购代理，还出现了标准化的较先进的广告代理、零售业务的特约经销商，代理的经济扩展，专门从事营销活动的代销业务出现。于是生产者可以将自己的产品委托给商务代理，或一些经销商将一些业务委托给专业代理；在经销商中也出现了影响整个市场运行的批发商、零售商两大群体。

3. 农产品间接销售的特点。

(1)高效性：一种产品的生产者如果直接找到消费者，需要在每一个时间或空间去寻找到消费对象，当然可能是下家制造商，达到批量加工。例如种植玫瑰花的农民，玫瑰花加工后可以提取玫瑰精油，这是高级的香精，这样农民就可以完成销售任务，实现利润。但是，如果生产者的玫瑰只是小批量的，是提供给直接的鲜花消费者的，每个消费者联络就非常困难。于是他必须借助专门人员来完成工作。中间专门的营销者，具有与消费者联系的空间形式和特殊的方式，因此更加节省时间和空间，效率更高。

(2)灵活性：间接销售可以将产品与市场紧密结合，由于是专门的经营者，了解市场需求变化，了解市场产品变化，可以调整进货、出货的渠道、时间，根据市场调整货物的品种，改变销售方式和策略等。

(3)主动性：相对生产者来说，间接销售农产品有了更多的主动权，可以根据与市场直接联系的优势，要求生产者生产什么，不能再生产什么，生产多少，生产产品的档次，以及生产的数量、形式、规格等，可以掌握市场，也掌握生产者。

(4)规模效益：中间商可以根据自己的实力或与他人合作，组成大规模的集团，进出大批量的多品种的农产品，获得规模效益。相对来说，生产者专门的生产项目反而可以形成规模效益，而多样化对生产者来说规模化是相当困难的，需要具备各种条件。如山东大蒜基地，如果为多样化生产，绝不会有今天的成就。

(5)专业化：中间商由于大批量的经营，必须具备专业素质，对经营的农产品有深入科学的了解和掌握相应的技术。如海产品的经营，必须掌握大批货物的贮藏、运输技术和操作要领；蔬菜水果的批量经营，必须掌握收获、包装、贮藏、运输等专业技术。这对于生产者是另一领域的知识，由于农产品特有的周期性、季节性，单一的农产品没有必要进行专门市场经营的，将面临专门的经营人员、设备、流程、对象等资源困扰。

6.1.2　农产品间接营销的渠道、流程与条件

农产品生产出来后，只有通过一定的市场营销渠道，经过一定的物流过程，才能在适当的时间、地点，以适当的价格和最佳的品质提供给消费者，实现市场营销目标。

1. 农产品间接营销的渠道。间接营销的渠道，就是生产者借助谁、怎样的组织和环节来销售产品，称为销售渠道。在农产品的营销渠道上可分为专门的市场营销渠道和分销渠道两种情况。

市场营销渠道指合作进行生产、分销和消费某一商品和劳务的所有企业和个人。包括：某种产品的供产销过程中的所有有关企业和个人，如供应商、生产者、商人中间商、代理中间商、辅助中间商以及最终消费者或用户。

分销渠道指某种农产品和劳务从生产者向消费者转移过程中，取得这种商品和劳务的所有权或帮助所有权转移的所有企业和个人。包括商人中间商(取得所有权)和代理中间商(帮助转移所有权)，还包括渠道起点的生产者和终点消费者，而不包括供应商和辅助商。

针对产品的起点的区分，农产品的中间营销渠道两种情况都可能存在。

第一种情况：以生产农产品为起点，则分销渠道较符合，包括从生产到销售的各个环节。

第二种情况：以生产前的服务为起点，则必须有供应种子、设备、肥料等物质资料的企业或个人，即供应商或辅助商，则市场营销渠道更全面。

例如，顺义的小王庄的农民将白薯卖出去，他可以在地头或集市亲自销售白薯，或者采取其他的渠道，见图 6-2。

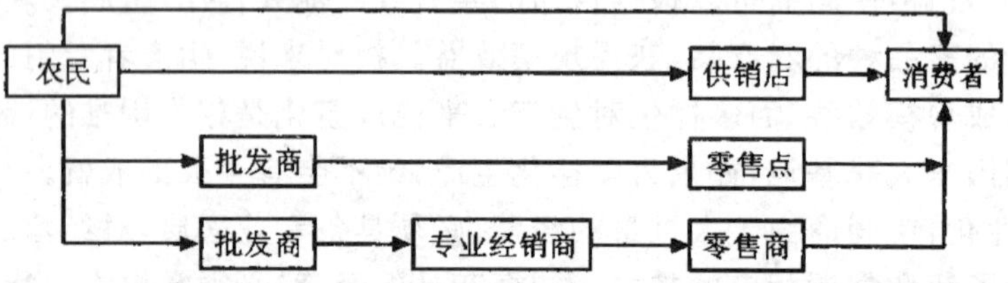

图 6-2 我国各种层次的农产品的运行渠道

如果中间增加加工环节，则就是 4～5 个环节的渠道才能到达销售者手中。我国农产品市场的间接销售渠道除了零渠道：即农产品生产者将产品直接卖给消费者外，可以分为：①一层渠道：即农产品生产者将产品卖给供销社，他再卖给消费者；②二层渠道：即农产品生产者与国家签订供销合同，如粮食，经过国家的收购点，批发到零售商再卖给消费者；③三层渠道：农产品生产者将产品卖给批发商，批发商卖给专门的经销商，经销商再卖给零售商，零售商卖给消费者；④多层渠道：辅助商—生产者—批发商—专门经销商—零售商—消费者。

随着国家各项改革，放宽粮食政策，将计划经济转向市场经济。因此减少了由国家承担的各层政府的中间环节。除了重要地影响国计民生的农产品要部分收购外，其他商品都是在市场机制下进行农产品的物源流动的，因此，掌握营销渠道的操作规则和相关信息非常重要。

间接渠道的优点与缺点：间接渠道一般要经过一个或几个中间环节，它在消费品的销售中采用得比较广泛，在工业品的附属设备、工业易耗品、农用化肥、农药、小型农具等也多采用这种形式。间接渠道的优点是:通过中间商的中介作用,可以扩大商品流通范围,在较大范围内调节产需矛盾,促进流通的社会化、现代化和合理化,减轻生产商市场营销的风险负担;简化交易次数,节省流通费用。然而间接渠道也有缺点,主要是增加了经营环节。由中间商组织商品流通,增加了中间销售机构,从而要相应增加商品成本,提高商品的零售价格。此外,产销不能直接沟通信息,售前售后服务工作较粗,较难适应不同产品和不同顾客的特殊要求。

2.农产品间接营销的流程。

(1)实体流程:指农产品从生产者手中转移到消费者手中的过程。

(2)所有权流程:中间商通过购买农产品将农产品从生产者手中转移至自己手中,并在一个个中间商转卖中发生所有权转移的过程。

(3)付款流程:随着所有权转移,农产品出售后的货款在中间商之间一个个转移流动的过程。如顾客通过银行或其他金融机构向代理商支付账单,代理商扣除佣金后再付给加工厂,再由加工厂支付给供应商,还有可能再支付给运输企业、仓库保管企业,再支付给农民;或经过中间商购买支付给生产者。当然在农民卖出产品时已将流程最初的形式完成了。

(4)信息流程:在各市场营销渠道中,通过各机构相互传递市场需求信息、供给信息、竞争信息等流动过程。各个渠道对农产品的市场行情、需求情况、未来走势的信息都是双向交流,即使没有发生交易行为,信息的沟通会通过经营批量的多少、品种的变化等将信息传导到邻近的经营者或上下行的经营者。

(5)促销流程:为了将手中的商品传递出去,中间商必须做好各种促销的工作,如广告、人员推销、宣传、促销等活动,包括中间商向生产者推销品牌及产品,使生产者改革,生产出更好的产品;或向最终用户推销自己的产品;也可以反向流动,生产者性中间商推销自己的产品特别是新开发的,人们还不知道这种产品。说服中间商就等于说服市场。消费者也可以向中间商请求所需农产品,于是促使他进货。这样都产生促销的效果。

3.实现农产品间接营销的条件。

(1)规模化生产:农产品生产规模越大,越需要专门的中间商在最短的时间内、以最高的价格购买订单的所有产品,即使要将一部分利润转移到中间商手中也是值得的。总比自己再设部门或人员单独跑销售更合算。对于中间商来说,小批量的产品难统一规格、稳定货源、稳定进货时间、稳定价格。在市场者与中间商之间要有价格洽谈协商的过程,生产者越多,花费在谈判的时间越多,但进货很少,这对中间商来说,支出多,收益少,不合算,也不利于管理。

(2)生产科学化:农产品生产技术、管理方法手段越趋于科学,越有利于市场的管理，如产品规格统一。设想没有经过科学化、规范化生产的农产品，品种不定，大小不一，只能成筐进货，无法挑选归类，就无法提高产品价格，产品也不容易分类、保存管理。通过科学生产，产品越标准化，越有利于进货时的识别、分类、定价；有利于贮藏管理、有利于提高市场价格，获得更高的收益。

案例　北京八达岭蔬菜批发市场，由于当地农民种植的反季节蔬菜走俏广东、深圳以及东南亚市场，农民的科学技术水平也日益提高，对于来此地收购的中间商更容易做好生意，首先是科学化生产，从种植、管理、收获等都标准化，因此无论哪里菜农收获的蔬菜规格都是统一的。在市场上，中间商监督工人们将一样长度、粗细的象牙白萝卜排列整齐包装起来；将一样长短、粗细、色彩的白菜排列起来，包装好；将一样大小、颜色、品质的圆白菜包装好；然后统一入冷库，待降温后用集装箱式的大型货车运走。

(3)必要的设备和技术手段：农产品不同于一般的工业产品，由于其自身的特殊性，要求在包装、运输、入库、出库、摆放上市等各个环节都具有一定设备或技术手段。仅包装来说，蔬菜或水果收获后生物的过程还没有停止，还要继续呼吸、与外界交换信息、具有温度变化等特殊性，如果一味的堆积起来，不加以科学的管理，这些产品就会生温、霉变、腐烂。因此，实现农产品间接营销，必须首先创造管理、保护产品的条件。

(4)专业经营管理人才：实现独立的农产品营销过程是一门科学，必须由掌握一定农产品营销经验、知识的专业人才管理、经营。包括：较强的市场预测能力、科学的市场决策能力、较丰富的市场竞争经验和较多的农产品经营经验。

(5)建立运行良好的组织体系：中间商可以是个人也可以是组织，但是面对日益科学化的农业生产技术的普及，越来越多的产品趋向科学化、规范化，因此客观上建立运行良好的组织体系更适合农产品的市场销售与竞争。包括：企业经营策略、企业发展目标、企业经营手段、企业经营文化、经营管理技术措施、企业货源体系销售体系等一系列方面。单独的个体经营者只能小打小闹，无法成规模。

(6)建立规范化的市场法制体系：农产品离开产地进入流通领域，必须具有规范的市场体系。19 世纪美国的中间商衰落关键是市场管理体系不健全，经营者霸占市场与生产者矛盾日益激化，代理制度不完善，中间商的经营水平局限，最终导致中间商衰落。如今市场经济国家在法律上建立健全法律制度，对农产品市场管理严格，特别是美国的农产品贸易市场各项制度建设、日本农产品法律法规建设、新加坡的严格执法管理等，都对农产品市场发展创造了良好的社会法律条件，也为规范中间商的经营行为，保证消费者的利益创造了良好的条件。

6.2　农产品间接销售的形式及运作

农产品间接销售是将生产者与消费者连接的纽带。其表现形式有:批发、零售、代理、经纪等。间接营销实施其经营行为的载体有:农产品批发市场、农产品网上交易市场、农产品零售商店、专业农产品品牌经营商店等。

6.2.1　农产品间接销售形式、种类及职能

农产品间接营销的形式与种类:

1. 农产品代理商。广义的代理指代理人以自己或被代理人(Principal)的名义,代理被代理人与第三人实施民事法律行为。其后果直接由被代理人承担。狭义的代理仅指直接代理。按照《民法通则》第六十四条规定,包括:委托代理、法定代理、指定代理。所谓的商务代理只是法律上代理关系中委托代理关系的一种。农产品代理商指只负责争取顾客或代表买卖方进行交易,但不拥有商品所有权的中间商。

2. 代理商的分类。独家代理与多家代理。

(1)独家代理是指厂商或供应商在某一市场的独家权利,厂家的特定商品全部由该代理商代理销售。

案例　福建绿得饮料公司生产的绿得八宝粥,在香港的销售事务由香港金星企业有限公司独家代理,在澳门的销售事务由华航贸易公司独家代理,在日本的销售事务由日本有限会社日光商社独家代理。三家不得到对方区域越区代理,绿得公司也不得在该地区设经营销售点进行厂家直销或批发。这种产品营销是以代理商具有强大的经销实力、网络和健全的组织来实现的。因此代理商具有绝对的权利。

(2)多家代理是指厂商不授予代理商在某一地区、产品上的独家代理权,代理商之间无区域的划分,都可以为厂家经营订单,而厂家也可以在所在区域或各地直销或批发产品。这种代理商一般要靠产品品牌、声誉和市场的影响力使产品畅销,因此其代理商自身没有多大营销实力,而是靠产品的市场影响力。

总代理与分代理。总代理首先具有独家代理的特点,同时有权指定分代理商,有权代表厂商处理其他事务。于是代理层次可能很多。总代理为一级代理,分代理为二级或三级代理。分代理受总代理商指挥、指定、选择,并报告厂商批准。这

种代理体制优点是总代理可以通过在各地区指定分代理商扩充市场,但是分代理多了,层次也多了,将给管理工作带来困难,造成混乱。

佣金代理与买断代理。佣金代理:指代理商的收入主要来自经销的佣金,代理商的价格决策受到一定限制,又分为代理关系的佣金代理商、买卖关系的佣金代理商,承担经营风险相对较小;而买断代理则先向厂商进货,若收不到货款则承担损失,因此经营风险较大。

3. 农产品经销商。指生产者指定特定公司为其产品交易的中间商,双方签订合同,生产者提供产品由该中间商进行销售。这个合同就是经销合同。合同中明确了产品的销售权力,也明确了销售义务。因此,经销商与生产者的关系是法律上的买卖关系,经销商依据合同约定的权力(专卖、供应数量承诺或其他义务等)进行营销活动,并以生产厂家的名义替厂家销售及服务,所以与生产者是法律上的买卖关系。对经销商的要求:应具备一定的资金,有分销机构和服务设备及贮存库房等并提供较全面的服务项目。在农产品的中间商中经销商,特别是独家经销商很少见。因为它更适合一些耐用消费品。

4. 农产品经纪人。经纪人:又称居间人,即以合法身份在市场上为买卖双方充当中介并收取佣金的商人(Broder)。我国古代称“牙仲”或“牙商”。相对应的市场角色是委托人(Employer),市场营销的主体,并支付给经纪人佣金。经纪人(Commission)的出现是社会分工的结果,也是商品经济社会商品交换的需要。我国在市场经济发展后,又出现了经纪人。在改革发展的推动下,特别是农村的农产品交易市场上,活跃着许多的经纪人。到20世纪90年代已实行经纪人证,持证上岗。

经纪人分为:行业经纪人和业务经纪人。行业经纪人:商品现货交易经纪人、期货交易经纪人等。商品现货交易经纪人:对商品买卖交易的盈亏不负责,只要成交就可以取得佣金。而在交易所的经纪人要通过资格考试,要具有一定的条件,如资金、信誉条件,才能按照有关法规获得交易所经纪人的资格。期货交易经纪人:交易的不是现货,而是期权交易。在发达的期货交易市场上,期货交易经纪人中介的往往是几经转手的期货合同,如大豆期货交易,交易的是大豆的交易合同。此外其他与农产品无关的经纪人,如房地产经纪人、金融市场经纪人等。

业务经纪人:包括佣金经纪人、自营商、专家经纪人、两美元经纪人、零股经纪人、特种经纪人等。对于农产品市场,佣金经纪人最普遍。他们是市场上最活跃的经纪人。他们依据委托人的目标完成任务后,就可以按照成交额提取一定比例的佣金;自营经纪人,具有代客户进行交易,自营买卖,自担风险,并赚取买卖价之间的差额的多种权力。由于经营承担的职能比佣金经纪人更灵活,因此收入比佣金高、但风险大;专家经纪人,具有上述两种经纪人的双重身份,他可以承担经纪人的经纪人，并具有一定的资金在市场上买进卖出，特别是证券市场上，但不直接与客户打交道。两美元经纪人、零股经纪人、特种经纪人等都是证券市场、咨询公司、信息公司等经纪人。

农产品间接营销的职能：研究农产品市场；进行农产品促销；与消费者接洽；解决产品包装和包装创新；与农产品生产者和消费者谈判；趸货贮藏及设备融资；风险管理与承担。

6.2.2　农产品间接营销的市场运作

农产品营销渠道模式从生产者到消费者经历了一系列的中间环节。第一种从生产者到代理商，目前农村市场经济发展活跃的地区还有在农民与外商间的代理人，或市场经纪，主要职责是将生产者与外来客户建立业务联系，不直接经营产品。第二种是直接收购产品的收购商。经营者直接接受产品，并根据他的供应渠道转发出去。第三种是对产品的加工商，将收购的产品进行粗加工和精加工，然后再通过供应渠道转发出去。第四种是在前边收购、储藏、加工、包装完成后再进行物流贮藏和批发的商务经营者；批发商有大宗供应商，也有小批量的批发兼零售的供应商。最后是零售商，将货物投放市场后，专门面对市场消费者的零售商。

1. *农产品批发商及市场运作*。批发商(企业)指“进一步转售或生产加工而进行整批买卖的中间商。”根据不同情况，充当代理人或经销商的角色。正规的批发商的主要功能：充当零售商或工业用户的代理人；充当制造商的销售代理人；趸批零拆；为买方提供运输服务；贮存货物调节市场供应；为零售商或小制造商提供赊欠、预付款、融资等资金支持。

农产品批发商应指对农产品转售或加工后进行批量买卖的中间商。其特点是：批发商是生产者与零售组织或个人的物流、信息流、资金流的中间环节，一般不与消费者建立直接的联系，是农产品生产过程的终点，也是进入销售过程的一种起点；交易数量大，但交易频率低。

农产品批发企业分类：农产品批发企业，按地区和功能可分为：产地批发企业、中转批发企业和消费地批发企业，与之对应的载体有相应的批发市场；按经营品种分为：蔬菜批发企业、水果批发企业、油料批发企业或综合批发企业，及与之对应的批发市场；按经营所有权的归属可分为：自主经营批发企业、代营批发企业、生产者自设的批发企业，它们或融入各地批发市场或独立设置；按服务内容，可分为专营批发企业与兼营批发企业等。

农产品批发市场是批发商市场操作的载体，是市场运作的具体形式。目前我国的批发市场发育情况：规模大，发展快。据初步统计，到 2000 年底，全国农副产品批发市场已经达到 4 532 个，年交易总额为 3 351 亿元，占全国消费品批发市场成交额的 32%，经批发市场销售的蔬菜、水果、肉禽蛋、水产品占到流通总量的 50%左右。农业部定点的市场发展到 248 家，基本覆盖了全国除西藏和港澳台以外的地区。初步统计，定点批发市场的年经营额近 1 000 亿元，是农产品流通的“大动脉”。

案例　上海农产品中心批发市场是开发浦东后建立的农产品交易市场。上海吉农投资有限公司控股，其余四家公司参股，联合组建的国家级农产品中心批发市场。1998 年开业，2002 年公司资产重组，深圳市农产品股份有限公司加入和控股，引进了新的管理理念和新的市场运作模式，调整了组织结构和市场经营布局，市场面貌发生新的变化，为公司带来前所未有的发展机遇。经过七年多的发展，已逐渐成为一个区域性的中心批发市场；也是原国内贸易部确定建设的五个国家级大型农产品中心批发市场之一，已成为国家农业部的定点市场，是上海市食用农产品肉类、蔬菜、粮油示范市场，具有物流、信息流、商流、配送和仓储五大功能。2003 年农产品成交总额 13 亿元，成交总量 55 万吨，农产品交易额、交易量将以每年 30%的幅度递增。随着浦东新区迅速建设，上海农产品中心批发市场也在快速发展，已成为上海农副产品的主要集散中心，以及华东地区重要的农副产品流通中转基地和农副产品内外贸易的重要窗口，是主要的农产品批发集散地，市场功能得到发挥，影响日益扩大。目前在一期占地 180 亩（总规划占地 500 亩）的基础上逐步扩建，已投资人民币 1.1 亿元，建筑面积 4.5 万平方米。其中：交易大厅 4 万平方米，内有粮油交易区 3 500 平方米，猪肉交易区 4 000 平方米，分割肉、腌腊制品批发区 4 000 平方米，水产、南北干货零售区 5 000 平方米。另有果蔬交易大棚 3 万平方米，活禽交易大棚 4 000 平方米，还有客商服务楼 5 000 平方米。市场另配有高低温冷库、仓库、停车场和连接全国各大型批发市场的信息管理中心。是一座综合性、多功能、现代的大型农产品批发市场，为上海市“菜篮子”重点工程。

参考资料：E-mail：shn cp_98@163.com

该案例是由六家农产品中间商组成的联合企业，批发市场就是该企业经营运作的载体。

对于具有规模经营的农产品生产者来说，可以自己建立批发企业，或批发经营市场部，专门进行农产品销售活动。例如，北京小汤山农业科技园区，经营品种多，形成总体规模效益，有条件建立批发市场经营部，进行农产品营销活动。但是由于人员有限和产品季节性收获采摘，批量小，因此可以参与到其他的零售商店进行推销或与一些消费稳定的饭店、宾馆建立销售协议，实现农产品价值。

2. 农产品批发市场。

资料：截止到 2005 年 6 月北京农产品批发市场的数量与经营主流项目表：

序号	名称	主流项目或基本情况
1	北京市城北回龙观大钟寺商品交易市场	北京新龙商贸集团投资 2 亿余元兴建的以农副产品批发为主的综合性交易市场
2	北京公交天民水产市场	大型国营鲜活农产品批发零售交易市场
3	延庆中心集贸市场	是延庆县最大的综合性集贸场所，集加工、修理、餐饮、服务、零售、批发及送货上门等
4	北京市八达岭蔬菜交易市场	八达岭蔬菜交易市场位于康庄镇小丰营村，该村现有农户 658 户，2 272 人，耕地面积 3 750 亩，靠蔬菜市场批发
5	锦绣大地批发市场	北京锦绣大地农业股份有限公司是国家级农业产业化龙头企业，国家发改委的现代农业示范基地，科技部确定
6	北京新发地农产品批发市场	建于 1988 年 5 月 16 日，由花乡新发地农工商联合公司创办。市场位于北京市
7	北京顺鑫石门农副产品批发市场	位于顺义城区，距市区 20 千米、首都国际机场 3 千米
8	北京市大洋路农副产品批发市场	北京市朝阳区十八里店乡农工商总公司投资兴建的大洋路综合批发市场，于 1997 年 5 月竣工正式投入使用
9	北京市岳各庄农副产品批发市场	是由农业部中国农垦（集团）总公司、北京市水产总公司总投资，在岳各庄
10	北京市昌平水屯农副产品批发市场	始建于 1995 年 4 月，占地 18 万平方米，建筑面积 1.5 万平方米，投资 1 700 万元
11	密云县华远综合批发市场	隶属房地产开发总公司，由华远农工商发展公司负责兴建经营。市场建于 1997 年
12	北京八里桥农产品中心批发市场	是由原国内贸易部和北京市人民政府共同发起开办的大型综合性农产品批发市场
13	北京东郊蔬菜果品批发市场	是南磨房乡工商总公司 1998 年投资 1 700 万元在原综合市场基础上扩建的专业批发市场
14	北京农产品中心批发市场	是根据原国内贸易部和北京市政府协商决定，由中商企业集团公司和北京潞运通经贸集团合资建立的批发市场

续表

序号	名称	主流项目或基本情况
15	双峪农副产品批发市场	位于门头沟区双峪路，于1998年1月正式开业，占地面积11 133.3平方米
16	永安农副产品批发市场	房山区城关街南街位于房山城西南，全村现有农户357户，农业人口657人，劳动力332人，仅有耕地26.5亩
17	南华市场	南华位于怀柔县城南，东临101国道，西靠怀柔县宾路，交通极为方便。占地165亩
18	平谷大桃市场	平谷县位于北京市东北部，距市区70千米，总面积1 075平方千米，人口40万。地理位置优越，交通便利
19	太阳宫批发市场	创建于1993年，隶属于太阳宫乡，位于朝阳区北三环东路，太阳宫南侧
20	河北省石家庄桥西蔬菜中心批发市场	是河北省最大的蔬菜批发市场，全国百强集贸市场之一，农业部"鲜活农产品批发市场"
21	呼和浩特市东瓦窑农副产品批发市场	始建于1986年，坐落在市郊南一环路呼伦南路诺和木勒大街
22	保定市工农路蔬菜果品批发市场	位于河北保定市东南郊，东靠京深高速公路和市二环路，西临107国道
23	福成集团	三河福成五丰食品有限公司是由福成养牛集团总公司与香港五丰行有限公司于1998年3月共同投资成立的

资料来源：<http://www.bjagri.gov.cn/scxx/>

农产品进入批发市场是间接销售的途径之一。特别是产地农产品批发市场对农村经济发展发挥重要作用。目前农产品批发市场的主要特点：政府支持管理力度大，有关部门出台了《农产品批发市场管理技术规范》国家标准，国家质检总局、国家标准化委员会已经批准，该标准将于2005年10月10日起正式实施。该国家标准提出要在三年内培育2 000个实行标准化、规范化管理的农产品批发市场；批发企业投入开发大，2000年以来各地对农产品批发市场扩建、新建，迅速增长，年几千万的投入建设交易大厅、交易场地，恒温库、网络平台、或交易大棚、无公害检测室、电子结算室等；市场交易活跃，有的经营的农产品不仅销往国内20多个省市，还远销日本、韩国、俄罗斯等国家和地区，提高了市场的外向度；市场对农民增收拉动作用明显增强，特别是产地农产品批发市场拉动周边农民生产和收入提高；市场吸收转化了大批农村富余劳动力，市场的发展壮大，带动了餐饮、交通运输等服务性产业的发展。

但是目前我国的批发市场操作还有待进一步规范，与真正意义的批发市场还有很大的距离。表现在大部分批发市场只提供市场者趸货的场地。市场者可以买一个摊位，在此常年销售产品，可以批发也可以销售。因此批发市场的功能还没有真正发挥出来。正规的完全意义的批发市场，应在进货上规范化，将生产者的产品分类，按标准和规格收进，并按市场统一标准批发出去。在此期间，负责农产品的贮藏、管理、运输、加工、包装、开发市场等实施各项经营管理与服务。

3. 农产品零售商。农产品除了进入批发市场外，可以通过进入零售商业销售产品。除农民个人零售农产品直销的零售经营外，零售商业是农产品流通的中间环节的最后的环节。它从批发企业或市场单位整批购进农产品，然后拆零销售给消费者。其功能是：完成商品流通的最后的阶段；直接为消费者提供广泛的商品服务；传递和反馈市场信息等。具有品牌效益和强大资金的零售商业可以建立连锁商店，对于降低成本和占有市场非常重要。

农民可以以供销合同的形式与零售企业签订预期销售农产品合同，由于减少到批发市场的环节，可以降低出售价格，农产品市场营销额将会大大提高。当然目前我国的零售商业经营有待规范，一些实力强大的商业市场过分压低价格，并采取摊位货物自行管理的方式，或无人管理，农产品在市场上被消费者毁坏，造成很大的资源浪费，也给农民收入带来一定的困难。

4. 因特网的中间商。是以网络形式实现农产品间接营销的中间商。如农产品网络市场与一般店铺式中间商的差异：因特网销售商能够与消费者建立联系，因为他在名义上宣传“消除中介”，告之客户：代理厂家直销。因此价格上减少各种中间的经营费(如进出货成本、管理费、人员雇佣费、推销成本等)，对于消费者更加便捷，几乎不出门就可以获得产品信息，产品的低价格和产品送货服务。为此可以吸引更多的客户，但实质上仍然属于中间商。其利润优势是将社会物流资源作为物质支撑，而自身降低了因物流造成的大量的成本支付。当然也需要支付电子化成本，如设备的购置、必要人员(如司机、业务员、会计)雇佣、运送货物的成本、收集信息、接洽业务、电话成本等，但都低于实务中间商的成本，还可以利用中间商开展业务。目前不能取代中间商在市场连接方面的地位。

6.2.3　各类农产品间接营销运作方式

掌握各类农产品的销售渠道是农民增收的关键环节。

1. 果蔬产品的间接营销运作。注意果蔬的自然属性，做好保管工作。

水果产品品种很多，有水果类、干果类、杂果类、瓜果类等。各种水果对包装和贮藏运送的要求不同，在市场营销中必须注意各类品种的特殊性。防止挤压、霉变、虫咬等问题。

蔬菜产品的品种也很多，由于市场经济发展，南北菜汇集调运是经常的。由于季节性强、消费均衡、品种多，易腐性、怕挤压、产量不稳定，在管理中更要注意收获的季节、成熟的时机、冷藏、管理等问题。

果蔬产品是人们生活的日常必需品，因此消费量大，消费稳定。人们的消费心理：对水果追求早吃、新鲜、品牌、反季节消费、外观漂亮等；对蔬菜追求口味、外观、从众、便利、价位合理、偏好猎奇等，在营销的中间环节要做好各环节的管理工作。有效的方法：寻找客户群多、对消费者吸引力大的中间商，盯住品牌中间商，保住利润和降低成本，并保住相对多的客户。我国果蔬产品的间接营销程序见图 6-3。

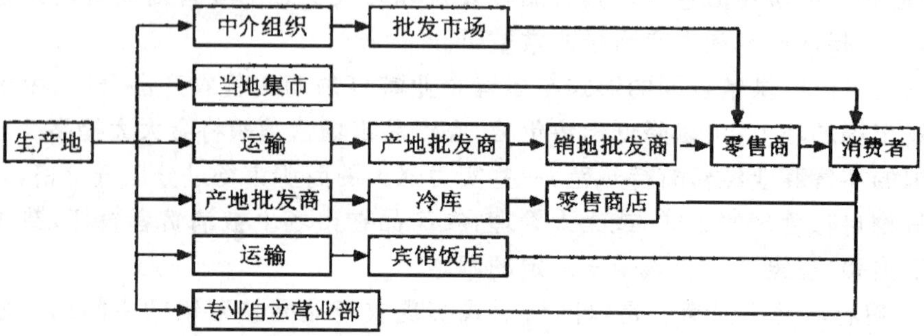

图 6-3　果蔬产品的间接营销程序

2. 谷物类农产品间接营销运作。

注意谷物类农产品的政策规定。我国粮食购销市场化以来，国家发布了一系列的保护政策，例如 2001 年以来国务院出台的《关于进一步深化粮食流通体制改革的意见》，在全国范围内开展粮食流通体制改革。在粮食方面采取了多种渠道的经营方式。包括：国家收购在保护价收购范围内的粮食，如玉米、小麦、稻谷。收入省级、国家级的粮食企业，用于加工、储备、集市批发等中间环节，最后进入消费市场。非保护价的粮食可以由企业收购，作为加工产品的原料。

注意果蔬商品管理。由于粮食类农产品保管较容易，主要防霉变、虫咬、鼠害或其他污染等。掌握谷物类农产品的营销环节见图 6-4：

3. 油料产品间接营销运作。油料产品主要是对农产品大豆、花生、油菜籽、葵花籽等主要产品加工后成为农产品加工品的营销对象。我国油料产品的消费主要

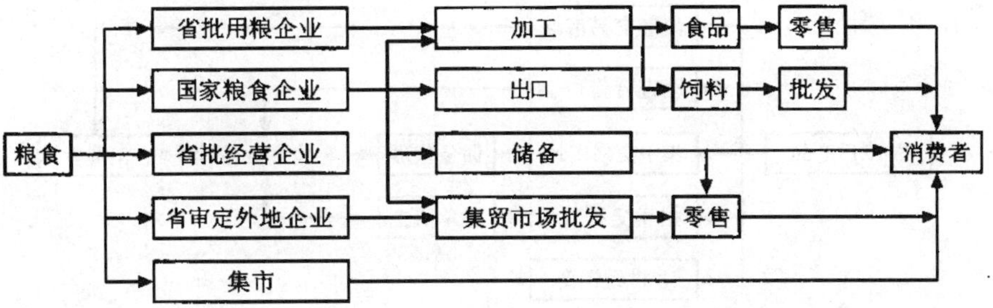

图 6-4　谷物类农产品的营销环节

是食品、油脂和饼粕等,我国是人口大国,花生油有出口,其他油都要进口才能满足国人需要。由于农业生产受自然条件影响和制约,特别是近年来连续自然灾害,造成了油料市场比较紧张。

注意油料类农产品的自身特点:油料产品更应注意有效期,过期食用油对人体有害。注意保管的库房的温度、湿度等。油料类农产品的间接营销环节见图 6-5。

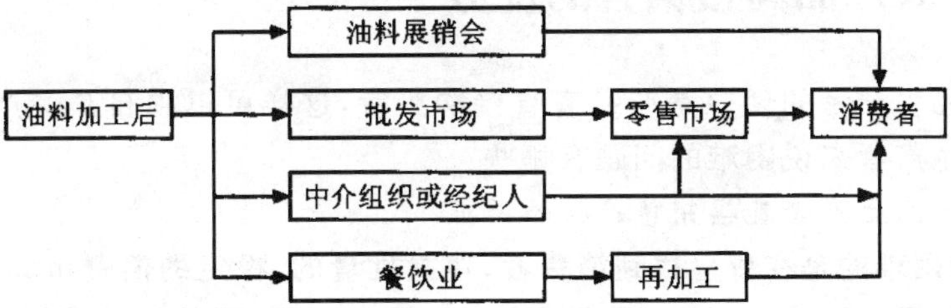

图 6-5　油料类农产品的间接营销环节

4. 肉、蛋等类产品间接营销运作。

畜牧产品包括:肉、蛋、乳、皮、毛、羽、绒、鬃等。肉类产品经过加工后包括有:鲜肉、冻肉、冷却肉、熟肉、其他肉制品;还可分为畜肉(牛、羊、猪)、禽肉(鸡、鸭)、特种禽肉(养殖场的鸵鸟肉、珍珠鸡等)、杂畜肉(兔肉、驴肉)等,各种肉都有特殊的市场。消费需求主要根据:饮食习惯、消费偏好、民族风俗和节假日的特殊需求。肉、蛋等类产品流通渠道的营销环节见图 6-6。

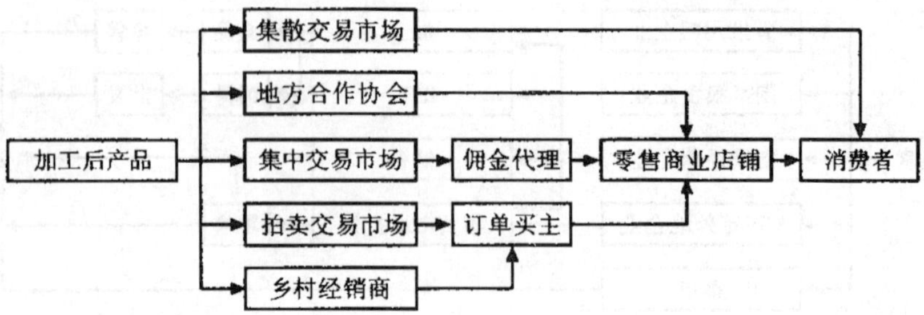

图 6-6 肉、蛋等类产品流通渠道的营销环节

6.3 农产品间接销售的发展趋势

6.3.1 农产品间接销售的优势

农产品生产者的理想是产品有直接购买者，这样可以独自享受产品的利润。但是对于生产者来说困难的问题有哪些？

1. 农产品生产者直接销售产品的困难。

(1)最困难的是在哪里找到消费者，建立批量的、稳定的消费市场。对于直接消费的产品更加困难。例如，蔬菜的生产者甲、乙、丙，要找到消费者 A、B、C。于是将产生的活动见图 6-7：

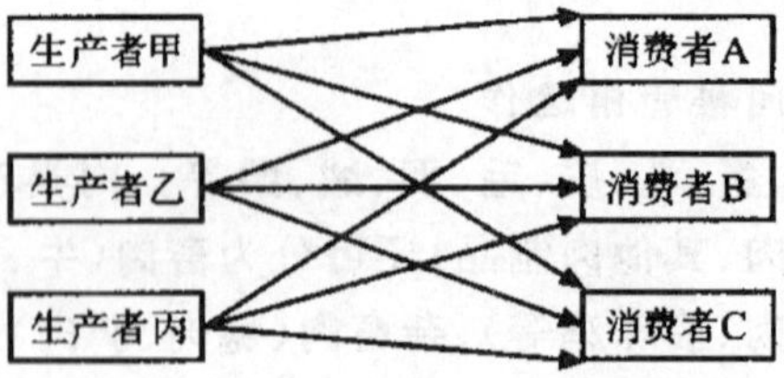

图 6-7 直销交易次数

寻找消费者的次数是：生产者人数为 3，消费者人数为 3，3×3 =9(次)。

蔬菜的生产者甲、乙、丙分别要发生三次寻找交易的活动，对于生产者来说是非常困难的。如果是若干个消费者，如几千千克的蔬菜，如果不能在短期内（可能一个星期内）销售完，产品老化，生产者几个月的心血就付之东流了。如果若干个蔬菜生产者都寻找若干消费者，将带来整个寻找活动的混乱。因此历史上很早人们就发现了这个困难。

（2）生产者离开生产的土地，到处经营销售也是不现实的。在南方由于季节的适宜，一年四季都可以生产农作物。但是离开土地经营自己的产品，将顾此失彼。可能产品卖出去了，后续产品断档了。当然对于西方国家大农场主，可以雇佣管家照顾自己的生意，自己去跑市场，但仍存在竞争的问题。在我国的国有大农场，可以通过建立农工商企业来达到经营的目的，但农工商企业已经不再是独立的生产单位。对于个体农户来说，兼顾生产和经营无论如何都是困难的。农产品中间经营者的优势，减少寻找次数（见图 6-8），提高效益。

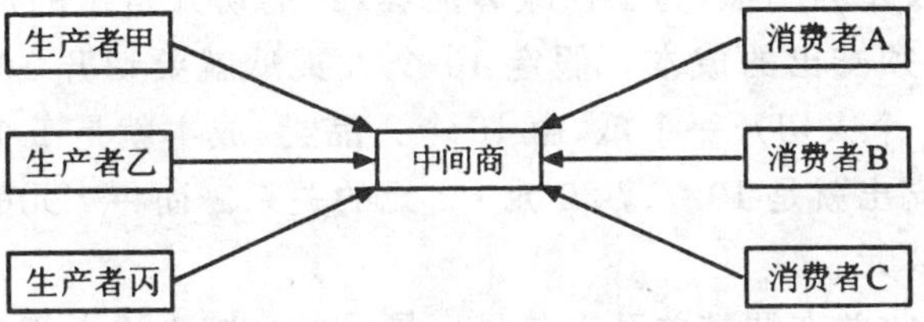

图 6-8　间接营销交易次数

寻找消费者的次数是：生产者人数＋消费者人数＝3 ＋ 3 ＝6（次）。

如果是成千上万的消费者，假定 1 万人，有中间商将产生：3 ＋ 10 000＝10 003（次）。

没有中间商时，则 3×10 000＝30 000（次）。3 万次的交易，对于生产者无论如何困难都要投入大量时间和金钱。

案例　某年的夏季，一个瓜农将一车瓜拉到市场上出售，他对消费者什么时间出来买瓜、将喜欢什么品种的瓜，收入程度对西瓜价位的要求等都不清楚。于是他就在市场上等。早上有人赶早市，卖出总量 1/10 的瓜。到中午热了，又等来了几个想用瓜解渴的人，又卖出去 2/10；晚上人们有纳凉的习惯，于是又卖出去 3/10，还有少半车瓜在车上，怎么办？地里还有瓜没有收，若收获晚了，西瓜熟透就难收获，一碰就裂开了。但是他又不能将半车瓜拉回来，先将现有的卖出去吧。在闷热的空气里，在车上睡了一晚，但是又要清醒着，担心会有人偷瓜。第二天，他又继续卖瓜。如果机会好，竞争者少，或西瓜好，第二天晚上就可以回家拉新的西瓜。他想，如果一个夏天如此度过，太艰难，他会累垮的。于是他想出了一个主意，与一起去的其他瓜农协作，将瓜卸下车，与其他卖瓜者商量，由一个人留下来看瓜，其余人回去拉瓜，而他的瓜由回去的人代收拉来，合作关系建立了。但是仍然还要解决第二天自己卖自己的瓜的竞争。合作关系被利益关系冲淡了。然后他又想出第三个方案：由一个人专门卖瓜，他家的瓜由其余的人代劳收获和运输。一个夏季过去了，在这个临时的合作关系中，其他农民都仍然是生产者，而在市场上卖瓜的人成为具有另一种身份或功能的经营者。

1个生产者（兼经营者）与若干消费者接洽。发生的接洽次数1比若干消费者。节约成本，提高收益。

还用瓜农为例，当他说服购买者买瓜时：要让买瓜的人品尝一下，就必须切开一个，诸多个瓜农单独卖瓜，为了让顾客品尝，只能切开自己的瓜，于是，被切开的瓜就成为他们必须支出的成本。假定10个人买瓜就要切开10个西瓜。成本是10个。假定由一个人切开一个瓜，由10个人品尝，成本就是1个。假定一个瓜都是2元，成本的支出就是10∶1，20元∶2元的关系。而将2元的成本由生产者均摊，即2/10=0.2元。

这种支出与收益在调整关系上是显而易见的。减少成本相对就提高了收益。

(3)直销付出的代价高。农民在收获的季节，从头到尾盯住瓜摊的代价也是很高的。因此利用中间商销售农产品比生产者自己从事销售活动的效益更高。

2.专业农产品中间商的优势。熟悉市场，经营专门化；协调价格，分出产品等级，更好地确定价格；市场细分，使销售有序、目标定位准确、提高效益。

中间商存在的价值：对生产者来说，使生产者在寻找用户中节约成本；节省寻找客户的时间；利用中间商的关系资源，提高了销售的机会；利用中间商保证生产者得到很大的潜在客户群，简化了对客户群的搜寻。同一个中间商签署协议，就意味着一下子面对的客户总量增加了。

对于消费者来说，使消费者不必接触所有的生产者就可以获得所需要的各类商品，因此节约了搜寻的成本；节省了时间，提高了效率，使消费更加方便；尽管为此要支付中间费用，但方便与快捷和能承受的多出的成本是愿意接受的。

对中间商来说，不必生产周期的付出，就可以在中转中获得规模经济带来的高额利润。积极方面：中间商越多，市场占有率越高，辐射的市场客户群越多。消极方面：中间商越多，回报率越低，单个中间商利润越少。中间商多了出现的问题：中间商越多，分取的利润的主体越多，因此各自获取的回报越少。生产者与越多中间商签约，意味着中间商利润越少。因此，从有限的客户上考虑，利润一定后，对生产者得到收回成本，减少寻找客户的成本，但支付中间商寻找客户的利润（寻找成本）又减少了一部分，得到的回报仍然是确定的；而中间商在同行之间分配利润，因此，一些大型的超市，因为规模效益，供应商纷至沓来时提出刻薄的要求：(1)不许给更多的中间商供应同类产品。(2)只能最低价格进货，否则取消合约。

6.3.2 农产品间接营销的发展前景

面对中国农业产销区域专业化、商品化、国际化不断发展及相对过剩格局渐趋固化的未来，在今后一二十年里，农产品间接营销市场发展趋势可能集中体现在以下几个方面：

首先，东强西弱格局将得到一定程度改善。仅从各地建立的农产品批发市场的速度和规模来看，农产品的生产与销售正在逐渐均衡发展，应该说，尽管在未来一段时间，我国东、西部经济差距还会继续扩大，但这并不影响农产品批发市场及其间接营销形式发展。我国人口多，消费量大，农业产区国家的严格控制下得到稳定发展，随着我国产业结构演变及西部开发战略的持续实施，经过一段时间的努力，农产品批发市场东强西弱格局将得到一定程度改善。其次，根据西部发展战略，现代区域梯度发展和产业迁移理论，在未来一段时期里，东部将会有更多的农业资源用于发展非农产业，东部农业发展将逐渐压缩；而西部将接替东部，更多地承担起农产品供应基地的作用。事实上，西部已成为我国最重要的棉花、瓜果、皮毛、烤烟和中药材基地，其粮食、肉类、花卉生产的地位也呈上升趋势，我国农业布局的这种趋势还将持续下去。其三，随着西部开发，对农产品的需求增加，农业区域分工将有较快发展。西部农业尽管落后，但在科技振兴农业的基础上，起点高，将收益更大，因此，农产品的营销市场将得到迅速发展。

批发市场发展将逐渐调整，目前全国已经建立了许多大中城市内的批发市场，但是由于生产者在农村，产地批发市场将得到快速发展，这样批发市场随着产地批发市场的建立，将出现城郊交接地区农产品交易经济兴旺发展的态势，对于解决城市人口消费和农村劳动力的就业都提供了良好的机遇。

由于农业产业结构调整，剩余劳动力将成为农产品营销队伍的强大的后备力量，可以预见，在未来的农产品市场发展中，将因市场运作需要，一些农村劳动力将形成营销合作组织或营销协作群，在农产品营销领域形成新的市场推动力量。

在中间营销组织中，期货交易将不断发展，只是根据国际市场的发展，需要培养一批适合期货交易的人才。

中间营销市场还有待规范，我国的中间营销还远没有完成建设的任务，人们对其运行的规律、规矩不熟悉。由于利益驱动，更难以矫正不正规的操作行为。因此规范市场的任务非常艰巨。

6.3.3 农产品间接销售操作应注意的问题

1.规范化。没有规矩的间接销售，势必造成生产者与中间商、中间商与客户之间的矛盾，最终将造成中间销售的衰败。我国农产品中间销售形式多样，但离开规矩，照样会造成严重的后果。为此国家在2004年开始出台一系列的规范、规则来协调管理好中间交易市场。

例如，商务部会同农业部等起草的《农产品批发市场管理技术规范》国家标准于2004年10月10日起实施。这是经国家质检总局、国家标准化委员会批准的。该国家标准提出要在三年内培育2 000个实行标准化、规范化管理的农产品批发市场。

2.合作化。区域合作、共性产品合作、探索合作的方式和思路，才能将间接销售的组织做大做强；才能解决好间接营销中的货源问题；才能减少不必要的盲目的市场竞争；将风险降低；间接销售的农产品合作是我国农产品市场营销的方向。

案例　1984年，山东寿光建立第一个蔬菜批发市场，30年来我国农产品批发市场发展迅猛，目前已形成接近5 000家的规模。批发市场发生的商品流通在整个农村商品流通中占据了很大比例，我国80%以上的鲜活农产品交易是在批发市场进行的，在某些地区甚至超过90%。目前我国农产品批发市场还存在着一些问题，如交易环境恶劣、交易手段落后、运作不规范、结构不合理。从总体上说，“软件”、“硬件”都不尽人意。大多批发市场甚至没有检测设备，无法保证对农产品最基本的农药检测。

据报道：《农产品批发市场管理技术规范》国家标准规定了农产品批发市场的经营环境、经营设备设施和经营管理的技术要求。其中对服务设施、计量设施、保鲜贮存设施、运输设施、卫生安全设施、检测设施、消防设施等“硬件”条件做了详细、严格的规定，也对市场管理者和经营者的“软件”行为做了规范。

商务部相关部门负责人表示，这一国家标准的出台是落实国办转发商务部等八部门《关于进一步做好农村商品流通工作的意见》精神，加强农村商品流通工作的重要步骤。据介绍，广为人知的“绿色农副产品批发（零售）市场”标准的内涵主要集中在农副产品的质量安全方面，用“绿色标准”要求全国目前并不太现实。而“农产品批发市场”国家标准的外延明显扩大，这标志着用技术与管理规范性的文件对农产品批发市场进行管理。

这一国家标准的起草专家审定组组长、农业部农村经济研究中心研究员、北京市农业经济学会会长徐柏园教授在接受本报记者采访时表示，此国家标准并非强制性标准，除去要达标的 2 000 家市场之外，剩下的以及新建的市场如何执行此标准还会有一定难度。

资料来源：国际商报 2004-9-3　实习记者范嵬报道　责编：刘计生

据悉，为促进农产品市场流通，经过近两年的准备，由农业部组织筹备成立"中国农产品市场协会"的方案已得到民政部的正式批准。

本章小结

市场经济的社会里，间接地将农产品所有权经营权、转换主体，最终达到消费者手中已经成为普遍形式。农产品间接销售，指连接农产品生产者与消费者的中间商，包括取得产品所有权或帮助转移产品所有权的企业或个人。农产品间接销售是将生产者与消费者连接的纽带。其特点：高效性、灵活性、主动性、规模效益、专业化。其表现形式有：批发、零售、代理、经纪等。

经销商：指生产者指定特定公司为其产品交易的中间商，双方签订合同，生产者提供产品由该中间商进行销售。这个合同就是经销合同。合同中明确了产品的销售权力，也明确了销售义务。农产品经纪人。经纪人：又称居间人，即以合法身份在市场上为买卖双方充当中介并收取佣金的商人。农产品批发商应指对农产品转售或加工后进行批量买卖的中间商。其特点是：批发商是生产者与零售组织或个人的物流、信息流、资金流的中间环节，一般不与消费者建立直接的联系；是农产品生产过程的终点也是进入销售过程的一种起点；交易数量大，但交易频率低。

间接营销的经营行为的载体有：农产品批发市场、农产品网上交易市场、农产品零售商店、专业农产品品牌经营商店等。农产品批发企业分类：农产品批发企业，按地区和功能可分为：产地批发企业、中转批发企业和消费地批发企业，与之对应的载体有相应的批发市场；按经营品种分为：蔬菜批发企业、水果批发企业、油料批发企业或综合批发企业，及与之对应的批发市场；按经营所有权的归属可分为：自主经营批发企业、代营批发企业、生产者自设的批发企业，它们或融入各地批发市场或独立设置；按服务内容，可分为专营批发企业与兼营批发企业等。

农产品除了进入批发市场外，可以通过进入零售商业销售产品。除农民个人零售农产品的直销的零售经营外，零售商业是农产品流通的中间环节的最后环节。它从批发企业或市场单位整批购进农产品，然后拆零销售给消费者。其功能是：完成商品流通的最后阶段；直接为消费者提供广泛的商品服务；传递和反馈市场信息等。具有品牌效益和强大资金的，适宜农产品间接销售操作方式。

因特网的中间商，是以网络形式实现农产品间接营销的中间商。如农产品网络市场与一般店铺式中间商的差异：因特网销售商能够与消费者建立联系，因为他在名义上宣传："消除中介"，告之客户：代理厂家直销。因此价格上减少各种中间的经营费（进出货成本、管理费、人员雇佣费、推销成本等），对于消费者更加便捷，几乎不出门就可以获得产品信息，产品的低价格和产品送货服务。为此可以吸引更多的客户。但实质上仍然属于中间商。

各类农产品的销售渠道是农民增收的关键环节。包括：果蔬产品的营销操作；谷物类营销操作；肉、蛋等类产品营销操作。利用中间商销售农产品比生产者自己从事销售活动的效益更高。

专业农产品中间商的优势：熟悉市场，经营专门化；协调价格，分出产品等级，更好地确定价格；市场细分，使销售有序、目标定位准确、提高效益。农产品间接营销具有很好的市场前景。

主要概念：农产品间接营销、农产品间接营销商（经销商、代理、经纪等）、农产品批发市场、农产品网上交易市场、农产品零售商店。

主要观念：农产品间接销售是将生产者与消费者连接的纽带；农产品批发市场是间接营销的有效载体；零售商业是农产品流通的中间环节的最后环节。

基 本 训 练

知识题：

1. 什么是农产品间接销售？
2. 农产品间接销售的有哪些形式？
3. 农产品间接销售各种形式的特点、优势和缺陷有哪些？
4. 中间商如何提高运作能力？

判断题：

1. 农产品经销商就是批发商。
2. 农产品零售商对农民距离太远了，因此对农产品营销意义不大。

案 例 分 析

1. 分析案例中超市的运行条件，运行内容。

案例　连锁肉菜超市业务：

连锁肉菜超市是公司主营业务向农产品流通领域的后端市场——零售市场延伸的重要战略。中国加入 WTO，零售业距离对外资金全面开放仅剩下短短的一两年时间，中国零售企业跑马圈地，力求在短时间内迅速形成规模。2001 年，农产品采取店铺扩张和资本运营两种手段，使民润品牌走出特区。一是积极利用政府扶持，充实自身发展资源，发挥品牌效应，为民润的跨区域发展寻找网点资源和政府资源。二是快速扩张，抢占市场份额。其“肉菜市场超市化”的发展模式被中央、省、市媒体誉为“民润现象”、“民润模式”，向省内各地政府积极推广，以解决老百姓“放心菜”、“放心肉”问题，并把民润超市的发展提升到“带动农产品的大流通、大生产”的战略高度。到 2002 年底，民润超市在深圳和广州网点布局已近 150 家，具有一定的规模。公司又利用资本运作方式，成功控股珠海新七星、广州岛内价和佛山真实惠连锁超市。为了集中资源优势发展肉菜连锁超市，公司已于 2002 年 4 月将“华润万方”股权转让，所得资金 14 000 多万元全部投入肉菜连锁超市。五年内，公司在华南地区的肉菜连锁超市将达到 800 家。

2. 分析批发市场对农产品营销的价值。

案例　商丘农产品中心批发市场，组建于 1998 年，市场地处河南省商丘市 310 国道和 105 国道十字交汇处，占地 870 亩，建筑面积 35 万平方米，总资产 1.7 亿元，是豫、鲁、苏、皖四省交界处最大的农产品综合批发市场。

市场设有 10 个处室（办公室、财务处、人事劳资处、工青妇计生办、物业处、保卫处、储运办、工商所、水电班、卫生装卸队），10 个交易区（蔬菜区、瓜果区、粮油区、饲料区、副食一区、副食二区、肉食海鲜区、水产超市区、干鲜区、综合区）。拥有交易用房、交易大棚、冷库、仓库、物流配送、电子结算、检验监测、大型电子磅秤、电子显示屏、信息中心、市场监控、垃圾处理和较为完善的配套公用设施等。现有商户 3 500 余户，在职员工 600 余名。经营方式以批发为主，批零兼营。

几年来，商丘农产品中心批发市场，在各级领导的大力关怀和支持下，本着“立足本地、面向全国、汇集信息、搞活流通、服务城乡、促进生产”的宗旨，通过艰苦不懈的努力，使市场得到了快速发展。2004 年元月至 10 月市场实现交易额 42.2 亿元，实现交易量 221 万吨。交易额和交易量均比去年同期增长 1 倍，与全国 30 个省（市）区都有贸易往来，具有货源足、品种全、销量大、价格稳等显著特点。较好地促使了周边地区的农业增效、农民增收，收到了“兴一个市场，带一批产业，活一方经济，富一方百姓”的良好效果。1998 年 11 月，市场被国家农业部指定为全国“菜篮子工程”、鲜活农产品批发市场和农产品“信息采集点”；2001 年被推选为全国农产品批发市场协会副会长单位；2002 年被国家农业部等九部委确定为“农业产业化国家重点龙头企业”。2003 年被全国城市农贸中心联合会评定为全国农副产品批发行业十强市场。

市场董事长兼总经理乔彬携全体员工竭诚欢迎各级领导莅临指导，热诚欢迎广大客商前来市场投资兴业，共谋发展！

资料来源：　网址：www.sqncp.com　邮箱：sqncp@163.com

市 场 调 查

到北京各大批发市场进行调查。

网 上 调 查

北京市农业局信息网 2005 年 6 月公布的北京市批发市场的信息：

＜http://www.bjagri.gov.cn/scxx/＞

［北京市城北回龙观大钟寺商品交易市场］

CHAPTER 7

第7章　农产品网络营销

学习目标

学习本章后：

素质目标：了解现代信息技术在农产品销售过程中的应用。

知识目标：农产品网络营销的基本含义、优势、发展的必要性、发展现状、存在的问题以及对策。农产品网络营销的基本方式和步骤。

技能目标：能在网络上进行收集农产品市场信息、价格调查以及网上推销农产品。能够设计建立网站进行农产品营销的策划方案。

7.1 农产品网络营销概述

7.1.1 农产品网络营销的兴起

1. 认识农产品网络营销。农产品网络营销，又称为“鼠标＋大白菜”式营销，是农产品营销的新型模式。它主要是利用互联网开展农产品的营销活动，包括网上农产品市场调查、促销、交易洽谈、付款结算等活动。它主要产生于20世纪末期，目前已成为东部信息发达地区农产品营销的最引人注目的一种模式。在一些乡村，农户已经通过互联网获取农产品需求、价格信息，上网发布农产品销售信息，并取得了良好的效果。先看看上海市郊的情况。

案例 上海市郊农民与互联网“亲密接触”

在南汇老港镇远程教学点里，这几天有不少两鬓花白的农民带着纸笔，端正地坐在教室里学习“上网”，老师用通俗的语言和多媒体作演示讲解，让他们走进“数字化生活”。坐在最前排的52岁生产队长张明亭告诉记者：“第一次接触互联网觉得很新鲜，老师讲课中与农业有关的内容都听懂了，其他的要差一些。不过，村里年轻人常‘上网’，不懂可以向他们请教。”

上海郊区28个镇村的农民就这样开始与互联网进行了“第一次亲密接触”。被称作“网上行走”的现代远程教育网已在上海郊区建成70多个教学点，并开发了农业实用技术、农村妇女保健、万人就业项目上岗培训等一批课程内容。网络与传统传播方式的有机结合，使农业信息走进千家万户。目前，上海市已建成农村基层信息服务站100多家，实现了与国内外主要农业网站、批发市场的互联和资源共享。

市郊农民学会利用网络已成为现实。南汇塘北村的农民信息员张嘉萍、蔡燕峰，在西甜瓜快要收获时，就开始上网领略市场行情，打印出有价值的信息张贴到村务公告栏里，还将村里的西甜瓜生产信息及时发布到南汇农业网上。结果网络带来了大市场，今年上半年的销量足足比去年翻了一倍。村支书刘芹弟惊喜地说：“我正奇怪，好多客户怎么都不认识呢？原来他们是在网上看到了我们产品的信息，主动找上门来！”据不完全统计，像蔡燕峰这样的信息员全郊区至少有500人。他们凭借农业信息服务平台活跃在农村，像一根根链条，把市场、农户、企业的信息串联起来了。

资料来源:http://www.sina.com.cn 2004 年 08 月 12 日　原载于人民日报海外版　作者:刘颖

2. 农业信息化与农产品营销。互联网技术的应用,给农产品营销注入了新的生机和活力。从传统模式下的农产品对手交易,到通过对各种资源的整合,利用先进、便捷的技术,搭建农产品市场信息平台,在网络上实施农产品营销,这是一个历史的必然趋势。在发达国家,计算机和因特网就如同拖拉机和气象报告一样重要。目前美国约 2/3 的农民人均拥有一台计算机,因农业需要上网的时间每周平均 2 小时。农民上网主要是获得农产品价格、气象、农业机构和化肥市场等方面的信息。越来越多的农民通过互联网进行购买种子、化肥和农业机械的电子交易,越来越多的农民希望通过互联网出售农产品。从 20 世纪 90 年代末期以来,互联网在中国获得了巨大的发展,到 2004 年 6 月 30 日,我国上网用户总数为 8 700 万,上网计算机达到 3 630 万台,网站数量达到 62 万多。随着互联网的快速发展,互联网在我国农业中的应用也逐渐广泛。

(1)我国农业信息化的发展:我国农业信息网络建设始于 20 世纪 80 年代中期,1986 年组建了农业部信息中心。1995 年农业部建立了"中国农业信息网",并通过 DDN 方式接入国际互联网。农业部与地方政府联合,建立了省(市)级农业信息网络平台。大部分省建立了农业信息中心,县级农业信息中心正逐步建立。农业部信息中心创建的"中国农业信息网",现初具规模,已与 30 个省、市、区的农业部门,近百个地区、县,200 多个农副产品批发市场实现了联网,直接和网络联系各地生产和管理用户已超过 3 000 家。据农业部 2001 年下半年对全国农业网站进行的普查显示,截止到 2000 年 12 月 31 日,收录到国内涉农网站 2 200 家,正常运营的 1 600 多家,占 70%。在信息网络向基层延伸方面,北京、上海、安徽、黑龙江、江苏、浙江、天津等地工作进展很快,经济欠发达的贵州省 2001 年也延伸到了 31 个县和 200 多个乡镇。

(2)农产品营销网站的建设:随着农业信息网络的快速发展,农产品营销网站也逐渐开始建立。吉林省于 2001 年开通全国首家农产品电子商务网"吉林金穗网"。2001 年 9 月由农业部信息中心、深圳市农产品股份有限公司等单位组建的"中农网"正式运行,2002 年网上农产品交易额超过 5 亿元。2000 年 3 月由广东省政府、南海市政府和中国蓝田总公司共同投资兴建了"广东农产品中心批发市场",以此为基础,建设农产品电子商务示范工程"金农网"。其建设目标是以中心批发市场为核心,运用计算机网络技术和数据库技术,将中心批发市场与世界各地的大型农副产品批发市场和交易中心联系起来,建成动态的大型联网数据库群,能够实现世界范围内的农产品信息资源共享和农产品网上交易。

农产品网站的最主要的应用就是农产品营销，通过利用先进、便捷的网络技术，搭建农产品电子商务平台，在网络上实施农产品的交易，可以解决农产品销售过程中市场信息不灵、农村市场商品流通体系不健全导致农产品的结构性、季节性、区域性过剩而引起的“农产品卖难”问题；突破农产品从小农户迈向大市场的瓶颈，提高农产品竞争力，成为农业产业化过程中农产品经营市场化的强有力的手段。

农产品营销网站的特点：①实用性：市场定位准确、适应用户需求、体现行业特点、信息及时实用。②便捷性：采用先进的信息网络技术，遵循快捷方便、易于操作、普及性强的原则，操作程序按客观实际需要设置，确保网络高效运转。③赢利性：坚持以为用户服务为中心，以企业自身赢利为最终目的，通过向用户提供系列服务并合理收费，以确保网站的高效运转。

7.1.2 农产品网络营销的优势

农产品电子商务这种新型的“鼠标＋大白菜”商务模式与传统的商务模式相比，存在许多优点：

1. 增加交易机会。传统的交易受到时间和空间的限制。而基于 Internet 的网络营销不但可以提供 24 小时交易机会，而且扩大了交易的地域。传统市场受时空限制，由节假日等因素导致的开市与闭市，而网络市场是没有闭市的，无论你生活在地球的什么地方，时差有多大，只要你上网，网络市场是随时向你开放的。传统营销活动的地域局限性很大，而网络销售是一种全球性活动。只要你的电脑上了因特网，你的信息互动范围就是全球性的。任何一个网民都可以是你的目标顾客，网上银行和速递公司还可以成为你在网上销售最强有力的助手，这有利于营销者扩大农产品市场空间。

2. 降低交易成本。通过以 Internet 作为信息通信媒体，可以缩短小农户与大市场间的距离，通信速度快，信息传播成本低。从促销成本看，进行网上促销活动的费用是传统广告费用的十分之一。从客户服务成本看，可以节约通讯、交通、差旅人员等费用。

3. 减少农产品腐烂变质损失。农产品大多是生物性自然产品，如蔬菜、水果、鲜肉、牛奶、花卉等，都具有鲜活性，易腐性。在传统的营销方式中，流通过程由于时间长导致腐烂变质损失，而通过 Internet 这个通信媒体，农产品销售信息可以快速达到客户，使农产品减少销售占用的时间。

4. 有利于形成农业生产的正确决策。我国农业生产存在的一个矛盾就是“小农户”与“大市场”的矛盾，通过农产品网络营销，可以为农户和农业企业提供全方位的市场信息，农户和企业通过分析市场情况，形成正确的生产决策。在传统的农业生产和销售过程中，农户的信息主要来自于周围的人，对市场信息把握不准。由于信息不准确，导致生产决策的错误。农业生产中出现“少了喊，多了砍”的现象。

7.1.3　农产品网络营销的影响

农产品网络营销是在传统农产品流通模式基础上发展起来的，但农产品网络营销绝不是传统流通方式的简单代替，它是对传统农业经济的一场革命。原因有以下几点：第一，农产品从生产到最终走向市场，其不易标准化的特点制约其流通力度，网络市场的建立要求农产品标准化，这势必引导农产品品牌的提升和核心竞争力的提高；第二，网上交易削弱了传统流通体制中的政府行为，交易更加公开、公平、透明，农产品成交价格更真实地反映了市场中的供求关系，以此引导各级主管部门和广大农户科学安排生产，以销定产；第三，农产品网络营销在农业上的普及和发展，势必突破农户封闭的生产经营方式和生活空间，带来全方位的信息，不但使农户掌握市场，更使农户了解最新农业生产技术和社会发展动态，促进农村全面实现小康社会。对于农民本身，也由传统农民变成“网农”，成为掌握的现代化技术的新型农业生产者。

案例　农民上网寻市场

江苏省通州市金乐乡一位姓张的绣品专业户最近依靠农村信息网和罗马尼亚客商做成了一笔床上用品生意，营业额达 100 万美元。经通州外贸部门统计，通州市利用信息网络发“洋财”的农民已不少于 300 人，年外贸供货额达 2 亿元。通州市的农民早在 1993 年就相继进入罗马尼亚、俄罗斯、乌克兰、南非、吉尔吉斯斯坦等 10 个国际市场推销床上用品；而且，该市已经在上述国家和地区申办了 40 个境外企业。随着对外贸易业务的扩大，靠到邮电局收发传真进行贸易往来的方式已显得很麻烦，一些头脑灵活的农民发现用计算机上网打电话既方便又节省通信费用，于是纷纷到邮电部门咨询。邮电部门因势利导，在很短的时间内建成了信息港湾工程，目前覆盖面已达全市每个乡镇。现在全市已有 1 000 多户农民上网并展开网上交易。正如有的农民所说，“Internet 就是千里眼、顺风耳、飞毛腿，我们发家致富真是离不开它。”

资料来源于：姜旭平、邵兵家等，电子商务案例教程，机械工业出版社，2001 年第 42 页

7.1.4 农产品网络营销的发展

1. 发展农产品网络营销的必要性。当今的世界已经进入网络信息社会,网络的使用者在持续快速地增长,网络科技也在不断更新完善,电子商务的应用也日趋成熟。互联网的发展已为农产品网络营销奠定了一个很好的基础。农产品市场的变化,要求农产品营销必须有效地运用现代信息技术和手段,才能在瞬息万变的市场中敏锐地捕捉到消费者的需求信息,以恰当的方式为消费者提供合适的农产品,在满足农产品消费者需求的同时实现自身的发展。这是因为:

(1)农产品营销对市场信息的依赖性将进一步加大:由于农产品生产的商品化程度不断提高,而消费者的需求差异又日益呈现出个性化特征,这对农产品营销者提出了更新的要求,必须建立国际国内农产品市场信息系统,有专门人才分析农产品价格走势,分析气候对农业的影响,为农产品生产者提供技术及信息服务,确保农产品市场的有序运转。

(2)贸易全球化要求进行农产品网络营销:农产品贸易的全球化,使农民不再只为一个地区或一群人而生产,而是面向全球市场,根据国际市场的需求,确定相应的生产计划。这样有利于促进各地调整农产品结构,发展优势产品,降低相对劣势的农产品产量,达到资源的优化配置,优化组合。我国地域广阔,粮食生产有各具特色的优势。如果对市场的需求信息把握准确,就可以生产各种不同用途的农产品,从而占有广阔的农产品市场。目前我国的畜产品出口占农产品出口总量的40%,具有明显的优势。这就要求营销者运用现代信息技术与全球进行农产品贸易。

2. 我国目前发展农产品网络营销的障碍。虽然我国农业网站已形成一定规模,部分发达地区已经开始尝试农产品网络营销,但是由于我国整体经济实力比较弱,信息技术水平比较低,农业生产方式落后,农民素质不高,农产品网络营销还只能处于探索阶段。展望未来,我国发展农产品网络营销面临多方面挑战。

(1)电子商务基础薄弱:电子商务的发展程度,与一个国家的经济实力、技术进步以及政策、法律法规等各方面的因素都息息相关。我国电子商务起步晚,各方面的条件都不完善。我国网络基础设施建设比较滞后,已建成的网络的质量尚不能满足电子商务的要求;网上交易安全还不十分可靠;网上信用体制不健全,支付的手段单一;物流配送系统规模小,效率不高;社会对电子商务的认识与应用存在偏差,人们的网络意识、电子商务意识淡薄、网上的消费习惯和消费体系未建立;我国的公共政策也未能跟上,存在一系列问题,如资费问题、隐私权问题、税收问题、法律问题等等。这些都阻碍了农产品网络营销的应用与发展。

(2)农产品生产与运销现代化水平较低:农产品网络营销要求网上交易的农产品品质分级标准化、包装规格化以及产品编码化,要求农产品具有一定的品牌。然而我国农产品结构性过剩比较严重,优质农产品特别是具有知名品牌的农产品较少。在目前农业产业化程度较低、我国农产品市场还未完全放开的情况下,人们的"品牌"意识比较淡薄,申请商标注册的农产品比较少。目前有些网站对农产品的标准化已做了一些尝试,如"中农网"按照采购者的习惯将农产品及加工品分成了 18 大类,每一大类分成 5～10 个小类不等,并发布相应标准描述,但全国统一的农产品标准尚未出台。

农产品作为实体商品,物流配送是关键的环节。农产品种类繁多,生产单位小,配送需求属多点次,物流技术难度高。农产品物流配送需要高质量的保鲜设备、一定规模的运输设备和人力,需要大量投资。这对我国的农业企业和农业组织来说难度较大。目前刚刚起步的农产品网络营销很多是以批发市场为基础发展起来的,而我国批发市场的前身基本上是集贸市场,规模小、组织化程度低、交易手段落后、法规不健全。发展农产品网络营销,物流体系的建设尚待推动。

(3)农产品网络营销人才缺乏:农产品网络营销离不开具有现代农产品知识、商务知识和掌握网络技术的人才。随着传统农产品商务模式向现代商务模式转变,传统农民也要向现代"网农"(E－farmer)转变。"网农"是指具备运用现代信息技术为工具,从事农业生产计划、管理与运销的农民。他通过网络掌握农业产销信息,包括气候资料、农业生产技术、农业经营管理、市场消费趋势、即时市场行情等等,进而对农产品产销进行分析,快速回应市场变化,调整产销决策。在我国广大的农村,要培养这样一批现代"网农",还需一个过程。

(4)信息化意识与技术的缺乏:我国电子计算机的用户在全球已是最多的,但是,上网用于经济活动的人很少。除了少量的从事商务活动的人外,多数人都还没有意识到对现代设备和网上资源的重视,还没有意识到商机就在身边,却不断从身边溜走,农民就更为严重。不但不会用计算机,而且不懂得网络信息对他们增收致富的密切关系。原因是他们不懂信息,不知道掌握信息,不会利用、收集、发布信息,我们的市民也存在这一问题。就农产品营销事业而言,更多的是信息中商机的掌握,信息量、信息处理,信息提取并及时采纳,抓住商机。为此我们应对农民进行信息意识的教育,并帮助他们掌握信息的方法,提高他们对农产品营销的技能水平。

3. 我国发展农产品网络营销的对策。

(1)加强农村信息网络建设:当前我国农业生产水平差异较大,经济发展不均衡，在农村信息网络建设上，应有针对性。在经济发达、农民素质较高的地区，应积极发展互联网络，采取各种措施，鼓励和帮助农民上网，接受网络信息服务。在农民素质较差，经济较落后地区，应依托目前较为普及的电话网、电视网、广播网，大力发展广播电视和通讯工程，进行农村三网(计算机网、电话网、电视网)合一的研究与示范。在此基础上，开发依托于上述网络的、农民适用的信息获取技术，搭建多种形式的信息服务平台，直接面对农民，提供信息咨询服务，提高农民的信息应用能力。

(2)政府引导发展农产品网络营销示范体系：先进国家的经验表明，没有政府的参与和大力支持，农产品网络营销是难以顺利推进的。台湾省在21世纪初就制定了“一加五”计划。其中“一”是指构建包括花卉、蔬菜、水果、家禽、肉类和渔产品等六大类“农产品行情报道全球资讯网”。“五”指选定台北农产运销公司网络批发交易系统、台北县“农会超市联采系统”、“真情百宝乡”农产食品行销资讯网站系统、台湾观赏植物运销合作社网络交易系统、桃园县农会网络商城系统等五个系统，构建网络营销示范组织体系。通过示范体系建设，可以以点及面，逐渐改善农产品交易品质，建立分级标准化与商品化制度，促成形成现代化交易市场。

(3)采取各种措施培养新一代“网农”：农民素质是我国农业现代化的关键，也是农产品网络营销发展的重要因素。首先，要从农业现代化的长远目标出发，制定详细的规划，采取具体措施，有步骤、分阶段，踏踏实实地提高农民的文化知识水平和农业技术水平。在此基础上，对农民进行信息技术和网络营销培训，教育农民使用和掌握检索网络信息和网上交易的方法和技术，提高农民的信息素质和技术水平，改善农产品网络营销应用的社会基础。

7.2 农产品网络营销的应用

7.2.1 开展农产品网络营销的条件

农产品网络营销是现代信息技术在商务活动中的应用，开展网络营销需要一定的支持条件，包括农户和企业外部的基本环境和内部的基本条件。

广义地讲，网络营销的外部环境包括网络营销基础平台以及相关的法律环境、政策环境、一定数量的上网企业和上网人口、必要的互联网信息资源、农产品品质分级标准化、包装规格化及产品编码化程度等等。内部条件主要是指农户或企业开展农产品营销的所应具备的基本条件。那么农户和企业在什么情况下有必要开展网络营销？需要具备什么样的基本条件才可以开展网络营销？

从理论上讲，无论采取什么方式，只要具备了接入互联网的基本条件，就具备了开展网络营销的基本条件，可以开展初步的网络营销活动，如在网上发布一些供求信息、通过电子邮件等方式与客户交流等。不过，要开展真正意义上的网络营销，往往要进行一系列的分析和筹划，要根据农户或企业的需要和内部条件，在制定计划之后，再实施网络营销活动。一般来说，开展网络营销，需要有三方面的条件，即农产品特性、财务状况和人力资源。

1. 农产品特性。网络营销是为顺应营销手段的发展而不是为赶时髦，如果一种农产品有现成的市场，有现成有效的营销方法，那么可以不必考虑网络营销。如果网络营销不能在短期内带来切实的收益，还是应该量力而行，根据农产品的特性慎重决定。网络营销适用于利润水平较高、不容易寻找消费者的农产品，如一些特色农产品、出口农产品等等。

2. 财务状况。用于网络营销的支出不是消费，而是一项投资，并且是长期投资，有时还需要不断投入资金，网络营销不一定能取得立竿见影的成效。农户和企业等营销主体应该根据自身的财务状况制定适合自身的网络营销策略。在开展农产品网络营销之前，需要对支出进行统筹规划。

3. 人力资源。网络营销与传统营销相比，有其自身的特殊性，如互联网本身的互动性、信息发布的及时性以及网络营销的基本手段——网站建设与推广等，这就要求网络营销人员既有营销方面的知识，又有一定的互联网技术基础。要根据人才的状况确定网络营销的应用层次。

7.2.2 无站点农产品网络营销

在网络营销中，根据有无网站可以将网络营销分为两类：无站点网络营销和基于网站的网络营销。也就是说，即使没有自己的网站，农户和企业也可以利用互联网上的资源，开展初步的营销活动。这对于缺少资金实力和互联网知识的农户和小企业来说，主要是利用无站点网络营销方式。采取这种方式，只要拥有上网的条件，学会一般上网的方法就可以。无站点网络营销在农产品营销中的应用主要包括：通过互联网调查市场情况、免费发布农产品信息、网上拍卖、加入专业经贸信息网和行业信息网、发布网络广告等等。

1. 通过互联网调查市场情况。在农产品营销过程中，了解农产品的价格、需求等市场信息是非常重要的环节。在传统的方式下，了解市场信息工作量大、时间长，而利用互联网，这个过程可以很方便地完成。在调查过程中，可以将市场信息来源分为第一手资料和第二手资料：第一手资料是调查者直接向有关调查对象收集的资料；第二手资料是指通过他人收集、记录、整理所积累的各种数据的资料。互联网不但为获得第一手资料提供了良好的途径，而且增加了获取第二手资料的渠道，同时也更方便，成本更低。

(1)登陆农业信息网站：可以通过登陆农业信息网站获得相关市场信息。例如可以登陆"中国农业信息网"(www.agri.gov.cn)来获得国内和国外的农产品价格信息、农产品的需求信息。同时，通过网站的"超级连接"登陆相关的别的农业信息网站，例如通过"中国农业信息网"，还可以进入各省市的农业信息网和相关的一些农产品交易网站，获取农产品市场方面的信息。

(2)网上搜索法：网上搜索利用的工具是搜索引擎，网上搜索通常作为收集第二手资料的手段，但是利用搜索引擎强大的搜索功能也可以获得大量的第一手资料。也可以通过搜索获得一些相关的网站的地址，因为一些企业建立了农产品网站之后，通常会在搜索引擎进行登记。目前国内主要的搜索引擎有：百度(www.baidu.com)、搜狐(www.sohu.com)、新浪(www.sina.com.cn)等。国际的主要搜索引擎主要有：YAHOO(www.yahoo.com)、Google(www.google.com)等等。

2. *免费发布农产品信息*。在互联网上，有许多网站为农户和企业发布供求信息提供平台，一般可以免费发布信息，可以根据产品的特性发布在相关类别的网上。有时这种简单的方式也会收到意想不到的效果。例如，可以在阿里巴巴全球贸易网(www.alibaba.com)免费发布信息。除了阿里巴巴网站，可以发布农产品信息的网站还很多，"中国农业信息网"的"供求热线"上也可以发布信息。

也可以直接向潜在的客户或合作者发送信息。互联网是一个信息的海洋，农户和企业可以利用互联网寻找潜在的客户，然后，有针对性地向潜在客户发送信息，达到宣传的目的。

3. *加入专业经贸信息网和行业信息网*。这种方式在某些方面类似于第二种方式的"免费发布农产品信息"，不同之处在于一些专业网站可以提供更加专业的信息，访问者与产品的相关程度较高，信息更容易受到关注。

行业信息网是一个行业的门户网站，由于汇集了整个行业的资源，为供应商和客户了解行业信息提供了巨大的方便，形成了一个网上虚拟的专业市场。如果农户和企业所在的行业已经建立了这样的专业信息网，假如行业信息网是网络营销的必要手段，即使已经建立了自己的网站，仍有必要加入行业信息网。专业信息网和行业信息网有时需要交纳一定的费用，只要可以带来潜在的收益，这些投入也是值得的。

4. 网上拍卖。网上拍卖是电子商务领域比较成功的一种商业模式，国外一些知名网站如 Ebay. com 等已经取得了很好的经营业绩。在国内也已经有几家具有一定规模的网上拍卖网站。例如易趣网（www. eachnet. com）、淘宝网（www. taobao. com）等。这种方式比较简单，只要在网站进行注册，然后按照提示，很容易就可以发布产品买卖信息。不过网上拍卖的成交率和价格水平等评价指标现在还没有统计数据，而且拍卖经历的过程较长，最后的结果又具有较大的不可预测性。而且农产品电子拍卖目前虽然还处在探索阶段，例如山东寿光蔬菜批发市场在 2003 年 5 月首次推行电子拍卖。所以农产品网上拍卖只能处于尝试阶段。

5. 网络广告。为了推广农产品，树立农产品的品牌，农业企业可以投入一定的成本，向一些知名的网站投放广告(网络广告主要针对农业企业而言，农户往往实力弱，做网络广告并不现实)。这也是一种重要的营销手段。网络广告的实施过程与传统的广告类似，下面是网络广告的一般步骤：

(1)确立网络广告目标：网络广告的目标应建立在有关目标市场、市场定位，以及营销组合计划的基础之上，通过对市场竞争状况的充分调查分析，确定明确的广告目标。在企业的不同发展时期有不同的广告目标，比如形象广告、产品广告，即使对于产品广告，在产品的不同发展阶段，广告的目标也可以区分为提供信息、说服购买和提醒使用等不同形式。

(2)确定网络广告预算：通常网络广告是需要付费的，在一些著名的门户网站上，费用还很高。因此，为了一定的广告目标，需要认真做好广告预算。如何判断花费多少才算适当呢？如果支出太少，达不到宣传的目的，效果不明显，其实是一种浪费；如果支出太多，则是更为明显的浪费。因此企业应该根据广告目标，为每个产品做出合理的广告预算。

(3)广告信息决策：即根据广告的目标、企业的发展阶段、产品情况、竞争者状况等信息，确定广告诉求的重点，设计网络广告。广告活动因为不同的创意而产生很大的差异，因此，创意的效果非常重要。只有引起观众注意后，才能有助于提高品牌形象和销售。

(4)网络广告媒体选择：做出了广告信息决策之后，就要为广告投放做准备，其中最主要的任务就是选择网络广告媒体。选择广告媒体的步骤包括：确定所期望的送达率、频率和效率，选择需要的媒体种类，决定媒体的使用时机以及特殊的地理区域等。在选择具体的投放网站时要考虑：网站的访问量、价格因素、广告效果监测、方便广告管理及网站服务等。

(5)网络效果监测和评价：大多数广告客户都希望了解广告的实际效果，谁也不希望花冤枉钱。在传统的广告宣传测量中，最重要的测量方法是 CPM(每千次费用，Cost per thousand)，一般都基于印刷品的发行量或电视播出的预计观众数量。网络效果是十分重要的，不仅可以对前一阶段广告投放的效果做出总结，还可以作为下阶段调整和改进广告策略的重要依据。

在基于互联网的广告测量中，很容易记录观众访问次数及点击广告的次数。网络广告的最直接的评价标准是显示次数和点击率，即有多少人看到了此广告，并又有多少人对此广告感兴趣并点击了该广告。

7.2.3 基于网站的农产品网络营销

农产品网络营销可以应用无站点的方式，但无站点营销毕竟功能有限。有一定资金实力的企业、农民合作组织以及乡镇村社区组织可以根据自身的需要建立网站，进行农产品营销。下面内容主要针对农业企业而言，其他营销主体也可以参照。

1. 农产品营销网站的功能。建立一个网站，不是为了赶时髦，也不是为了标榜自己的实力，重要的在于让网站真正发挥作用，让网站成为有效的网络营销工具和网上销售的渠道。网站可以实现的功能主要表现为八个方面：品牌形象、产品展示、信息发布、顾客服务、顾客关系、网上调查、网上联盟、网上销售。

品牌形象。网站的形象代表着企业的品牌形象，人们在网上了解一个企业的主要方式就是访问该企业的网站，网站建设的专业化与否直接影响企业的网络品牌形象，同时也对网站的其他功能产生直接影响。

农产品展示。顾客访问网站的主要目的是为了对企业的产品进行深入的了解，企业网站的主要价值也就在于灵活地向用户展示产品说明及图片甚至多媒体信息，即使一个功能简单的网站至少也相当于一本可以随时更新的产品宣传资料。

信息发布。网站是一个信息载体，在法律许可的范围内，可以发布一切有利于企业形象、顾客服务以及促进销售的企业新闻、产品信息、各种促销信息、招标信息、合作信息、人员招聘信息等等。因此，拥有一个网站就相当于拥有一个强有力的宣传工具。

顾客服务。通过网站可以为顾客提供各种在线服务和帮助信息，比如常见问题解答(FAQ)、在线填写寻求帮助的表单、通过聊天实时回答顾客的咨询等等。

顾客关系。通过网络社区等方式吸引顾客参与，不仅可以开展顾客服务，同时也有助于增进顾客关系。

网上调查。通过网站上的在线调查表，可以获得用户的反馈信息，用于产品调查、消费者行为调查、品牌形象调查等，是获得第一手市场资料有效的调查工具。

网上联盟。为了获得更好的网上推广效果,需要与供应商、经销商、客户网站以及其他内容互补或者相关的企业建立合作关系。没有网站,合作就无从谈起。

网上销售。建立网站及开展网络营销活动的目的之一是为了增加销售,一个功能完善的网站本身就可以完成订单确认、网上支付等电子商务功能,即网站本身就是一个销售渠道。

当一个企业在规划自己的网站时,首先应明确建站的目的,然后还要对网站功能需求进行分析,网站的功能也决定了网站的规模和需要投入的资金。现实中的情形是,有的企业并不清楚网站的目的,也不了解需要哪些功能,却往往注重一些实际价值不高的内容,如网页美观性、价格等等。由于网站功能设计先天不足,结果既浪费了金钱,又贻误了时机,如果对网站功能有充分的认识,可以少走很多弯路。

2.农产品营销网站的三种基本形式。一个企业网站应该具备什么样的功能,以及采取什么样的表现形式,并没有统一的模式。一个最简单的企业网站也许只需要千元左右就可以运转,而一个功能完善的电子商务网站花费几百万元也不足为奇。一般来说,企业网站建设和企业的经营战略、产品特性、财务预算以及当时的建站目的等因素有着直接关系。

尽管每个企业网站规模不同,表现形式各有特色,但从经营的实质上来说,不外乎信息发布型、产品销售型、电子商务型这三种基本形式。一个综合性电子商务网站实际上包含了前两种基本形式的内容。不同形式的网站其网站的表现形式、实现的功能、经营方式、建站方式、投资规模也各不相同。资金雄厚的企业可能直接建立一个具备开展电子商务功能的综合性网站,一般的企业第一步也许只是将网站作为企业信息发布的窗口。

(1)信息发布型企业网站:信息发布型属于初级形态的企业网站,不需要太复杂的技术,而是将网站作为一种信息载体,主要功能定位于企业信息发布,包括公司新闻、产品信息、采购信息等用户、销售商和供应商所关心的内容,多用于品牌推广以及沟通,网站本身并不具备完善的网上订单跟踪处理功能。其实,这些内容也是所有网站所必需的基本内容,即使是一个功能完善的电子商务网站,一般也离不开这些基本信息。这种类型的网站由于建设和维护比较简单,资金投入也很少,初步解决了企业上网的需要,因此,是中小企业网站的主流形式。即使对于一些大型网站,在企业信息化进程中也并非都一步到位,在真正开展电子商务之前,网站的内容通常也是以信息发布为主。因此,这类网站有广泛的代表性。

(2)网上销售型企业网站:在发布企业产品信息的基础上,增加网上接受订单和支付的功能,就具备了网上销售的条件。网上销售型企业网站的价值在于企业基于网站直接面向用户提供产品销售，改变传统的分销渠道，减少中间流通环节，从而降低总成本，增强竞争力。网上直销是企业开展电子商务的一种方式，但这要根据产品的特点来确定是否采取这种类型的网站，并不是适合所有类型的农业企业。

(3)电子商务网站：网上销售是企业销售方式的电子化，但还远不是企业电子商务的全部内容，企业网站的高级形态，不仅仅将企业信息发布到互联网上，也不仅仅是用来销售公司的产品，而是集成了包括生产过程在内的整个企业流程一体化的信息处理系统。这种类型的网站，目前在一些电子行业、制造业应用较多，如海尔集团，在农业行业还未有应用。支撑一个庞大的电子商务体系依赖于企业的实力，但很多农业企业并不具有这样的实力，所以通常只能从企业上网的初级形态逐步发展。

3. 网站的规划与建设。

(1)确定网站建设的解决方案：企业可以根据自己的经济状况和硬件条件进行网站的建设。选择的方案主要取决于资金，若企业规模大、资金足、技术力量强，可以选择自己购买各种设备，建立网站连入 Internet，并由自己管理和维护。但是，一般开展农产品营销的企业并不具备这种条件，对于一般农产品营销来说，也没有必要自己建立并维护网站。农业企业可以采用下面几种投入较少、外购网络服务的方法。

● 服务器托管　这种方式是企业建设自己的网站，拥有自己独立的网络服务器，只不过服务器托放在 ISP 公司(Internet 服务提供商)，由 ISP 代为日常运转管理。企业维护服务器时，可以通过远程服务软件登录或进行相关远程操作。服务器可以租用 ISP 公司提供的，也可以自行购买服务器。采取这种方式建设的服务器，可以节省企业架设网络和昂贵的网络通信费用。这种方法适用于拥有服务器设备，但没有管理和维护能力或没有通信线路的企业。

● 虚拟主机　企业要在网上用自己独立的域名建立网站，必须投资一台价格不菲的服务器，而要专人维护。对于一些中小企业来说，往往难以做到，这时可以向提供网络服务器服务的 ISP 申请虚拟主机服务，几家甚至几十家企业共享一台服务器，成本大大降低，但网络响应速度也会受到影响。虚拟主机其实是由企业申请自己的域名，然后在 ISP 的相关信息服务器中租用一定的空间，作为一个虚拟的网络服务器。这种方式适用于在创建网络站点的初期，急需发布信息或想做发布信息的尝试，有自己的域名，并不准备做太多投资，且又没有设备管理和维护能力的企业。

● 租用网页空间　这是与虚拟主机类似而更为简单的方法。甚至不需要申请正式域名，向网络服务商申请一个虚拟域名，将自己的网页存放在ISP的主机上，用户可以自行发布、维护网页内容，自行发布网页信息。租用业务空间的费用较虚拟主机更为低廉。这种方法适用于既没有服务器又没有自己的域名，但又想在Internet上发布信息的企业。这种方法非常经济实用，不需任何软硬件投资。

● 委托网络服务代理商　如果企业缺乏网络营销的专门人才，最简单的方法就是把产品的网上推广委托网络服务公司代理。提供网上推广的这种网络服务公司有很多，服务内容和收费方法也有很大差别，在选择时要慎重。

(2)为网站选取域名：域名是网站在互联网上的名字，选取域名是电子商务网站规划的第一步，域名是企业在Internet上的品牌，是企业的无形资产，且在全球具有惟一性。因此它的价值要高于企业传统的名字、商号或商标。域名是企业进入Internet时给人们的第一印象，第一印象使人产生丰富的联想从而对企业及其产品起到关键性的促进作用，进而提升企业形象。一个好的域名应该简洁、明了、短小、好记、含义深刻，有自己的个性特征。

网站的域名一般多取自企业的名称、注册的商标、企业的产品品牌等，但要防止与网上已有的域名重复，在申请之前，应先到InterNIC和CNNIC去查重域名。域名有国际域名和国内域名之分，国际域名的结尾不带“.cn”，国内域名的顶级域名是“.cn”。国内域名在CNNIC注册，国际域名在InterNIC注册。

(3)站点的设计与开发：站点设计与开发模式设计、内容设计和网站管理系统开发等内容。

● 网站模式设计　网站模式设计是一个站点开发设计的基础，必须在网页制作前完成，制作网页时必须遵循网站设计好的模式，以保证制作完成后的网站能给访问者留下统一形象，方便访问者访问网站内容。一般来说，网站模式设计应该考虑以下两点：①站点导航模式。站点导航是方便访问者在访问网站某一页面时，可以通过链接直接访问和了解网站其他相关页面。为方便访问，最好每个页面使用格式相同的导航方式。②主页规划。主页规划就是安排主页的版面布局、页面格式等内容。

● 网站内容设计　网站内容设计就是根据网站规划和设计好的网站模式，将有关信息内容制作成网页。网页制作分为静态网页和动态交互功能的网页。在进行网页设计制作时，要注意页面内容的针对性和准确性。

● 网站管理系统开发　网站管理系统是一些运行在网络服务器上的网络管理软件。现在有许多网站管理软件，可以根据网站模式和营销目的选择使用，也可以根据服务对象和营销目的进行二次开发。

(4)营销网站的推广和维护：营销站点的推广有多种方法，例如，搜索引擎加注、电子邮件、新闻组、BBS、友情链接以及广告互换等。网站要精心维护、及时更新商品和服务的内容，并注明更新时间，使消费者了解内容的可靠性。具体网站推广和维护的具体方法操作，可以参见网络营销方面的参考书。

本章小结

农产品网络营销主要是利用互联网开展农产品的营销活动，包括网上农产品市场调查、促销、交易洽谈、付款结算等活动。它具有增加交易机会、降低交易成本、减少农产品腐烂变质损失和有利于形成农业生产的正确决策。

我国发展农产品网络营销，必须加强农村信息网络建设，政府引导发展农产品网络营销示范体系，采取各种措施培养新一代“网农”。

农产品网络营销主要包括无站点农产品营销和基于站点的农产品营销两种方式。无站点农产品营销应用主要包括通过互联网调查市场情况、免费发布农产品信息、网上拍卖、加入专业经贸信息网和行业信息网、发布网络广告等等。而通过营销站点，可以实现的功能包括：品牌形象、产品展示、信息发布、顾客服务、顾客关系、网上调查、网上联盟、网上销售。

农产品营销网站包括信息发布型、产品销售型、电子商务型三种基本形式。网站的规划和建设步骤为：确定网站建设的解决方案、为网站选取域名、站点的设计与开发、营销网站的推广和维护。

主要概念：农产品网络营销、农产品网络营销在农村经济发展的重要作用、农产品网络营销的各种形式。

主要观念：

1. 农产品网络营销是社会发展的必然结果。
2. 采用现代技术有利于农产品营销效率大幅度提高。

基本训练

知识题：

1. 什么是农产品网络营销？
2. 农产品网络营销有哪些优势？
3. 我国发展农产品网络营销有哪些障碍，应采取哪些对策？

简述题：

1. 应用农产品网络营销应考虑哪些因素？
2. 无站点农产品网络营销包括哪些内容？
3. 农产品营销网站的三种基本形式？

技能题：

某县是一个著名的中药材集散中心，县里决定投资 20 万元建设一个中药材网站，以起到宣传和信息交流的目的。请你提出该网站建设的解决方案，并说明理由。

案例分析

阿里巴巴网站与农产品营销

阿里巴巴网站(www.alibaba.com)于 1999 年 3 月 10 日在杭州创办，创办人马云在短短两年间带领阿里巴巴成为国际贸易领域最大、最活跃的网上社区之一，拥有来自 202 个国家和地区的 70 多万名会员，库存买卖商业机会信息达 50 万条，每天新增买卖信息超过 3 000 条，平均每条买卖信息得到 7 个反馈。

阿里巴巴开创的企业间电子商务平台，被国内外媒体、硅谷和国外风险投资家美誉为与 Yahoo、Amazon、eBay 比肩的互联网第四种模式。1999 年 10 月，美国著名投资公司高盛(Goldman Sachs)牵头的国际财团向阿里巴巴注入 500 万美元风险资金；2000 年 1 月，日本互联网投资公司软库(Softbank)以 2 000 万美元与阿里巴巴结盟。软库公司首席执行官、亚洲首富孙正义亲自担任阿里巴巴的首席顾问。2000 年 1 月，中国互联网络大赛组织委员会将阿里巴巴评为商务类优秀网站。2000 年 6 月，财经杂志《福布斯》将阿里巴巴选为全球最佳 B2B 站点之一。2000 年 11 月被《远东经济评论》读者评为全球最佳 B2B 网站。

阿里巴巴的目标是将传统的国际性采购及贸易活动转变成一个高效率、高效益、低成本的新型电子商务模式，促进并扩展世界贸易，引导中小企业参与全球市场的竞争，为全球商人服务。阿里巴巴愿为中国的中小型企业进入 WTO 全面铺开道路，为它们提供基于各自行业特点的专业化电子商务解决方案，这其中当然也包括广大的农产品生产销售企业。

农业，一种源于人类生存的最古老的行业。电子商务，一种人类趋于突破现有发展空间的最先进的方式。由于受到了行业环境、技术因素和应用层次等各方面的局限，二者似乎很难直观地糅合在一起。但对于农产品电子商务的概念，大家依然充满了希望和祝愿，毕竟这是为中国最大部分的人口群落造福的一件大好事，而阿里巴巴也正在为此目标的实现尽一份微薄之力。

现在不少人的认识都存在一些偏差，但凡说到农业就会直观地与农村和农民联系起来。这一点固然没错，毕竟它牵涉到的是一个客体和载体的关系。但目前就把农业电子商务和农民都使用电脑上网查资料、找信息做交易等同起来显然是不现实的不恰当的。

阿里巴巴现在做农业电子商务就是想利用先进的科技来为百姓实实在在地做一些好事,因此,怎么做农业电子商务成了最重要的因素。在我们的认知中,阿里巴巴就是一个广大的农业信息平台,农业企业和个人可以利用这个平台输入或者输出信息,并从这些信息中获取价值。

现在已有不少颇具信息意识的农产品生产、销售企业建立了自己的网站,但相当多的公司认为,网站的建成就是农业电子商务的关键,至于如何让更多的客户分享到网站的信息却并没有得到足够的重视,从而使这种并不符合中小企业特点的农业电子商务概念直接造成信息资源的极大浪费。

对于国内绝大多数农业中小企业而言,其特点是数量大、实力弱、信息化程度低、采购或销售渠道不畅。面对日益激烈的市场竞争,迫切需要通过全球化、低成本的电子商务来帮助他们扩大销售和创造商业机会。即使已经建立了企业网站这个"点",在较长时间内,他们对电子商务的需求仍将停留在利用第三方专业平台查找信息、宣传品牌、扩大商业机会,以及通过专业的电子商务公司进行网站宣传推广等阶段。因此,帮助中小型企业正确拓展农业电子商务的专业商务网站将受到普遍的欢迎,而阿里巴巴眼下正努力扮演这一角色,并且收到了较好的效果。

山东省金乡县恒源农贸有限责任公司虽然早就建立了自己的网站,但苦于信息渠道的匮乏,金乡县的优质大蒜和生姜依然"藏在深闺无人识"。该公司朱志勇先生经朋友介绍成为阿里巴巴会员后,在阿里巴巴发布农产品供求信息,很快得到了巴基斯坦客户的回复。通过一段时间的接洽,朱先生与巴基斯坦客户第一笔就签订了价值 67 000 美元的大蒜订单!双方之后的合作顺利愉快,到目前为止恒源公司已向巴基斯坦客户出口了近 200 个货柜的农产品。朱先生不由慨叹:"阿里巴巴帮助我们把产品信息延伸到世界各地,如今网络对于我们而言不再是虚拟的空间,而是意味着真正的商机。"

农业信息渠道的通畅不仅能够让较上层的销售企业得到益处,甚至连最基层的老百姓都能够受惠。衢县安仁镇仁街村计划生育联系员周菊仙就已经深刻地认识到这一点:"网络这东西可真是神奇,它可以把你带到任何一个地方。特别是还可以在阿里巴巴上做生意,像做广告一样把你家的农产品、柑橘、生猪等销到外面去,真是太好了。"

周菊仙到村民林鸽平家,正遇上他家夫妻吵架,问明原因,原来他家苦苦饲养的 190 头种猪和 300 多头小猪都可以上市了,可偏偏遇到行情差,眼看就要亏本了,还是找不到合适的买主,心烦了就相互埋怨争了起来。她了解到这个情况后,就请计生办的同志帮助在阿里巴巴网上发了条信息。没想到几天后,就从福建召来大老板，把他家的猪收购一空，后来，夫妻俩一算账，比原来估计的足足要多卖了5 000 多元。从此，周菊仙利用走家串户访问计划生育户的同时，兼做起了采集信息的“二传手”的行当，没想到又做成了几次。一次，她把从网上看到的价格信息告诉村里柑橘贩销户张志林、尹日清，他们就把柑橘贩往长春，稳稳地赚了一笔。村里毛竹贩销户程渭良，也是通过网上得到的信息，把货运往青州市，赚了不少钱，还与对方建立了长期合作关系。周菊仙的娘家湖西村姜建清俩兄弟做棉花纱网加工，也是她建议从网上查询信息，使产品的销路更好了。后来，姜建清索性买了电脑，自己天天上网，查信息，阿里巴巴从此在当地农民心中成了致富的法宝。

回答问题：

1. 你对阿里巴巴网站搭建农产品信息平台的实践有何评价？为什么？
2. 你认为农民使用阿里巴巴进行农产品营销有哪些优点和缺点？

网上调查

[实训 1]网上查询农产品信息

以下是网上查询农产品价格和供求信息的使用方法。以查询北京市苹果价格和供求信息为例。

1. 进入 Internet Explore 界面。从桌面双击 Internet Explore 图标，或从程序中单击 Internet Explore。

2. 在地址文本框中输入中国农业信息网站的网址（www. agri. gov. cn），回车后登录网站。如图 7-1 所示界面。

3. 首先查询北京地区苹果的批发价格。点击中国农业信息标题栏上的链接“价格行情”，如图 7-2 所示。

4. 进入“价格行情”界面后，点击“果品”链接，点击后可以看见“农业部：果品价格日报”，如图 7-3 所示。

5. 点击“农业部：果品价格日报”，可以获得北京部分地区的苹果价格，如图 7-4可以看到昌平区的苹果价格，国光苹果为 1. 80 元/千克，富士苹果为 2. 60 元/千克。

6. 回到“中国农业信息网”首页，点击标题栏上的链接“供求热线”，如图 7-5。

7. 在进入“一站通农村供求信息全国联播”后，在“信息查询”一栏中输入需要查询的内容，就可以查询相应的供求信息。如查找北京市果品的七日内的供求信息，得到结果如图 7-6 所示。

[实训 2]利用搜索引擎查询信息

本训练的目的是能够利用搜索引擎查询一些农产品市场信息。以查询果品类

图 7-1　中国农业信息网首页

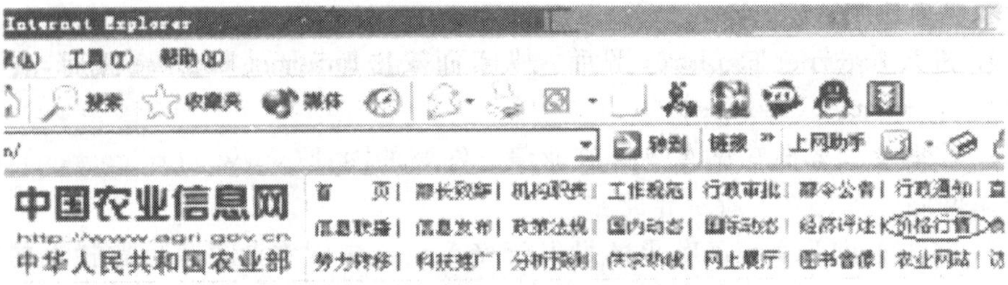

图 7-2　“价格行情”链接的位置

网站为例。

1. 在 Internet Explore 的地址文本框中输入“百度”的网址（www. baidu. com），回车后登录网站。如图 7-7 所示界面。

2. 在查询框中输入“果品信息网”，按“百度搜索”，可以得到查询结果，如图 7-8所示。如果要了解详细的搜索办法，请看“百度”页面上的“搜索帮助”。

图 7-3　“价格行情”显示界面

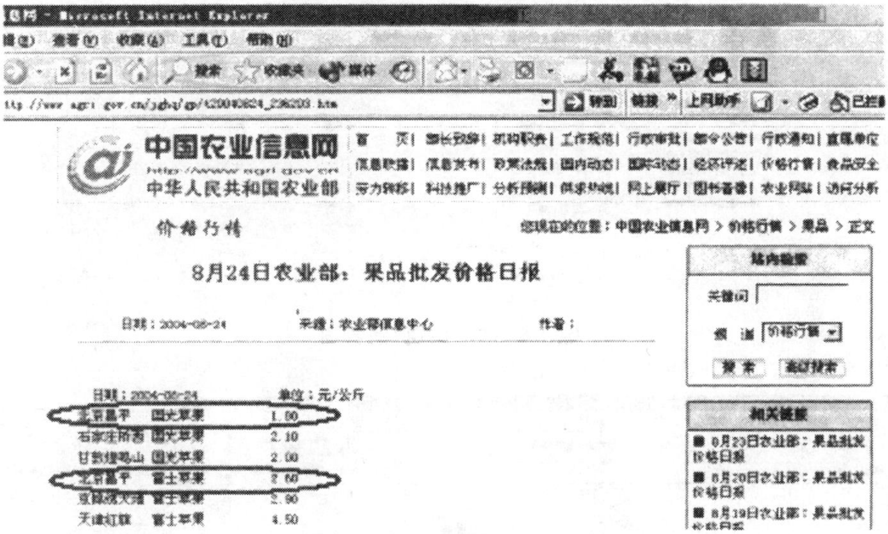

图 7-4　价格查询结果

图 7-5　“供求热线”链接的位置

图 7-6　“一站通”的界面

图 7-7　“百度”的界面

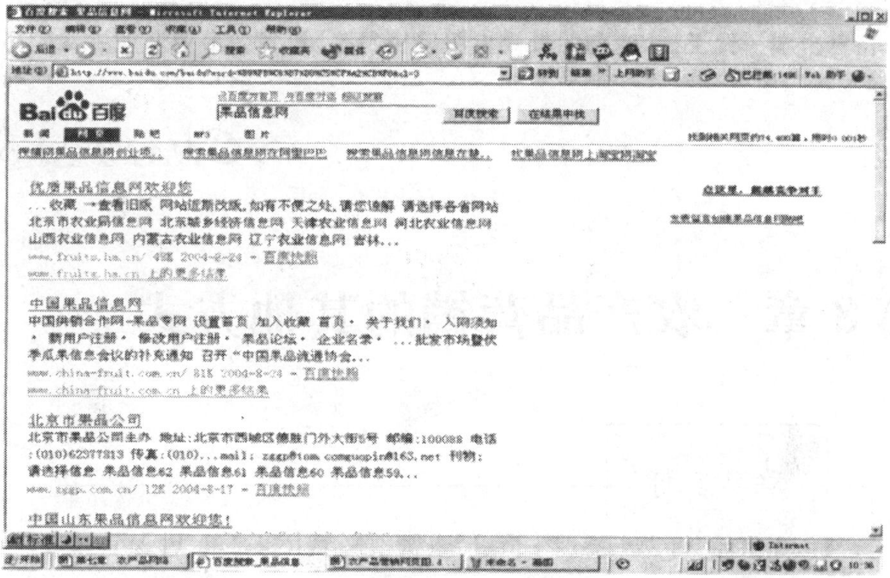
Baidu百度
果品信息网
百度搜索
在结果中找
优质果品信息网欢迎您
北京市农业局信息网 北京城乡经济信息网 天津农业信息网 河北农业信息网
山西农业信息网 内蒙古农业信息网 辽宁农业信息网 吉林...
中国果品信息网
中国供销合作网-果品专网 设置首页 加入收藏 首页· 关于我们· 入网须知
季瓜果信息会议的补充通知 召开"中国果品流通协会...
www.china-fruit.com.cn/ 81K 2004-8-24 - 百度快照
北京市果品公司
北京市果品公司主办 地址:北京市西城区德胜门外大街5号 邮编:100088 电话
中国山东果品信息网欢迎您!

图 7-8　“百度”搜索结果

CHAPTER 8

第8章　农产品营销的其他方式

学习目标

学习本章后：

素质目标：具备对农产品营销的其他形式有关知识的实际运用。

知识目标：了解农工贸一体化营销的意义、期货交易的特点以及拍卖活动基本程序。

技能目标：掌握农工贸一体化营销、农产品期货交易与农产品拍卖营销方式操作中的技能与技巧；并掌握运用农工贸一体化营销、期货交易及农产品拍卖营销等多种方式，销售农产品的能力。

现代农产品营销方式多种多样，上面几章介绍了直销、批发销售、网络销售等形式，随着农业产业化的发展，必然引起销售方式的改变，农工贸一体化营销、农产品的拍卖、期货交易等形式在逐步发展，本章就这些营销方式操作中的基本问题和发展趋势作简单的阐述。

8.1 农产品农工贸一体化营销方式

市场经济发展到今天，农产品的销售已经不单纯是初级产品的销售，产加销一体化营销，显示了特有的作用和强大的生命力，但是具体操作中，还有许多问题有待进一步探索。

案例 北京大发正大有限公司是以肉鸡系列产品加工为主，实行产供销一条龙、贸工农一体化的大型现代化、外向型的农牧食品企业。自 1986 年成立以来，经过十余年的发展，尤其是近几年来坚持走"公司＋协会＋农户"的发展道路，公司实现了由小到大、由弱到强的历史性跨越，使肉鸡业迅速成长为华北地区的一项重要的农业支柱产业，并大大带动了郊区养殖业、种植业、运输业、包装业及调味食品等行业的发展，成为郊区农业产业化的生力军，并成为北京出口创汇的大户。公司的资产规模由 1986 年的 1 800 万元增长到 2000 年的 6.05 亿元，销售额占北京市农产品加工业的 10%以上，创汇额占 30%。公司从生产、加工到销售都有一整套严格的管理措施，通过不断完善"公司＋养殖协会＋农户"这一产业化模式，大力推进产品的品牌建设，坚持走国际国内两条路，最终发展成以食品加工及流通为主的大型、综合性的国际企业集团。预计到 2006 年，一个年产肉鸡 1 亿只、加工各类食品 20 万吨的现代化国际企业将在首都诞生。

8.1.1 农工贸一体化营销的含义

农工贸一体化营销是指企业在经营活动中，在一体化营销理论指导下，既搞生产，又搞流通的一种营销方式。农工贸一体化营销的特点：

1. 强调同一个企业工贸结合营销。在一个企业中既搞农产品的生产、加工，还要进入流通领域开展销售活动，才算得上农工贸一体化营销。如果一个企业把产品生产出来，提供给另一个企业，由这家企业再进入流通，销售给用户则不能称为农工贸一体化营销方式。比如案例中正大有限公司就是同一个企业从饲养肉鸡、加工产品到销售一条龙产业经营。

2. 强调生产、加工、流通的统一。一些农产品生产企业生产出的产品可以通过各种方式直接进入流通领域，也可以把产品加工后再进入流通领域，这时要求企业要把生产、加工和流通一起抓，这是与农业产业化经营相配套的营销形式。正大有限公司在生产环节上，从疫情监测、饲养管理、鸡病防治、结算服务等各个环节对农户进行面对面的服务；在加工方面企业配有一流的加工设备，并掌握科学的加工工艺，外加一支训练有素、严格执法的品质管理队伍，保证出厂的产品全部符合质量标准；良好的产品加上周到的服务，使产品社会知名度迅速提高，目前公司产品远销日本、瑞士、中东、南非、香港等十几个国家和地区，北京市市场占有率达40%以上，产销率年年达到100%，2001年销售额13.3亿元，其中出口创汇4 300万美元。

3. 强调营销一体化。农工贸结合营销实质就是一体化营销。集原料供应、产品开发与生产、加工与销售为一体的经营战略。企业内要形成一个生产、加工、贮运包装和销售各个环节在内的有机整体，在这个整体内只有强调一体化经营，才能实现优势互补，提高资源配置效率，从而产生整合和协同效应。

农工贸一体化营销突出的就是一体化，如果生产单位和加工单位及销售部门是松散性的，各自有不同的经营范围，也不存在利润的分配问题，这种形式不属于农工贸一体化营销。

8.1.2 农产品实现农工贸一体化营销的必要性和可能性

1. 农产品实现农工贸一体化营销的必要性。农产品很适合运用农工贸一体化的营销方式，或者说采用这种营销方式的必要性可以归纳以下几个方面：

(1)农业生产周期长，必然出现市场供应量调整滞后的现象，而农产品的需求是常年不断、瞬息万变的，这就增加了供需衔接的难度。产加销一体化营销方式，通过加工技术的应用，创造出新的消费需求，使农产品销售错开生产旺季，减缓农产品大量上市与消费需求变化不大造成的产销矛盾。

(2)农业生产具有分散性的特点，空间跨度大，但各家各户生产的产量又很小，而商品化消费往往相对集中，国内外市场范围很大，这又出现了产需在地域和空间上的矛盾，生产的小批量与大市场的矛盾。产加销一体化营销，可以把小生产与大市场联结起来，解决上述的矛盾，实现小生产和大市场的有效对接。

(3)农产品有许多是生鲜产品，易腐烂，保鲜期短，从生产出来到最终消费，必须在极短时间内完成。还有些活销产品，如家禽、生猪等，受生物生长规律的制约，有特定的适宜出栏时间，适时出栏，就会卖得快，卖个好价钱，而当市场供大于求时，就会出现产品卖难，价格下跌，因此对这些鲜活产品，实现产加销一体化营销，可以避免多环节倒腾，缩短流通时间，加快信息反馈。

(4)许多农产品作为初级产品销售价格很低，但加工销售后可增值数倍。企业实现农工贸一体化营销，不仅把加工销售的利润留在企业内部，企业内部再进行利润分配，而且扩大了农产品消费需求，减轻了农产品总量在销售上的压力，还增加了农产品市场份额。

总之，农业具有天生的弱质性，它既要承担市场风险，又要承担自然风险，农工贸一体化营销，可以通过产业之间协调的力度，促进农产品的销售。

2. 农产品实现农工贸一体化营销的可能性。

(1)农业生产具备了规模化、专业化和社会化的生产条件，这是实现农工贸一体化营销的内部条件。如果农业生产是分散的小批量生产，需要加工的产品为数不多，组织销售的成本就很高，竞争力弱，根本谈不上农工贸一体化营销。只有农业实现了规模化、专业化生产，农业走上了产业化经营的道路，把各个生产单位分散的小批量生产能转化成专门从事某一种或几种产品的大批量生产，才能发展加工、销售等环节，实现产加销一体化营销。

(2)市场经济体制的确立是实现农工贸一体化营销的外部条件。随市场经济发展，农产品买方市场形成，产销矛盾更加突出，势力单薄的小生产如果听任大市场的摆布，难以抗御市场风险，贸工农一体化的营销形式就是在各种矛盾的撞击中出现的，把小生产和大市场联结起来，根据市场的需求组织生产。可见，市场经济的发展是农工贸一体化营销方式发展的外部条件。

8.1.3　农工贸一体化营销的操作

农工贸一体化营销分很多种形式，比如，有的是生产企业发展农工贸一体化营销，这些企业在抓好生产创好产品名牌的同时，还要花大力气组建营销网络。要组织市场调研，明确自己的目标公众，规划自己的销售区域，形成四通八达的销售网络，使产品迅速进入广大顾客家；另一类型是流通企业发展农工贸一体化营销，这些企业关键要有个好产品。也就是说，流通企业在坚持搞好购销活动的同时，组织力量开发研究顾客需要的产品。不论哪种形式，在操作农工贸一体化营销时，必须妥善处理好以下几方面的问题：

1. 处理好生产者和加工企业与市场的关系。加工企业是农工贸一体化营销的中间环节，要处理好加工企业和生产者与市场的关系。从目前来看，加工企业与生产者的关系有多种形式可供参考。生产基地型是比较普遍的形式。生产基地是以环境和资源条件的趋同性，生产特点和发展方向的一致性，开发方式和生产手段的类似性为依据组建的，实质上是同一种专业生产的集合，在一定区域内形成商品的批量，这就是我们常说的专业村或专业乡。因为在一体化营销中，加工企业直接面对分散的农户，感到难以控制，组织成本也比较高；分散农户直接面对加工企业，谈判中处于不利地位，迫切需要提高组织化程度，基地就是这样一种满足加工企业和农户两方面需要的组织形式，是众多农户组成共同利益的有机体。我们经常说的“公司＋基地＋农户”、“龙头企业＋基地＋农户”就是这种形式。还有一种出现比较多的形式是契约性的，加工企业与生产者签订农产品种植、收购合同，双方有明确的权利和义务约束，这就是我们常说的“公司＋农户”、“龙头企业＋农户”的形式，当然还有其他的一些形式，在此不一一列举。加工企业和市场的关系则多数是通过自己的销售网络来实现的。这样企业可以有效地管理销售渠道，保证商品质量，及时掌握市场信息，树立企业的形象。也有的加工企业是通过中间商来完成产品的销售，或通过批发市场销售产品，不论用什么形式，都要处理好企业和市场的关系。总之，企业要根据自身资源的特点和发展的需要，有效地选择发挥自身优势的联结方式，这样才能通过加工企业这中间环节，促进农工贸一体化营销方式健康发展。

2. 准确把握市场信息是农工贸一体化营销成败的关键。在现代市场经济活动中，信息是导向性的经济要素。消费者的消费习惯、消费能力、消费服务方式的变化、收入变化对产品需求方式变化的影响等信息都要及时掌握；科学、准确的认识市场环境，寻找企业发展机会。创造性地开展营销活动，改变企业营销环境，谋求市场优势，充分利用对企业营销有利的市场条件，把握好市场环境；同时还要注意市场体系的建设。在市场经济条件下，发展农工贸一体营销，所需要资金、劳动力、人才、技术、设备及土地资源等，只能通过市场机制配置和聚集，因此要建立完善的市场体系来保障。要建立健全资本市场、技术市场、信息市场、劳动力市场等各种要素市场，稳定、规范的市场为农工贸一体化营销创造进一步发展的机会。

3. 处理好利益的分配是农工贸一体化营销的难点。如何处理好农、工、商各方面的利益分配，是农工贸一体化营销中比较困难的问题。各地在一体化营销中，利益的分配机制和分配方式呈现多样化的局面，但对农民利益有一定补偿是共同点。对农民利益的补偿可以以合理价格收购农民产品，或通过为农民提供各种服务（如提供种苗、生产资料、信息、技术等服务），把加工、销售环节的利润间接补偿给农民；要确保利益分配机制的正常运转，就要强化各方面的法治意识，签订具有法律效力的合同，对利益的分配要有健全的监督体系，政府在宏观上给予指导。

8.1.4 农工贸一体化营销方式的评述

农产品农工贸一体化营销方式不仅拓宽了农产品市场销售渠道，而且增加了农产品自身价值，从而达到农民增加收入的目的。以马铃薯为例说明这种营销方式的巨大潜力和强大的生命力。

案例　我国是世界马铃薯生产大国，马铃薯的种植面积近 7 000 万亩，年产量约 6 000 万吨，均居世界前列。但是由于没有现代化的储藏设备和科学的储藏方法，每年因此而损失的马铃薯为 25%～30%，其余的 70%～75%也基本用于鲜食或加工成粉丝、粉条及淀粉，使马铃薯的营养价值没有得到充分的发挥和利用，使其综合效益受到极大的损失，而且使马铃薯的销售受到极大的影响。而相对应的在北京、上海、广州、西安等全国大中城市，以马铃薯条、马铃薯泥为原料的麦当劳、肯德基食品已占我国快餐市场的半壁江山，而从各种渠道进口的其他油炸薯片、膨化食品等也滚滚而来。据对北京市 12 个大型超市的调查，在 19 种马铃薯食品中，国产品牌占不到 10%，其余均为进口产品。在北京，麦当劳的一包 120 克薯条售价为 7.5 元，而生产这包薯条只需 250 克鲜薯，在产地的价格是 0.15 元，薯条深加工后升值 50 倍；在上海，肯德基的一份 80 克的土豆泥售价为 2 元，生产这份土豆泥原料成本仅为 0.05 元，土豆泥深加工后升值 40 倍。油炸薯片的加工升值为 25 倍，膨化食品加工升值为 30 倍。人们在食用美国快餐后开始购买从美国进口的“速冻薯条”，北京超市出售的美国速冻薯条的价格是每千克 12 元，在产地价格仅为 0.26 元。过去三年中，中国直接从美国进口冷冻马铃薯条增长了 10 倍，1998 年中国进口美国冷冻马铃薯条共计 2 万吨，价值 1 575 万美元，1999 年进口达到了 5 万吨，进口用汇近 5 000 万美元，多么可观的数字。据有关人士算了一笔账，我国马铃薯 6 000 万吨的年产量，若将其中的 60%用于深加工，平均每吨 1 000 元升值到 5 000 元，升值额就是 5 000 亿元。可见，农产品深加工具有广阔天地，不仅解决了农产品的销路问题，而且如此大的增值，对农业的发展，对农民收入的提高、对农村劳动力就业等方面都有不可估量的作用。因此可以说农工贸一体化营销方式有强大的生命力。

农工贸结合营销发展趋势可以归纳以下几个方面：

1. 规模扩大化。一方面是已经实现农工贸结合营销的企业，凭借现代化营销方式的优势，其规模不断扩大。案例中正大有限公司正是如此。另一方面是尚未实行农工贸结合营销的企业，认识了这种现代营销方式的优势，根据企业的特点，开始实施农工贸营销，使农工贸营销的总体规模不断扩大。

2.品牌专卖化。农工贸结合营销的公司都有自己的品牌，而且愿意实行品牌化经营，比较重视品牌专卖。因为好的品牌，可以吸引更多的消费者，扩大市场占有率。比如总部设在福州的超大现代农业集团，是国家级农业产业化龙头企业，目前已在全国16个省、市、自治区建起了36个独资无公害蔬菜生产基地，基本上实现了20余个蔬菜品种的周年供应，其"绿都"品牌深入人心，是大家放心的无公害产品。

3.连锁网络化。许多农工贸结合营销的企业，利用品牌，开设了连锁专卖店。形成了自己销售网络。多个连锁店同时销售，不但有利于品牌的扩张，而且使产品取得更大的市场份额。

案例　福州超大现代农业集团于2001年10月在北京市平谷区建立了一个基地，首期开发面积3 000亩，经过近两年的发展，该基地已初步形成了一个集生产、加工、销售为一体的现代农业企业，2003年3月被平谷区政府授予"农业产业化先进企业"的称号。按照绿色生态标准，基地建起了100幢智能型日光温室，高效节水灌溉管网设施覆盖整个基地，基本上做到了路相通、旱能浇、涝能排，并且配有2 500平方米的加工车间、600平方米的冷库和真空预冷保鲜装置，可以对农产品进行清洗、分级、贮藏、保鲜和包装等商品化处理。超大集团平谷基地全部按照集团总部提出的"五个统一"的要求进行生产、经营和管理。即：统一使用超大精心选育的蔬果良种；统一使用通过质量认证的超大生物有机系列肥料；统一使用广谱、高效的生物农药；由超大现代农业科技研究所的技术专家统一进行技术指导；产品进入市场前由质检中心统一进行检测。也就是说，在蔬菜种植上全面应用绿色有机栽培模式，从而实现"从土地到餐桌的全程无污染控制"，确保产品达到绿色食品的要求。

8.2　农产品期货交易形式

随着现货生产和流通的扩大，不断有新的期货品种出现，除小麦、玉米、大豆等谷物期货外，棉花、咖啡、可可等经济作物，黄油、鸡蛋以及后来的生猪、活牛等畜禽产品期货也陆续上市。本节主要介绍期货市场交易概况、特点及这种交易形式的发展趋势。

案例　目前，我国三家期货交易所中，大连商品交易所与郑州商品交易所以农产品期货交易为主。大连商品交易所批准交易的品种有大豆、豆粕、啤酒大麦；郑州商品交易所的品种有小麦、绿豆、红小豆、花生仁。大连商品交易所的大豆品种是目前国内最活跃的大宗农产品期货品种。1999 年，大商年大豆期货交易量在全球大期货市场上位居第二，仅次于芝加哥期货交易所的交易量。

大连是我国最大的粮食中转枢纽和粮食流通集散中心之一，拥有远东地区最大的粮食码头——北良新港，全国最大的粮食仓库及东北最大的粮食现货批发市场，形成一个庞大而完备的粮食贮运、加工、贸易、进出口企业群。大连地理位置得天独厚，背靠东北粮食生产基地，这是我国最大的商品粮食生产基地，粮食商品总量占全国粮食商品总量的 20% 左右；玉米商品总量约占全国玉米商品总量的 30%；大豆商品总量占全国大豆商品总量的一半以上，地处粮食集散中心，大连期货市场建立在相对成熟的现货市场基础之上，根基坚实。截止 1999 年底，大连商品交易所共有会员 148 家，客户 16 000 余个，其中粮食企业 1 600 家。至 2001 年底，大连商品交易所客户 50 000 多个，黑龙江、吉林两个粮食主产省，几乎县县都有一两个粮食企业，长年从事大连商品交易所大豆、玉米期货套期保值业务。目前停留在我国商品期货市场上的各种游资总量约为 60 亿元，其中 40 多亿元停留在大商所；2001 年，全国共成交期货合约 12 046.35 万手，成交金额 30 154.08 亿元，大商所共成交期货合约 9 460.34 万手，成交金额 19 760.39 亿元，占全国市场的 78.53% 和 65.53%，在国内期货市场处于领先地位。

8.2.1　期货交易概述

1. 期货交易的定义。在现代商品交易所中进行的期货交易，实质上是一种买卖某种商品标准化期货合约的交易。期货品种一般分为实物商品交易和金融工具期货。实物商品交易简称商品期货。金融工具期货简称金融期货。期货商品不同于现货商品，它从进入期货市场交易到最后实物交割，需要经过较长的时间和多次转手，而且在交易期间期货商品并不放置在现场供买卖双方当场查验，因此期货商品要具备一般现货商品所不具备的特性。

2. 期货交易的特点。无论是商品期货还是金融期货，都要具备以下特性：

(1)风险性：商品期货的风险性主要表现为商品市场价格的频繁剧烈变动。能够进入期货市场交易的商品，是市场价格波动频繁、波动幅度较大、价格走势不易确定的商品；金融期货的风险性则表现为利率、汇率或者价格指数的频繁剧烈变动。由于期货市场实际上是一个风险市场，交易者通过期货交易可以回避价格风险，或者取得风险收益，因此，那些价格风险小、价格走势易于确定的商品或金融工具，一般不适合作期货交易。

(2)竞争性：进入期货市场的商品或金融工具必须拥有大量的买者和卖者，商品的市场价格或者金融工具的利率、汇率，必须通过充分的市场竞争而形成，不能出现买方垄断，也不能出现卖方垄断，因为垄断的出现将破坏期货交易中的公开、公正和公平原则，保证期货市场的竞争性是保证期货市场充分发挥其价格功能的必要条件。

(3)规模性：进入期货市场的商品或金融工具，应当具有广泛的需求和用途，能够大量上市交易，有充足的市场供给和发达的现货市场基础，比如大宗农产品玉米、小麦、大豆和一些林产品等适合作期货商品。供求量小、用途单一、现货市场基础差的商品和金融工具，不适合作期货交易。

3. **期货交易商品的特点**。并不是所有的商品都适合期货交易，适合期货交易的商品应具有以下几方面的特点：

(1)期货交易的商品必须拥有众多的买者和卖者的商品。比如玉米、小麦、大豆等用途多样，需求量很大，产地又相对集中。比如玉米，全世界有三大玉米产地，分布在美国、中国和欧洲的南部平原地带，交易量大，很适合作交易产品。

(2)期货商品必须是交易量大而且价格容易波动的商品。比如大豆就是一种价格剧烈波动的国际性商品，在国际市场上大豆价格在总体上升的同时，呈现出明显的周期波动性。大豆期货已成为主要的农作物期货商品。

(3)商品的质量、等级、规格容易划分确定。比如小麦商品率高，质量、规格简单，易于标准化，非常适合作期货交易。

(4)期货商品必须是能长时间贮藏也便于运输的商品。在期货交易中，从交易到交割往往需要经过相当长的一段时间，最长的期货交易时间可达两年，最短的交易时间也有一个月左右。因此，期货商品必须能够长期贮存，不易变质，同时还要便于运输。当然，随着商品贮运技术的革新，如冷冻、保鲜技术和新型运输设备的出现，许多以前不适合作期货的商品、制品也开始成为期货商品，进入期货市场。

8.2.2 农产品是我国期货市场最活跃的交易品种

早期的期货市场大部分是从农产品期货交易开始的。农产品多年来一直是期货交易的传统商品。20 世纪 90 年代以来，我国的期货交易逐渐发展起来，一批期货交易所相继建立起来并投入运行，它们期货交易的农产品不仅包括世界主要商品交易所进行期货交易的 27 种农产品，还进行花生仁、芝麻、绿豆的期货交易。1997—2002 年，农产品期货交易成交量占总成交量的比重均在 80%以上，特别是 2000 年以来，大豆期货交易规模逐步增长，2001—2003 年，总成交量占全国市场份额的 64%、79%、69%，成为世界第二大大豆期货交易市场。

农产品是我国期货市场最活跃的交易品种，这是因为：

1. 企业参与期货市场避险的积极性在增强。随着市场机制在经济运行中的作用日益增大，粮食流通体制改革不断深入，粮食生产、流通、加工等企业在生产经营过程中所面临的市场风险在不断增大，企业面对日益开放的经济形势，还必须时刻注意竞争激烈的国际市场，因此，如何回避市场风险，提高企业竞争力是企业十分重视的问题。农产品期货市场独特的避险功能，吸引着越来越多的企业进入这一市场，从事套期保值业务的操作。尤其由于经济改革中的体制变动，有相当一部分人先富起来，在生活水平提高的同时，人们投资意识和风险意识在逐步增强，随着投资资金的踊跃参与，必然促进农产品期货交易量的扩大。

2. 农产品本身特点决定很适合期货交易。农产品属于初级品，它耐储存、便于运输、方便进行实物交割，加上其生产的季节性、需求的常年性及由此造成的价格波动的频繁性共同决定了农产品极适宜作为期货交易的品种。相比工业产品品种，农产品与人们生活更贴近，而农产品期货交易的成本比其他品种低，更适合中小投资者参与。

8.2.3　农产品期货市场的建设

农产品要实现期货交易，必须有期货市场。我们对目前农产品期货市场存在的问题要有个清醒的认识，才能有针对性的解决这些问题。

1. 农产品期货市场存在的主要问题。

(1)农产品期货市场体系不健全：我国虽然已经建有农产品期货市场，但市场体系的建设、信息网络建设以及市场组织化程度都比较滞后，农产品总量平稳、季节平稳、区域平稳及年际平稳能力较差，稳定农产品价格的功能还没有很好的发挥，影响了农产品进入市场的机会。加上农产品质量标准体系不健全，制约了农产品期货市场的发展。

(2)农产品上市品种不完善：目前我国期货市场上交易的品种只有十几种，交易活跃的大多是小品种，且一个品种活跃，几家交易所争先恐后，纷纷上马，造成了热门品种“恶炒”的现象，“恶炒”的结果就是关停这个品种。这种小品种、大资金的局面，造成期货市场空盘量扩大，制约了期货市场套期保值作用的发挥。

(3)市场主体发育不充分：粮食生产、加工流通企业规模、实力、承担风险的能力比较大，本应积极参与期货市场交易活动，但这些企业现有体制改革还没有到位，自主经营、自负盈亏、自担风险的机制没有到位，从事期货交易的动力不足。广大农民生产经营规模小，经济实力小，客观上交易量小，不可能直接进入期货市场，而农村合作经济组织、专业协会等虽然开始帮助农民推销产品，但由于观念有待更新，实力有待加强，导致期货市场主体发育不充分。

(4)风险监管力度不够：农产品期货市场运行中，风险事故不断，主要因为监管力度不够，没有统一的期货法律，对交易的数量、布局动作、运作，缺乏规范性，对经纪公司的数量、运作、组织形式缺乏有效管理，客观上为大户操纵市场提供了便利条件。市场风险预警和事前控制能力缺陷，在市场风险苗头出现时缺乏有力措施化解，在社会上造成一些负面影响，等等。这些问题集中到一点上，就是说，我们要发展农产品期货交易，必须要加强农产品期货市场的建设。

2. *农产品期货市场建设的关键问题*。在期货市场的建设中，特别强调培植期货市场的主体和强化市场的监管力度。

(1)培植期货市场的主体：首先，引导有条件的农业产业化龙头企业积极稳妥地参与农产品期货市场。随着农业产业化经营，农工贸一体化营销方式的扩大，龙头企业不断发展壮大，实力在不断增强，这些企业是农产品期货市场现实和潜在的重要力量。要积极地引导这些龙头企业参与农产品期货市场。其次，鼓励和支持国有粮食企业选择采用套期保值交易的市场手段。国有粮食企业比如粮食购销企业、粮食加工企业、饲料企业等，根据自身条件和实际情况，合理利用农产品期货市场，降低市场价格风险，这样不仅使期货市场增加一个重要的市场主体，而且可推进国有粮食企业改革的力度。同时还要注意农民合作经济组织和行业协会利用好农产品期货市场。让个体农户参与期货市场交易，过去是不可能的。但现在农村中出现了许多农民合作经济组织、各种协会、农民经纪人等，他们把千家万户农民与大市场连接起来，他们是农村中一支强有力的营销队伍，我们通过这些合作经济组织、专业协会来拉近他们与期货市场的距离。了解市场行情变化，到条件成熟后即可加入期货市场的交易中。

(2)加强对期货市场的监管，加快制度建设和规范管理，保证市场平稳进行：目前我国农产品期货市场交易品种少，市场规模小，不排除少数机构或个人违规操作，牟取不正当的利益，因此加强市场的监管，对违规行为必须严厉打击。同时相关的制度政策要尽快跟上，要在完善法规和控制风险上下大力气，以保证我国农产品期货市场良好的发展态势。

8.2.4 农产品期货交易方式的评述

我国期货市场已具备了发展的基础，并具备了发挥作用的条件。目前，我国期货交易所和经纪公司的数量、布局较为合理，必要的法规和制度已经设立，且投资者队伍初具规模并逐步成熟。中国农产品期货市场的功能在实践中被社会所认识,也就是说,期货市场具有价格发现、套期保值等功能,可以为农业生产经营者提供信息指导和风险规避渠道。此外,农产品期货市场的发展对农业和农村经济的发展还起到很大的推动作用。具体体现在:

1. **期货市场有助于推动农产品产销的标准化进程。**标准化是现代农业发展的标志,期货合约是标准化合约,期货交割的是标准化程度较高的产品,通过市场发展期货市场,制定和完善相关的标准,加强农产品质量的检验检测,是实现农产品标准化工作的有效途径。有利于提升农产品的价值和竞争能力,同时对现货市场走向标准化、规范化也有推动作用。

2. **期货市场为农业主管部门和农民提供了一个分析未来现货市场和发现价格的工具。**未来现货市场价格走势是很难预测和把握的,期货市场的价格对未来现货市场价格的影响有多大,也是不容易估计的,但是期货市场是研究未来现货市场价格走势的重要参考依据。近年来,农业部开展的主要农产品的监测预警,就参照了国内外期货市场的动态。

3. **期货市场的发展有利于促进订单和农业产业化经营的发展。**期货市场能够推动订单农业的发展。一方面是期货合约为订单农业规范化操作提供了模式,提供了可以借鉴的规范合同文本;另一方面期货市场的套期保值功能为企业与农户签订订单提供了保障,为企业提高履约能力创造条件。我国订单农业中,小麦、大豆占相当大的比重,这与相关期货市场的发展有很大的关系。期货市场推动了订单农业的发展,而订单农业的发展必然促进了农业产业化经营。

虽然我国农产品期货市场发展的历史还不长,也存在一些问题,但总的来看,它正在逐步成长和规范。近十年来,我国粮食生产成本以平均每年10%以上的速度递增,加入世界贸易组织以后,随着境外大量优质低价的玉米、小麦、大豆等农产品进入我国,国内生产者将面临巨大的压力。市场风险和企业经营困难加大,迫使企业千方百计寻找回避风险的办法。全国数万个与粮食生产经营相关的企业中的大多数,将会主动关注、研究并最终参与期货市场,国内农产品期货市场的交易规模将会因此而明显扩大,我们在借鉴国外期货市场经验的同时,要更好地培育和发展期货市场的投资主体,完善期货市场的法规与制度,使我国农产品期货市场与国际市场接轨,并逐步扩大农产品期货市场的国际影响力。

8.3　农产品拍卖交易

随着我国市场农业的深入发展以及加入 WTO 后外向型农业的发展，农产品流通方式更加多样化，近几年进行了蔬菜、水果、花卉、水产品、肉类等鲜活农产品的拍卖试验，农产品拍卖市场的优越性也为更多人所认识，本节就农产品拍卖的基本问题及拍卖市场的发展趋势作些简单的分析。

案例一　由广州市政府主办、芳村区政府承办的广州首届花卉交易会，于 2003 年 11 月 13—16 日在广州花卉博览园内举行。首届广州花卉交易会举办了广州花卉第一拍、广州花卉超市启动等活动。

花卉业是广州农业的重要组成部分。广州花卉交易拍卖中心是亚洲最先进、设施最齐全的花卉拍卖中心。作为首届花卉交易会的“重头戏”，开幕式上广州市委副书记张桂芳把将在今后见证无数次花卉交易的拍卖槌郑重授给负责经营花卉拍卖中心的南方拍卖行总经理何泽明。广东省雷于蓝副省长和广州市张广宁市长共同在现场敲响拍卖钟，庄严宣布广州花卉拍卖正式启动。“广州花卉第一拍”所拍卖的鲜花是由昆明千里马花卉有限公司分别在云南、广州两地生产的 999 朵 A 级玫瑰花。广州市政协主席陈开枝与广州市市长张广宁分别向买卖双方赠送了“广州花卉第一拍”的金匾。首日广州花卉拍卖中心做成 365 次交易，拍出 15 万枝玫瑰、康乃馨、菊花和百合等鲜花，成交额达 9 万多元。

据介绍，广州花卉拍卖中心是目前亚洲最大的花卉拍卖中心。拍卖中心配有先进的电子交易设备，实行四线计算机系统拍卖，特大电子屏幕可及时滚动显示鲜花的起拍价、降价幅度和成交情况。所拍卖的花卉均需通过统一质量、标准认证与包装，采用荷兰式拍卖即价格由高递减直至以合适的价格成交为止。交易效率最快可 2 秒内完成一笔。交易中心还将与国内和世界各地花卉交易拍卖中心实现信息共享，交易者可实时查询各大花卉市场价格和交易情况。今后广州花卉拍卖中心每天将于中午和下午进行两次拍卖，日后将达到日拍 50 万枝花卉的规模。为保证拍卖的信用，拍卖中心对交易商采取会员制，其他非会员分销商的大量花卉将通过广州花卉超市分销。

花农使用这种现代化的销售手段，其成本并不会比传统手段高，花卉拍卖中心在运作过程中，制定花卉的等级，并将花卉的信息、价格、行情及时传递给花农，以此推动整个行业标准化、信息化发展，从而实现整个花卉市场的产业化。

作为广州花卉拍卖的二级市场即广州花卉超市的营业具有特殊的意义。由于花卉拍卖启动后实施会员制方式的开展，相当部分分销商将不可能进入拍卖大厅交易，而拍卖大厅的成员也需要将拍卖中的大量花卉分销出去，广州花卉超市将承担大部分拍卖厅花卉的分销工作，因此鲜花超市顺利开业将对广州花卉拍卖起到非常重要的作用。

案例二　2002 年 8 月 9 日新华网报道，中国东北黑土地上生长的号称“世纪瓜王”的两个重达 93.5 千克的西瓜，8 号下午在天津国际拍卖公司拍卖，最终以人民币 11 560 元成交，两个西瓜拍出万余元，创出中国农业应季食品拍卖的历史纪录。

中国农民家庭农产品登上了中国拍卖舞台成了主角，这个奇迹创造者首先是来自中国东北偏远农村的中学教师。他是辽宁阜新蒙古族自治县的一位教生物学五十余岁的老教师，他在自己家的菜园里用了几年的时间培育出单个体重达 50 千克的巨型西瓜，同时还迎合中国人的习俗，在瓜体上用遮盖的方式自然生成出“寿”、“喜”字。

在拍卖现场上，两个大西瓜经过十余位竞买者的几十轮竞争，最终由同一竞买者竞得。主持这场拍卖的拍卖师、天津国际拍卖公司董事长刘幼铮说，“世纪瓜王”的出现和这项拍卖纪录的诞生，从一个角度反映了中国商品经济和商品观念的发展，也反映了中国拍卖业和拍卖领域广泛发展的强劲势头。

8.3.1　拍卖的定义

拍卖是以公开竞价的形式，将特定产品转给最高应价者的买卖方式。具体来说，它是由拍卖行接受委托人的委托，按照一定的规则，在事先公布的时间和地点，以公开叫价的形式，卖货于出价最高的买主。真正的拍卖活动要具备以下的条件：

1. *有被拍卖的对象*。适合拍卖的商品很多，如破产企业的财产、设备、房屋等有形的商品以及像案例中所说的鲜花、特种瓜果等农产品，还有一些无形的财产权利，如商标、专利等。农产品拍卖活动主要是农产品展销会后，将一些展销的产品进行拍卖，还有就是农产品批发市场的拍卖活动，可以是不同品种的粮食、油料等产品，也可以是一些鲜活农产品等。

2. *要有合格的组织者*。要有从事拍卖活动的中介组织即拍卖行，还要有设备健全的拍卖市场；要有至少两个人以上的竞买人。拍卖是一种公开竞价的买卖方式，有至少两人以上的竞买人才有可能形成价格竞争的局面。要遵循严格的拍卖规则。“公开、公正、公平”是拍卖的基本原则。如果买方私下串通压低价格，或拍卖方偏向某一方，或当事人反悔等都是违法行为。

8.3.2 农产品拍卖的程序

农产品的拍卖活动和其他拍卖行为一样,必须体现“公开、公正、公平”的拍卖原则,这就要求拍卖活动按严格的程序进行,以保证当事人的合法权益。

1. 要选好拍卖的农产品。委托拍卖行进行拍卖,向拍卖行提交有关的拍卖资料,并且与拍卖行签订《委托拍卖合同》,合同中要写明拍卖人、委托人的姓名、地址,拍卖的农产品的等级、数量,拍卖的方式是增价拍卖、减价拍卖还是密封拍卖等有关事项。

2. 要出拍卖公告与展示。拍卖人应在拍卖的前 7 日发布拍卖公告,公告要写明拍卖的时间、地点,拍卖标的,竞买人的资格及条件,并在拍卖前展示拍卖标的和相关资料,比如,拍卖标的的资料,拍卖价款的支付方式和期限,拍卖方式和应纳税费等。

3. 拍卖的实施。拍卖师在拍卖前宣布拍卖规则和注意事项,并按拍卖资料中所列的拍卖方式进行拍卖。拍卖师以落槌方式确认拍卖成交,拍卖人与买受人签订《拍卖成交确认书》,内容包括拍卖人、买受人的姓名、地址,拍卖标的的价款、支付方式和期限,拍卖标的交付时间、地点和方式,定金,佣金和支付方式,拍卖成交的时间、地点和方式,以及违约及争议的解决方式。若没有发生拍卖无效的情形,整个拍卖活动就顺利地结束。

农产品的拍卖活动,也可以根据不同情况选定不同的报价方式。可以增值拍卖,即由拍卖人宣布拍卖标的的最低价格,再由买者竞相叫价,最后由拍卖人击槌确定将标的卖给出价最高的买者,在拍卖人击槌前,竞买人可以撤回叫买价,如果竞买人出价过低,拍卖人有权拒绝出售农产品。这种报价方式是农产品拍卖活动中常用的方式。案例中广州鲜花拍卖就采用这种报价方式。此外也可以采用减价拍卖,是指拍卖人喊出标的最高价格,逐渐减低叫价,一旦买者中有出价,拍卖人即击槌成立。可根据不同情况选择不同的报价方式。

8.3.3 农产品拍卖市场的建设

农产品拍卖经常的大量的活动是在批发市场,因此,必须研究农产品批发拍卖市场的建设问题。建设农产品批发拍卖市场,必须具备一定的市场基础和物质条件。既要考虑市场形成后的长远影响,更要考虑当前的市场成熟条件。综合考虑,农产品拍卖市场重心可以建设在产地,也可以把重心放在销地,我们对其不同优势作个比较分析。

1. *农产品拍卖市场重心建在销地*。农产品拍卖市场建设重心放在销地，比如在上海、广州、北京、武汉、西安、沈阳等大型中心城市着手，这些大中城市有较好的市场开办条件，相对容易取得成功。具体体现在以下几方面：

(1)对农产品有足够的需求规模：城市作为鲜活农产品消费中心，其市场容量往往和城市的规模成正相关。一个数百万人口的大城市，农产品的一天销量是相当可观的。且这种需求相对稳定，受季节变动的影响小，品种货源调节余地大，可保证拍卖市场常年开市。

(2)有较好的市场基础：农产品从 20 世纪 80 年代取消了统派购后，经过十多年的发展，特大城市的鲜活农产品自由流通体制已基本形成，相应的生产基地、产销联系、交易设施及流通网络初步配套，这些前期工作为拍卖市场上马准备了较好的市场基础和物质条件。

(3)有优良的外部条件：特大城市是全国性或相邻若干省区的经济中心，交通便利，公共设施完善，专业人才齐全，融资条件好，拍卖市场建设在这些特大城市，运作规范，效益好，影响大，且利用需求对供给的牵引作用，通过销地的农产品拍卖市场，可带动产地市场规范化发展。

当然，农产品拍卖市场建设在销地，也有一定的不利之处，比如，远离生产产区，生产者要经过长途运输，或由中间商间接进入市场，使生产者失去一部分在拍卖市场上得到的利益；另外，由于市场远离产区，信息反馈路径长，环节多，信息时效性差，甚至有时还会出现错误或扭曲的现象，误导了农民的生产。这些要及时引起注意，并采取一定的防范措施，使拍卖市场发挥优势，推动农产品的营销活动。

2. *农产品拍卖市场重心建在产地*。农产品拍卖市场建设重心放在产地，其优势体现在：

(1)减少农产品流通的中间环节：农民可以就近上市，有的农户达不到入市的规模，可以通过联合方式上市，减少了长途运输的费用和损失，同时，经销商和加工商可直接来产地市场采购，减少了农产品流通中间环节，有效地免去中间商对农民的盘剥。

(2)有利于提高产区的知名度：拍卖市场的建立，必然扩大农业区域化、专业化生产，指导农民开发新产品，推广新技术，提高农民产品标准化和优质化程度，不断提高产区知名度，将进一步促进农产品的流通。

(3)有助于提高农民对市场变化的适应能力：农民可进一步熟悉农产品拍卖市场运作的功能、程序和技巧，尽快地熟悉并接受拍卖市场运作要求，且信息反馈准确、及时，农民可根据市场变化调整自己生产方向和生产规模，逐步提高农民对市场变化的适应能力。

农产品拍卖市场建设在产地也同样有不利方面，包括：

(1)市场设施利用效率和经济效益较差：因为市场主要为集散当地的产品服务，受季节性的影响，农产品淡季很难为市场提供足够的货源，必然使市场设施利用率受到影响，导致经济效益受损。

(2)市场适应需求和创造需求能力作用较差：市场远离集中消费区，入市交易者大多数是加工用户和销地的经销商，生产者和消费者的联系较差，削弱了市场适应需求的能力。

(3)产地外部条件较差：产地可能城市规模小，因而相关条件比较差。可见，农产品批发拍卖市场，能否建设在产地，关键要看产地条件是否具备。包括产地是否有大规模的专业化生产，以提供足够的货源；产地的交通条件，是否能满足短时间内集散大量鲜活农产品的要求；产地是否有较好的金融、信息和生活服务条件，适应拍卖市场带来的大量人员、资金和信息流动的需要；产地是否有相应的专业队伍，指导和操作现代农产品流通方式，等等。不论建在产地还是销地，都要进行充分的调查，周密的论证。目前还只能在少数条件好的地方，择点试办，办一个，就要成功一个，办出规模，办出效益来。

8.3.4 农产品拍卖的评述

拍卖这种“一锤定音”的独特交易形式，在我国清朝末年已开始产生。中国最早出现的拍卖行是1874年英国远东公司在上海开办的鲁意斯摩洋行。后来法国、日本等列强纷纷在中国开设拍卖行。虽然民族资本也建立过一些拍卖行，但无论在资金还是规模上均难与西方拍卖行抗衡，直到解放前，在拍卖界都没有成气候。新中国成立初期，由于当时特定的历史条件和计划经济的需要，拍卖活动受到严格的限制，数量也很少。随着1958年天津市最后一家拍卖行歇业，拍卖业暂时退出了我国流通领域。改革开放以后，拍卖业重新恢复了业务机构与活动。1986年11月，国营广州拍卖行成立，为新中国拍卖史掀开了辉煌的一页。1993年5月，中国嘉德国际拍卖有限公司在京成立，成为我国第一家全国性综合拍卖公司。

拍卖业的兴起不仅有利于完善市场体系，促进廉政建设，而且有利于增加国家财政收入，还可以丰富市场营销方式。目前，作为一种新型营销方式，必将深入到社会经济生活的各个方面。农产品的拍卖活动，有新产品的拍卖，有库存粮食的拍卖，还有一些名、优、特产品拍卖，在销售的同时提高了产品的知名度，并实现了农产品由产地直接上市，公开集中交易，有效减少中间流通环节，并实现了质量等级化、重量标准化、包装规范化、管理现代化。

在农产品拍卖交易中，把集货、运输、装卸、贮运、加工、销售各个环节成为一体，这种现代交易方式许多地方优于传统的交易形式，体现在：

1. 交易效率高，节约搜寻和谈判费用。在传统销售市场中，商品质量没有统一检验标准，缺乏可信度，买方需要亲自验货方可成交，交易的执行和监督成本较高，且面对众多的客商，买方仍有个交易对象的搜寻和个别谈判问题，需要支出一定的谈判费用。在拍卖市场上，尽管买方众多，但卖方却只有一个或几个，交易方向集中明确，用不着劳神费心去个别搜寻，可节约买方的搜寻和谈判费用，而且由于市场对产品质量有统一检测，比较规范，市场设施也比较齐全，使交易效率大幅度提高。

2. 交易更趋于公平与公正。拍卖市场实行卖方委托交易制，商品当量、质量、规格等信息由市场集中统一掌握并统一报告，信息公开透明，机会均等，买方凭实力和技巧公开竞争。而在传统交易市场里，即是市场当局想提供信息，客观上也因掌握不全而力所不能及，有时为了竞争的需要，谈判在秘密或半秘密的状态下一对一进行，容易出现不公平交易甚至是欺诈交易。拍卖市场上信息公示和竞价拍卖，较好地保证交易的公平与公正。

3. 降低农民上市风险。肉类、蔬菜、瓜果、花卉等鲜活农产品，容易腐烂变质，成熟后要及时收获卖掉。在传统的销售市场上，农民很难适应瞬息万变的市场动态，把握不好上市时机，往往千里迢迢将产品送到市场，却落个贱价处理，即使就近上市，也不一定能卖个好价钱。但在拍卖市场上，一般有一定的价格保护制度，当拍卖价低于保护价时，交易就自动停止，未售商品改作其他用途。由市场货主给卖方适当补偿，以保证农民的基本利益。这种制度有利于维护正常价格水平，降低农民上市风险。

总之，农产品市场拍卖交易多方面优于传统交易方式，尤其批发市场上的拍卖交易已经广为社会各界和公众所接受，其活动将越来越频繁，规模也将越来越大。拍卖交易已是大势所趋，在传统交易向现代交易方式转变的过程中，拍卖交易会越来越显得重要，运用得越来越广泛。

本章小结

农产品的销售已经不单纯是初级产品的销售，产加销一体化营销，显示了特有的作用和强大的生命力；在现代商品交易所中进行的期货交易，实质上是一种买卖某种商品标准化期货合约的交易；随着我国市场农业的深入发展以及加入 WTO 后外向型农业的发展，农产品流通方式更加多样化，在蔬菜、水果、花卉、水产品、肉类等鲜活农产品拍卖试验也有好几年了，农产品拍卖市场的优越性也为更多人所认识。本章对农产品的其他营销方式，如农工贸一体化营销、农产品期货交易以及农产品拍卖活动的意义、操作方式及应注意的问题作了详细介绍，并分析了这些方式在实际运用中存在的问题，有利于实际营销中正确的掌握各种营销方式，促进农产品的营销活动。

主要概念：农产品农工贸一体化营销、农产品期货交易、农产品拍卖活动。

主要观念：农产品产加销一体化销售显示了特有的作用和强大的生命力，农产品期货交易和拍卖交易将运用得越来越广泛。

基 本 训 练

判断题：

1. 农工贸一体化营销突出的是一体化。(　　　　)

2. 期货商品是要在交易现场供买卖双方当场查验的。(　　　　)

3. 公开是农产品拍卖交易的基本原则。(　　　　)

选择题：

1. 农产品产加销一体化销售的难点是(　　　　)。

A. 准确把握市场信息　B. 农工商各方面利益分配　C. 产品品种的选择　D. 资源的综合利用

2. 商品期货是(　　　　)。

A. 金融工具　B. 实物商品　C. 金融工具与实物商品粮　D. 以上三种说法都不对

简述题：

1. 简述农产品农工贸一体化营销的特点。

2. 简述农产品为什么会成为我国期货市场最活跃的交易品种。

技能题：

1. 农产品产加销一体化销售成功运作的关键是什么？

2. 农产品拍卖交易和期货交易操作的主要技能有哪些？

分析题：

对比分析农产品拍卖市场重心建在产地与销地各具有哪些优势？

案 例 分 析

顺义区前鲁各庄村办的前鲁鸭场，经过20余年的发展，现已成为辐射京郊6县、联结10余个鸭场和1 300个养鸭专业户的鸭禽生产基地。在前鲁鸭场的统一组织和管理下，鸭禽从种蛋、孵化、饲养、屠宰、加工到销售的生产全过程，实现了产业化经营，贸工农一体化销售，就像一条腾飞的金龙，为改革开放的春天增加了一道亮丽的风景。

在生产中，他们实行统一的鸭雏繁育，统一的饲料供应，统一的防疫和技术指导，统一的加工体系和统一的销售渠道；只是分散饲养。具体地说，有四个方面：

1. 集中的鸭雏繁育。在鸭禽饲养行业中，鸭雏的分散自繁，往往会由于技术和规模的制约，出现成本大、质量差的问题。因此鸭农普遍希望获得优质而廉价的外来雏鸭来供应。前鲁鸭场适应这一要求，从土法制作孵化机开始，不断提高育雏质量，形成了由微机控制全过程，出雏率在 90% 以上，年孵化量 500 万只的孵化能力。联合体内的所有鸭场和鸭农所需的雏鸭全部由前鲁鸭场集中提供。前鲁鸭场为他们设立了雏鸭购取户头和领雏卡片，卡片上规定具体的购雏数量和期限，以及交回成鸭的要求。这样，这个联合体内部的协作关系从生产的第一个环节起就自然地通过合同形式得到确定。

2. 分散的饲养群体。雏鸭供应后，联合体的成鸭饲养由分布在 6 个县的 10 余个鸭场和 1 300 个养鸭户来完成。这种多方位、多层次的联合饲养，扩大了生产规模，在更大的范围内实现了生产要素的合理组合，有着一地集中饲养所难以比拟的优势。就前鲁鸭场而言，就地饲养 60 万只就已饱和，外放饲养不需要更多的投资，便扩大了饲养空间，使生产规模可始终与扩展的市场要求保持一致；就其他外联的鸭场而言，既充分利用了现有设施能力，扩大了就业门路，同时还在前鲁鸭场的技术指导下，降低了成本，大幅度提高了经济效益；就养鸭户而言，在前鲁鸭场负责收购活鸭和承担经营风险的前提下，他们积累的养鸭经验得以充分发挥，勤劳致富成为现实。于是涌现了一批年产 25 万只鸭的外联鸭场和年产 2 万只鸭的养鸭专业户。

3. 就地加工的体系。联合体内的各鸭场和鸭农的鸭禽养成后，按合同全部交回前鲁鸭场，进行就地屠宰加工。前鲁鸭场作为加工中心，对联合体的发展起到了举足轻重的作用。屠宰、加工、贮存系统的建立，一是确保了活鸭收购，减少了鸭农在消费淡季的销售风险，维持了生产的均衡规模；二是避免了利益流失，使产品获得较高的增值。一只成品鸭的加工增值收入为 1 元，前鲁鸭场只加工收入，一年就可得 180 万元。这样，鸭场可将饲养环节的增值部分全部让利于鸭农，甚至还可在一定时间内运用加工利润为鸭农消化一些成本上涨因素。目前，前鲁鸭场有屠宰车间 3 000 平方米，日屠宰能力 1 万只，并可根据市场需求，加工鸭坯、冻体鸭、西装鸭、烤鸭等十几个品种，冷库的储藏能力也已达 2 000 吨。

4. 固定的产销关系。在销售环节上，这个联合体拥有稳定的渠道，全市已有

70余家烤鸭店的用鸭由前鲁鸭场固定供应。联合体所有的加工成鸭均由前鲁鸭场统一销售，按协定直接供应各用户。过去鸭农自养自销，不仅运输成本较高，而且因批量小，难以与买方对话，价格上处于不利地位。现在的统一销售方式，增强了联合体的实力，扩大了市场占有率，保护了鸭禽饲养者的利益；同时，规模销售还可降低单位运输成本，得到了规模效益。目前，前鲁鸭场有冷藏运输车10辆，日送货能力30吨。

前鲁鸭场实行产业化经营，收到了显著成效：一是开拓了就业和致富门路。按每户两个劳力从事鸭禽饲养计算，作为一个村办企业，前鲁鸭场为其带动的1 300个养鸭专业户提供了2 000个劳力的就业机会。养鸭专业户中有的年产成鸭2万多只，一般的也有五六千只，年收入可达六七千元。而且这些农户分散在京东各县，又对其周围农户发展多种经营起到了示范作用。同时，鸭场还安排了本村的一些残疾人员，起到了扶贫作用。二是企业取得了一定的利润。鸭场从1986年实行产业化经营，通过积累和合资建起了1 500平方米的自控孵化厅，3 000平方米的机械化屠宰线，2万平方米的种鸭场，2 000吨的冷库，10辆冷藏运输车，日产30吨的饲料加工厂，以及有关的办公设备，年设计生产能力达到250万只。除扩大再生产外，鸭场还向本村上交资金40万元，为村里兴办了不少社会福利事业。三是提高了产销联合的层次，扩大了销路。在发展过程中，北京有关鸭的生产单位出资100万元，前鲁鸭场出资200万元，共同组建了“北京养鸭集团”，用以发展前鲁鸭场的规模，从而使相互之间一般的产销关系进一步发展为合资经营的关系。

可组织学生参观顺义区前鲁鸭场农工贸一体化生产与销售基地（也可以另选一处典型的农工贸一体化营销的企业），也可以就案例资料分析该基地生产、加工、销售之间，如何体现一体化经营的？利润的分配在三者之间如何处理的？

市场调查

就近参观农产品期货交易市场，分析农产品期货交易中存在什么问题，并提出自己的建议。

CHAPTER 9

第9章　农产品国际市场营销

学习目标

学习本章后：

素质目标：形成对农产品国际市场营销，包括市场环境、市场开发和国际市场营销组织的基本认识。

知识目标：国际市场营销的含义，了解农产品国际市场营销的特点、国际市场营销环境分析、农产品国际市场营销的必要性；如何进行农产品国际市场的开发，各种开发方式的选用和比较；应用国际营销组织进行国际市场的营销。

技能目标：学会国际市场的营销环境的分析；掌握农产品国际市场的开发的方式；并通过实际训练，获得国际市场的营销能力；并能对农产品国际市场营销进行一定的观察分析，并能进行一定的市场经营活动。

当今世界，由于科学技术、生产的增长，流通的扩大和跨国公司企业的兴起，国际上正在逐步实现各种生产要素在多国范围内进行优化配置，经济全球化趋势不可逆转，且进一步加快，已将各国的经济生活同国际市场有机地联系在一起。随着世界经济贸易相互依存的进一步提高，经济全球化与一体化和区域集团化迅速发展并对各国经济贸易的影响日益突出。任何一个国家要加强生产发展，促进经济繁荣，都必须摒弃闭关锁国的思想，积极参与国际市场竞争。随着我国改革开放的不断深入，特别是加入 WTO 后，我国农业将面临越来越广阔而复杂的国际营销环境。因此，进一步扩大农业对外开放，大力发展与世界各国的农业经贸合作关系，是我国农业和农村经济发展的必然趋势。

案例　国际农产品市场上已经形成以美国为代表的西方发达农业国家农产品营销渠道和东方以日本为代表的农产品营销渠道模式。

就美国主要农产品营销渠道模式来说：美国农产品营销渠道较短，主要从产地批发市场直接出售给零售商。主要特点是：

1. 产地市场集中。由于美国农产品生产区域化程度高，形成了玉米、小麦、大豆、蔬菜、水果等生产区域，因而农产品产地市场比较集中，华盛顿州、密歇根州和纽约州 3 个州产量几乎占全国产量的 70%。在整个渠道系统中，产地批发市场与零售商的交易量占 98.5%。

2. 销地批发市场分布在大城市。美国销售批发市场又称车站批发市场，主要是因为美国公路、铁路发达，农产品常常能够迅速运往大城市车站，形成城市农产品集散市场。美国大城市农产品供应并非集中在大城市郊区，而是在遥远的生产区域，因而美国的城市批发市场比较发达。虽然销地批发市场占农产品总交易量的 20%，但对农产品价格形成具有主导作用。

3. 渠道短、环节少、效率高。美国农产品 78.5% 从产地通过配送中心，直接到零售商，而车站批发商销量仅占 20% 左右。由于渠道环节少，农产品流通速度快，成本低，从而大大提高了渠道效率。

4. 服务性渠道组织齐全。为配合农产品高效流通，产生了许多专门为农产品交易服务的渠道组织，如装卸公司、运输公司、加工和分类配送中心以及银行等等。

5. 批发市场内部交易方式主要以拍卖、代理销售为主。以批发市场为基础，形成了农产品期货市场，如芝加哥期货市场等。由于采用公开拍卖、代理销售（或购买）和期货交易，使农产品市场价格充分反映市场的供求变化。

在日本主要农产品营销渠道模式是：由于日本农产品主要依赖进口，因此农产品流通渠道复杂。主要包括中央批发市场、地方批发市场、中间商批发市场和零售组织以及供货组织等。其主要特点：

1. 渠道环节多，流通成本高。日本农产品一般通过两级或两级以上批发渠道后，才能把农产品转移到零售商手中。日本《批发市场法》规定禁止中间商从事批发业务，使极少数批发商(如株氏社等)从产地市场进货，因此绝大多数农产品要经过多级批发市场的交易，因而提高了流通成本。

2. 利润分配不均。日本较早制定了《零售法》，对从事零售的组织给予利益保证。从利润分配比重看，批发商收取 4%管理费，中间批发商 10.9%、零售商 43%、农协等 43.6%、生产者仅占 28.5%，零售商为保证 43%的利润往往把终端价格抬得较高，因此，日本农产品市场零售价格是世界农产品市场最高的价格。

3. 渠道流通规范化、法制化、效率高。尽管流通环节多，但日本批发市场采用拍卖、投标、预售、样品交易，甚至同一产品两家机构同时拍卖，形成的价格公开、公正。日本《市场法实施规则》规定到达批发市场的农产品必须当天立即上市，以全量出售为原则，禁止批发商作为中间商或零售商直接采购农产品，禁止拒绝农产品委托，禁止场内批发商同场外的团体或个人展开批发业务等等，使农产品批发市场流通效率高。同时，对收费作出规定，批发商除手续费以外不能接受其他任何报酬。

4. 形成以批发为主导的市场功能。如集散功能、价格形成功能、服务功能、结算和信息功能等。

经验借鉴：

1. 农产品生产区域化。

2. 借鉴日本经验，规范农产品市场行为，制定法律法规。

3. 渠道组织多元化，特别是农业专业合作社。

4. 管理的企业化和市场化。

5. 渠道结构短化和一体化。

资料来源：《世界农业》2003 年第 3 期 作者单位：华中农业大学管理系

自从我国加入 WTO 以后，农产品的营销市场已经被纳入全球经济的轨道，不容许也没有机会再回复到以前的农产品自我控制的状态。农产品的产量、科技含量、品种、规格、市场、价格、批量等，都被纳入国际运行的范畴。但是我国农产品营销组织、营销技能、营销管理等都还很落后，整体素质不高，人员匮乏，因此，走向国际营销我们还要学习、借鉴他国的经验。

9.1　农产品国际市场营销环境

9.1.1　农产品国际市场营销的含义与特点

国际市场营销是指企业超越本国国界的市场营销活动，它是企业将产品或服务由一个国家或地区销售给本国或本地区以外的消费者或用户的商业行为。

1. 国际市场营销的两层含义。国际市场营销的本质是在不同制度、文化、民族等区域之间如何运作市场、开辟市场，推动商品流、资金流、信息流的转移，在满足不同区域、国度消费的需求的同时提高经济收益。

同市场营销一样，国际市场营销在内容上也包括市场营销观念、市场细分、市场定位、目标市场战略、目标市场营销组合等。同样，在营销活动开展前也要进行市场调研、可行性分析、消费者行为模式研究、制订营销计划、战略、策略等方案，只不过在空间上跨越了国界、区域、民族而已。

国际市场营销是超越国界的市场营销活动：

(1)它超越了国与国之间的地域界限，跨越了空间局限与约束。

(2)国际市场营销活动的环境具有很大的差异性和复杂性：国内营销活动的环境是比较相似和单一的，而国际市场营销所面临的环境却是差异极大而极为复杂的。差异性是指世界上有众多的国家，各国都有其特定的政治、法律制度，有不同的经济发展状况、文化和风俗习惯。企业进行国际市场营销时，必须区别对待，制定不同的对策。复杂性指企业在从事国际市场营销时，要受多层次市场环境的影响，既要受整个国际市场营销的影响(包括当今世界经济、政治、法律、科技及军事等方面)，又要受产品和劳务进口国的政局、世界市场行情、国际上复杂的币值及各国特殊的自然条件等等。这些因素极易变动，难以估测，更增加了国际市场营销的复杂性。

(3)多国性：国际市场营销与国内市场营销活动的原理与方法很相似。不同的是国际市场营销一般至少在两个或两个以上的国家之间开展。

2. 国际市场营销的特点。由于国际市场营销是在世界经济贸易总体形势的背景下进行的，同时又受到国际政治、经济、文化、法律、科学技术等环境因素的影响，使得国际市场营销与同内市场营销有明显差别。

(1)市场进入难度大：与国内市场相比，国际市场进入的障碍更多一些。进入国际市场的障碍主要有：

①政策障碍。进入国际市场的政策障碍很多，不同国家和地区制定本国（地区）贸易政策的基点不同、目的不同，造成政策差异大。有的国家市场进入的硬性障碍大，例如关税税率很高；有的国家软性障碍大，例如采用非壁垒措施来提高本国（地区）市场的进入门槛等。一般而言，发达国家的关税税率要比发展中国家的关税税率低，但是发达国家的非关税壁垒更让人头疼。

②沟通障碍。语言不同，文化的巨大差异使生产商与国外中间商、消费者或用户间的沟通困难，沟通效率低，营销活动中往往需要长时间的谈判，繁琐复杂的成交程序，以及技术性解释困难。

③由于国际市场营销中生产者与消费者的空间分离，信息隔离及分散程度大，造成营销企业在了解市场行情变化、商品仓储、渠道转运及售后服务等方面存在诸多困难。

(2)复杂性：国际市场营销复杂性远远大于国内市场营销。国际市场的复杂性主要表面在以下几个方面：①国际市场营销背景复杂，从国家间的利益关系，如政治利益，到文化背景、价值观以及由此决定和影响的思维模式、消费者行为习惯、商业合作习惯及规则等，这些复杂的背景使得营销活动受到极大的影响和制约。“贸易大战”、“贸易报复”与非正常的“倾销与反倾销”调查、官司等如同家常便饭。②各国具体制度的差异性大。各国的产业政策导向、货币制度、度量衡制度、汇率管理制度等差异大，同时各国的文化背景、商业习惯、贸易法律法规以及纠纷的处理各不相同，这些都加剧了国际市场营销的复杂性。

(3)信息管理难度大，成本高：①信息获得的难度大。由于文化的巨大差异，思维模式的区别，语言交流的不便，东道国的政治倾向以及国际关系与国际利益的影响使得企业市场调查难以有效开展，投资企业获得信息的难度加大，所获得的信息有效性不高，企业信息收集系统的运作效率与质量难与国内匹敌，同时获取信息的费用成本高。②信息不容易得到有效传播。产品信息的传递，营销广告信息对目标消费群的针对性、准确性以及信息反馈的及时性、准确性与完整性，造成了营销信息很难得到高效的传播，大大降低了企业的营销竞争力。③信息处理难度大。由于文化、价值观、思维模式的区别，对同一符号信息，信息传播者与接收者的理解差异大，在信息处理时要剔除或剥离这一信息干扰层，使信息复真（恢复传播者所要表达的意思）不容易。对于跨空间地域管理的国际营销企业，信息管理的难度更大。

(4)风险性：国际市场进入困难、壁垒重重和市场营销复杂性的客观存在，以及信息管理难度大等，加大了国际经营中的不确定性，决定了国际市场营销风险性大。国际市场营销存在的几种典型风险：①资信风险。在国际市场营销活动中，由于身处异国，对对方企业的资信调查难度大、费用高。在没有掌握对方真实资信情况下交易，常常会有更大的风险。②商业风险。交易双方是否信守合同，是这种风险的主要来源。国际市场营销中，不履约的情况时有发生。所以，在国际经营中一定要讲求信用，并与有良好信誉的企业进行商业合作。③价格风险。国际市场价格波动频繁，难以预测。而且国际市场营销中多为大宗买卖，合同规定交货的期限一般都比较长，所以买卖双方承担的价格风险都很大。④汇率风险。在浮动汇率制度下，汇率的波动变幻无常。如果在交易中选择结算货币不当，可能在结算时要遭受多付或少收的损失。⑤运输风险。在国际市场营销中，商品的转运一般都有“路线长、环节多、手续复杂、包装要求高”的特点。无论国际海运、空运还是陆运，都存在较大的货物运输风险。虽然可以通过办理保险，实现风险转移，但赔偿过程复杂，且往往得不到全额赔偿。⑥政治风险。东道国国家政局是否稳定，政策变更后的权力移交是否平稳，经济政策是否有连续性等，也常给国际市场营销带来风险。

(5)竞争激烈：国际市场营销竞争具有强烈的对抗性。在国内市场营销过程中，政府一般提倡和鼓励公平的市场竞争，而在国际市场营销过程中，由于各国纷纷推行经济开放政策，国际市场的供应竞争更加激烈，对抗不断升级，从事国际营销的企业不仅面临其他国家同类企业的竞争挑战，而且还会遇到国际性企业(如跨国公司)和其他国际组织的激烈抗衡。

(6)国际市场营销活动机构具有特殊性：企业从事国际市场营销活动，一般要设立专门机构，如出口部、国际分部或跨国公司，这些机构的形式和性质与国内营销机构有所差别。

9.1.2 农产品国际市场营销环境分析

市场瞬息万变，新的机会与威胁在陌生的环境里更是难以识别，但对于企业趋利避害，惟一的利器和法定是环境研究。从环境研究和分析中发现市场机会与威胁，快速应对，方能趋利避害，求生存、求发展。农业企业要想在国外开拓市场并获得成功，国际市场营销人员就必须深入了解各种特殊的国际市场营销环境因素。政治与法律是影响企业营销的重要的宏观因素。政治因素调节着企业营销活动的方向，法律则为企业规定商贸活动行为准则。政治与法律相互联系，共同对企业的市场营销活动发挥影响和作用。

1. 政治环境。政治环境是指企业市场营销活动的外部政治形势和状况以及国家议会政策的变化对市场营销活动带来的或可能带来的影响。由于农业是国民经济的基础产业，是弱势产业，历来是各国重点保护的部门。再者，粮食既是一种生活物质，也是一种战略物质，为了防止“战略禁运”的发生，各国政府往往采用各种手段来限制粮食的进口。农产品经营企业在准备某一国际市场之前，必须充分了解该国或地区的农业政策，如欧盟的共同农业政策，日本的新经济政策等，应该充分利用行业协会和本国政府的谈判力量，为我国农产品出口创造一个好的外部环境。

2. *法律环境*。由于世界由各主权国家组成，因而，事实上不存在一部统一的“国际法律”。企业开展国际营销须适应国际法律环境。国际法律环境主要由国际公约、国际惯例和涉外法律三部分组成。

国际公约又称国际条约，它是两国或数国之间缔结的关于确定、变更或终止它们权利或义务的协议。国际条约因其缔约国的数量不同而分为双边或多边条约，如我国与美国签订了《中美农业合作协议》的双边条约以及作为WTO成员必须与WTO各成员国达到一致，所以须遵守国际农产品贸易与营销公约——《乌拉圭回合农业协议》。

案例　在农产品国际营销方面特别要研究反倾销问题。要学习研究掌握《农业协议》中的相关规定。近年来世界范围的反倾销案的数目正在增长。在20世纪70年代中期以前，有很少的反倾销活动；80年代，全球发生的反倾销案有1 600多起；包括薄荷醇、塑料编织袋、松香、蜂蜜、大蒜、小龙虾、浓缩苹果汁等17种，金额约3亿美元。而90年代有2 200起，大约增长了25%。事实上，反倾销已成了阻碍我国农产品出口的主要非关税壁垒之一。截至2004年9月底，现有的33起反倾销案主要集中在4个领域，其中化学工业是起诉案件数量最多的行业，一共24起，占起诉案件总数的73%。然而，与国外反倾销的行业聚焦点有所不同，时至今日，我国尚无农业对外反倾销的案例。我国许多重要的大宗农产品产量居世界第1位，但在国际市场上至今仍然不是强国，农产品外贸总额占世界农产品外贸总额的3.55%，列第7位，出口总量尚不及法国和荷兰。目前，我国农业的国民生产总值占GDP的比重呈不断下降的趋势，只有14%左右，农业外贸出口创汇的比例占全部进出口份额不断下降，1992年尚占外贸总额的13%，到2002年底只占5.5%，2003年又有所下降。我国的出口产品有相当比例是低附加值产品，特别是劳动密集型产品占有较大的比重，且目标市场过于集中，约有75%（含香港转口）在北美和西欧，容易引起进口国的重视，使我国产品被反倾销的机会增加。为此，积极应对反倾销，发展外向型农业，既是我国增强农业竞争力的内在需要，又是我国实现现代化的必由之路。

资料来源：上海科教兴农网（www.shagri.org）马述忠 黄祖辉《农业经济问题》2005.3

所以，对我国农产品反倾销问题进行深入地研究，对于打开国际市场具有极为重大的现实意义。国际惯例是指在长期国际经贸实践中形成的一些通用的习惯做法与先例。它们通常由某些国际性组织归纳成立，并加以解释，被许多国家认可。惯例不是法律，但在国际商业活动中，各国法律一般都允许各方当事人选择使用惯例。一旦某项惯例在合同中被采用，该惯例便对各方面的当事人具有约束力。我国在反倾销案例中有成功经验也有失败教训。

案例一 苹果汁案。2004 年 2 月，美国商务部签署了反倾销修正令，包括 2000 年一审裁决中获得零关税的烟台安德利公司在内，我国共有国投中鲁、烟台源通等 6 家苹果汁企业获得零关税。历时 5 年之久，我国农产品企业首次告倒美国商务部。这是加入 WTO 后我国农产品应对反倾销最为成功的一个典型案例。马述忠（2004）概述了苹果汁反倾销案发生的背景，从应诉、上诉历程角度给出了我国企业的应对过程，并得出了一些有益的启示。反倾销前，美国曾是陕西苹果汁的第一大出口市场。1999 年 6 月，美国发起反倾销调查，对陕西的农业生产和农民增收产生了较大的影响。在分析了陕西苹果汁出口及市场分布的基本情况后，张根能、徐瑞平、廖春良（2003）从出口量、出口市场和创汇能力入手提出了相应的对策和建议。

案例二 蜂蜜案。1993 年 10 月，美国国际贸易委员会发布通告，立案调查从我国进口的蜂蜜对其市场的影响，我国有关公司赴美应诉，迫使美国否决了该项提案；1994 年 10 月，美国又提起了蜂蜜反倾销诉讼，我国与美国进行了长时间的、激烈的谈判，1995 年 8 月，正式签订了《中美蜂蜜中止协议》；2000 年 8 月，协议到期，9 月，美国再掀风波，又提出了蜂蜜反倾销调查。为此，徐国钧、梁勤（2001）回顾了 1993—1995 年我国应诉美国蜂蜜反倾销案的历史，分析了近年来我国蜂蜜对美的出口情况，以及反倾销对我国外贸产生的影响，并提出了应对措施。

案例三 小龙虾案。1996 年 9 月，美国小龙虾加工者协会及路易斯安那州农林部联合对我国出口的小龙虾仁提出了反倾销诉讼，1997 年 9 月，美国国际贸易委员会公布了终裁结果，历时 1 年的小龙虾反倾销案以我方失利而告终。刘宝荣、徐世文（1998）和武义海（1998）对这一原本不应发生、原本应胜诉的反倾销案进行了反思，总结了失利的根本原因、直接原因和客观原因。

资料来源：上海科教兴农网（www.shagri.org） 马述忠 黄祖辉《农业经济问题》2005.3

各国的涉外法规包括三方面内容：

基本法规：它们有商标法、专利法、反倾销法、环保法、产品责任法、反垄断法、保护消费者权益法等。这些法规对农产品国际经贸活动都会产生直接的影响。

关税政策：关税是进出口商经过一国关境时，由该国政府设置的海关对商品征收的一种税收。我国农产品的关税一直很高，这对我国农产品起到一定的保护作用，但加入世界贸易组织后我国面临很大的降低关税任务。

进口限制：进口限制又称非关税壁垒。非关税壁垒名目繁多，且隐蔽性很强，是从事国际营销企业的最大障碍。如许多国家以安全和环境为借口，制定各种苛刻的卫生检疫标准，间接限制了农产品进口。

3. 经济环境。经济环境对农产品国际营销活动影响很大。一国的经济体制、经济发展水平、经济增长率、就业率等因素从不同方面影响着农产品国际营销活动。下面侧重分析世界经济格局和各国经济发展水平两个方面因素进行分析。

(1)世界经济格局：世界经济格局就是世界经济按照一定标准划分的各种经济力量的对比。随着美英争霸的两极格局的结束，世界正朝着多极化的方向发展，出现一超多强的局面，各国经济利益集团活跃在世界舞台上，平衡着世界经济的发展。世界各国按经济的不同发展程度划分，可分为发达国家和发展中国家；若按经济制度划分，可分为市场经济国家和非市场经济国家。世界现有的经济秩序，总体来说还是有利于发达国家利益而不利于发展中国家的利益。随着知识经济的到来，发达国家大力发展高科技，制造新的经济增长点，引导和控制着世界经济格局。同时，由于材料技术的应用，使得发达国家对自然原料、农产品和能源的依赖程度减轻。因此，在初级产品和低级制成品市场上，发展中国家为换取外汇而扩大出口的竞争将更加激烈。在不同的经济体制国家，一般市场经济国家对非市场经济国家有些歧视，我国属于转轨制国家，但除欧盟已宣布不把我国视为“非市场经济”国家外，其他国家均把我国视为“非市场经济”国家。比如，1997 年美国商务部在调查我国企业小龙虾仁倾销时，美国把印度、巴基斯坦、埃及以及印度尼西亚作为参照国家，但这些国家均无龙虾产业，结果美国商务部竟然选择印度的除原料虾外的其他生产要素成本进行成本比较，而龙虾仁成本只选自西班牙。西班牙是发达国家，与我国的情况相差很远，美国这种做法是极不公正的。

(2)各国经济发展水平：一国经济发展水平即农业发展水平对农产品营销有很大的影响。比如说，经济发展水平高的国家居民进行农产品消费时注重产品质量、营养安全，且讲究品牌、包装的精美。对绿色食品和快餐食品有较大的需求，对广告与营业推广手段运用较高，品质竞争多于价格竞争。经济不发达的国家和地区则偏重于消费品的实用性，产品推广以人际传播居多，消费者对价格较敏感。各国农业发展水平在一定程度上也会影响农产品营销。对于农业发达的国家，如美国，传统农产品可能很难进入，只有品质好的有机食品及土特产品才可能进入。而对于自然资源不丰富的中东地区某些国家、日本等国家，则需大量进口农产品。

4. 文化环境。文化环境对农产品国际营销活动也有一定的影响。影响农产品国际营销的文化环境因素主要有消费者的消费习惯、信仰与态度、审美观等。

(1)传统消费习惯：由于各种不同的文化风俗造成人们差异很大的消费习惯。比如东方人以米饭为主食，而西方则以面包为主食。在中国不登大雅之堂的泡菜，在韩国却是餐餐必备的佳品。日本人对鱼的偏好也会使其他国家的人吃惊。非洲人习惯罐头装什么，外面图案就画什么。如果出口到非洲的罐头盒子上画了一个美女图案，结果可想而知，罐头一个也卖不出去。

(2)信仰与态度：宗教信仰是一种重要的意识形态。世界上有三大宗教：佛教、基督教和伊斯兰教，每种宗教都有其流行地区。宗教属于文化中深层的东西，对于人的信仰、价值观和生活方式的形成有深刻的影响。宗教在国际营销中有重要作用。首先，表现为宗教节日往往是最好的消费品的销售季节，如圣诞节在欧美也意味着购物节，许多厂商借此机会竞相促销；其次，宗教上的禁忌制约着人们的消费选择。如印度人不吃牛肉，穆斯林和犹太人禁饮烈酒；最后，宗教组织也是不可忽视的消费力量，其本身是重要的团体购买者，同时也对其教徒的购买决策起着制约作用。

态度又称价值观。不同国家、民族和宗教信仰的人，在价值观上有明显的差异。美国人喜欢标新立异，爱冒风险，因此对新产品、新事物愿意去尝试，对不同国家的产品也抱着开放的态度，而东方民族相对保守持重，日本许多年长者甚至认为购买外国货就是不爱国。同时由于物质充实，不必囤购，使得日本消费者偏于购买新鲜的、一次性用完的食品，所以向日本出口的食品应更多地采用少量、一次性使用的包装。在时间观念上，发达国家往往较某些发展中国家更具有时间意识，“时间即是金钱”，因此快餐食品、速溶饮料、半成品食品往往容易在发达国家受到欢迎。

(3)审美观：审美观又称美学，它包括文学、音乐、舞蹈、戏剧、民间传说、雕塑、造型、色彩等。世界各国人民的审美观是不同的。如色彩，欧洲人偏爱淡素色，北美人偏爱鲜艳色，美国人将其国家的红、白、蓝三色称为美国色，再如非洲人很喜欢写实的画稿，欧洲人则喜欢抽象的图案，北美人偏爱大花大朵，欧洲人则爱小花小朵，山花野花。绿色在中国代表生机盎然，在马来西亚却代表疾病和危险。因此，在产品打入国际市场时，其品牌名称和包装需迎合目标市场国家人们的审美观。

9.1.3　开展农产品国际市场营销的必要性

各国之间经济上的相互依赖性是当今世界经济的重大特征。第二次世界大战以后,由于各国通讯业和交通运输业的发展,世界贸易与国际投资也随之迅速发展,本国市场不再是专供本国企业销售的场所,越来越多的企业也发现,许多国外投资的收益率要远比本国高。因此,企业的国际市场营销活动越来越普遍。

目前,我国农产品生产已经实现总量基本平衡、丰年有余。虽然我们要以扩大内需为主,但也应抓住加入世界贸易组织的机遇,扩大我国优势农产品出口。我国的优势农产品主要是"劳动密集型的农产品",如蔬菜、水果、花卉和畜产品等,这些农产品在出口方面具有明显的价格优势。2004年中央一号文件提出:要"发挥市场机制作用,搞活农产品流通",为扩大优势农产品出口,外贸发展基金要向促进农产品出口倾斜;农产品出口加工企业可以进入出口加工贸易区;农产品出口将获得更为完善的政策性信用保险;同时各种农产品的行业和商业协会将更快地建立起来,为保障农产品出口企业在贸易纠纷中的利益提供强有力的支持。因此开展农产品国际市场营销是非常必要的:

1. *顺应历史趋势,响应世界经济发展的客观要求*。世界经济发展要求有一个障碍最少、隔离最小的统一大市场,让各国企业在世界市场这个大舞台上平等竞争,这样,无论是对于生产者还是消费者都有好处,同时,使社会生产力得到最大限度的释放,使消费者的需求得到最充分的满足。

2. *有利于国际资源优化配置*。根据比较利益原则,各国企业在开拓国际市场中,应当充分利用本地的资源优势,各国政府应积极地排除各种壁垒与障碍,互相开放市场,淘汰落后,使资源在世界范围内流动,实现资源的配置优化,使社会资源发挥最佳效用。

3. *促进国家经济发展*。开展国际市场营销是一个国家获得经济增长的重要方式之一。新兴工业化国家经济发展的实践证明:只有以国际市场为信托,运用正确的发展战略和策略,努力开展国际市场营销,才有可能不断促进国家经济迅速发展。任何一个国家,闭关自守,既不对外开放市场,也不打算进入国际市场,它将很难获得经济的发展。开拓国际市场,有利于加强国际间的经济技术合作与交流,获得所需要的技术、资金、专业人才和各种自然资源,优化本国资源配置和经济结构,加速本国经济的发展。

4. *扩大产品销售,规避经营风险*。企业通过国际市场营销,可扩大产品的销售,提高生产规模,降低产品的单位成本,使企业获得更大的盈利。当国内市场不景气时，通过国际市场营销在国际舞台上寻找有利的市场机会，可以规避企业的经营风险。

5. 提升企业竞争力，加速企业发展。新经济规则不是大鱼吃小鱼，而是快鱼吃慢鱼。在企业成长的新经济时代，企业发展速度的快慢决定了企业的生死。通过国际市场经营，企业站在世界市场的高度，有利于企业发现更好更适合自身发展的商机，获取低成本资源，使企业快速地成长壮大，使企业的竞争力更强。同时也只有通过国际市场营销，不断学习国际市场经营规则，才可能与巨人同台，并舞出精彩。

6. 国际市场容量巨大。国际市场是一个十分巨大的市场，任何一个国内市场和国际市场相比都是微不足道的。美国市场号称世界上最大的市场。但是美国人口只占世界人口的5%左右，美国的购买力只占世界总购买力的25%，因此美国的国际市场要比国内市场容量大。在某些场合，国际市场上的竞争激烈程度低于国内市场，企业到国际市场上另辟蹊径，可以求得生存、获取更好的发展。

总而言之，企业从事国际市场营销可以得到多方面的利益，也是当今世界经济一体化的必然趋势。

9.2 农产品国际市场的开发

9.2.1 国际市场细分与目标市场选择

1. 国际营销调研。农业企业要进入国际市场，首先必须进行国际营销调研。所谓国际营销调研，就是系统地收集、记录和分析国际市场信息，以使企业能正确认识市场环境、评价企业自身行为，为其国际营销决策提供科学的依据。目前我国涉外农业企业往往发现一点商机，便一哄而上，盲目生产，造成恶性竞争，被进口国控告为倾销，损失惨重。这是缺乏国际营销调研的表现。进行国际营销调研，不仅帮助我们发现新的商机，发掘新的市场，还有助于分析已占有市场的需求量，实行按需生产，选择何种方式进入国际市场，对产品设计与品牌应做怎样的修改等。国际营销调研比国内调研更困难、更复杂，这是因为有些信息在国内很容易得到，在国外却难以获得甚至根本不可能获得，尤其是发展中国家常常缺乏必要的、可靠的统计资料，再加上由于统计方法、统计时间的差异以及汇率的变动，所获得的信息往往缺乏国与国之间的可比性。国际营销调研主要有案头调研和实地调研两种。

案头调研是指获取第二手资料，这一方面可以经济地获取许多有价值的信息；另一方面也可为国外实地调研打下基础。农业企业可以从下列途径获得信息来源：企业本身信息系统、调研者案卷、中国农产品市场协会及国外农业协会、农产品博览会、农产品交易会、海内外市场调研公司等等。实地调研是为了获取案头调研所无法取得的第一手资料，有访问法、观察法、实验法等，涉外农业企业可以利用其海外营销机构直接反馈当地市场供求信息，这比间接资料准确、可靠得多。

2. 农产品国际市场细分。国际市场是一个庞大的、多变的市场，其环境又各具特色，为了辨别哪些属于本企业的市场，进而更好地开拓国际市场，就必须对国际市场进行细分。国际市场细分是市场细分概念在国际市场营销中的运用，具有两个层次的含义：

(1)对世界所有众多的国家进行宏观细分，即根据某种标准（如经济、文化、地理等）把整个世界市场分为若干子市场，并从中选择目标市场国或目标地区。

(2)企业考虑进入某一国外市场后，对该国顾客进行细分，这种含义上的细分叫做国际市场微观细分。

3. 选择农产品国际目标市场。当一个农业企业在选择国际目标市场时，可以参照下列标准：

(1)竞争的相对优势：总体来说，中国农产品的竞争优势主要体现在两方面，一是劳动密集型产品的价格优势，表现在蔬菜、水产品、园艺、花卉等；二是人无我有的中国特有产品和世界市场大量需求的绿色食品。但针对不同的国家，我国又有不同的比较优势，农业企业国际营销人员可在充分的国际市场调研基础上发掘我国农产品与目标国的比较优势或潜在优势。

(2)地理位置：地理位置在国际贸易中具有举足轻重的作用，随着距离和交通困难的增加，国际交易的费用和风险增大，往往使交易难以达成。在农产品贸易中，地理位置的选择至少涉及三个问题：①贸易费用。贸易费用的多少关系到产品成本和利润的高低。②偏好相似性。一般来讲，周边国家或具有相似文化国家的人们消费具有相似性，这很有利于农产品的营销。③产品保鲜度。某些生鲜农产品，很难运输和保鲜，只有在符合保鲜和运输要求的国家销售。鉴于以上原因，我国农产品贸易与日本及一些东南亚国家达成的交易较多。

(3)市场规模：没有规模的市场，就不存在规模经济；没有市场规模，市场的发展就会非常有限。考察市场规模，一是要看它的人口，二是要看收入水平。人口众多的且收入水平高的国家其农产品需求量必然很大，往往有很大的市场规模。

(4)风险程度：在国际贸易中有很大的风险，如自然灾害、意外事故、外来风险、战争、政局不稳、两国的关系变化等。此外，农产品出口最易遭受反倾销指控的危险和遭受政局的影响。所以，涉外农业企业营销人员还应密切关注国际关系，预测其走势，以决定是否进入及何时进入该国市场。

9.2.2 进入国际市场的方式

在国际市场中，当目标市场确定后，选择何种方式进入市场也是一个非常重要的、涉及比较广泛的决策，需对各方面有关因素作综合分析、全面评估后，才能决定正确的进入战略。国际市场进入模式的主要形式(图 9-1)。

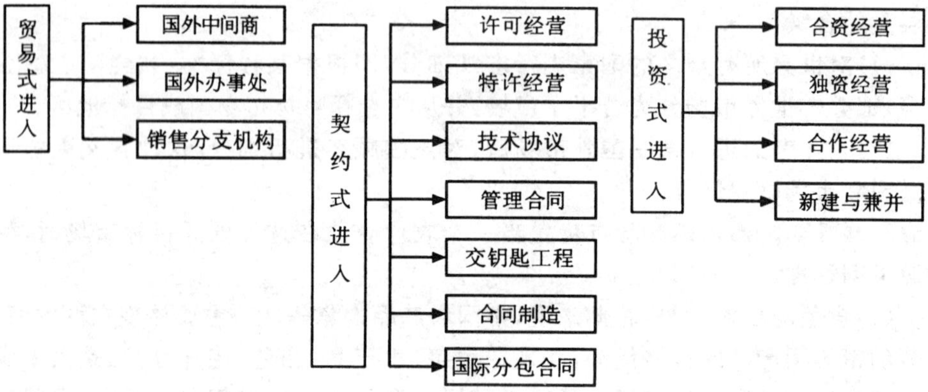

图 9-1 国际市场进入模式的主要形式

农业企业进入国际市场的方式主要是通过出口，出口即产品在国内生产，而后通过适当的渠道销往国际市场，这是一种传统的进入国际市场的方式。出口有两种方式：间接出口和直接出口。

1. 间接出口。它是指企业通过独立国内营销中间商的出口(包括委托在国外有销售机构的国内企业代销)。间接出口是企业开始走向国际市场最常见的方法。其优点在于：投资少，不必建立自己的海外推销队伍和外销机构；承担的成本风险较小，由具有丰富经验和专门知识的中间商负责市场营销活动，企业可避免犯大错误；企业可集中精力生产，不必为外销担心。间接出口的不足：不能直接了解国际市场动态，因而难以围绕最终消费者开展营销活动；对外销失控，严重依赖国内中间商。

这一方式是进入国际市场最脆弱、最容易的方式，企业并非直接参与国际贸易，但它比较适用于小企业或经营国际市场价格波动较大的农产品企业。出口公司可以委托的国内中间商有四种：①国内的出口商，这种出口商购买产品后自行销售。②国内的出口代理商，出口代理商负责寻找国外的销售机会，并代表厂商与进口商洽谈交易，收取佣金。③合作机构，这种合作机构代表数家厂商并部分地接受其管理和控制，经营出口业务，许多初级农产品的出口都是采用此方式。④出口经营公司，这种中间商只负责经营一个公司的出口业务，收取费用。

2. 直接出口。它是企业建立自己的国外分支机构或依靠国外中间商负责国外市场营销活动，不经过国内的中间环节。那些出口额大，又有能力直接接受外国买主的企业可以采用此方式。这种出口形式可以使企业及时了解国际市场动态，及时调节生产，控制外销。当然这种方式需要付出大量的初期投资和持续的间接费用，需专业人才在海外建立自己的销售网络。企业直接出口可采取下列方法：①国内的出口部或事业部。由一名销售经理和几名工作人员组成，随着业务的发展，可能逐步发展成为一个自营出口部门。②海外销售分支机构。海外分支机构不仅经营该企业的产品分销，而且还举行各种促销活动。③巡回旅行的出口销售代表，企业派遣国内的销售代表，在选定的时候到国外推销产品。④外国的经销商或代理商，外国的经销商购买产品并拥有产品，而代理商则代表企业销售商品。

随着农业高科技龙头企业的兴起，进入国际市场的方式也变得多样化，如补偿贸易和加工贸易。补偿贸易是指买方以贷款的形式购进机器设备、技术和专利等，进行生产，其贷款可不用现汇支付给对方，而是等项目的产品投产后，以项目的产品或其他产品清偿贷款。加工贸易包括进料加工、来料加工和来样定制，是国际经济合作的重要方式。

9.3　农产品国际营销组织

进入国际市场开展营销活动，离不开健全的国际营销组织。发现市场机会，评价市场选择方案，制定市场开发，组织和管理营销活动是国际营销组织的具体工作。

9.3.1　组织营销的目标

组织营销的目标应该包括以下几个方面。

1. 市场需求快速反馈。营销应该不断适应外部环境，并对国际市场的需求变化作出积极的反应。在信息现代化的今天，各种市场信息都要及时汇集到营销调研部门及企业的营销人员。了解到市场变化后，从新产品开发到价格确定以及营销组合方面都要作出相应的调整。

2. 营销效率最大化。效率通常是结果与努力的比率。从组织的角度讲，效率要通过企业内部的专业化和程序化来实现。企业内部存在许多专业化部门，为避免这些部门间的矛盾和冲突，营销组织要充分发挥协调与控制功能，确定各自的权利和责任。

3. 消费者利益最大化。市场营销观念就是把消费者利益放在第一位。这个责任主要由营销组织来承担，由在管理的最高层上设立营销组织来确保消费者的利益不受到损害。

企业营销组织的目标最终是帮助企业完成整个营销任务，增加整个企业效益。组织本身不是目的，重要的是协调、指导人们获取最佳营销成果。

9.3.2 建立国际营销组织

企业管理国际营销活动的机构大致有三种形式：出口部、国际事业部和全球组织。

1. 出口部。企业最初介入国际市场，通常都是采用产品出口这一简单方式。为处理产品的出口业务，企业会建立一个出口部，由销售经理和几名工作人员组成。出口部通常只是单纯地承担出口销售任务，负责签订出口合同、处理出口文件、安排商品运输、联系出口代理商等工作。在一般情况下，由于企业的产品出口比重较小，出口部不会主动地开展国际业务，如不会主动地去分析国际市场，识别国际市场机会，制定市场开发战略。但是，随着企业加大出口，在国外建立合资企业或直接投资建厂，以及进行技术转让，仅依靠出口部这样的机构就不能充分胜任了。

2. 国际事业部。当国际市场的销售对企业的重要性日益增强，以及需协调处理的国际业务和工作量繁琐到一定程度时，国际企业就有必要单独设立一个部门来管理其跨国经营海运，即以国际事业部取代出口部。国际事业部的主要职责是：制定跨国经营的政策和负责出口、技术转让与国外直接投资业务；并负责协调各经营实体的跨国经营活动。国际事业部还可以利用各种金融方式为子公司筹措资金，提供信息服务，利用转移价格减轻子公司的税负。简而言之，国际事业部的主要任务就是从国内和国外两个市场、两种资源的角度确定企业的发展战略，挖掘自身的各种潜力，提高企业整体绩效。

国际事业部结构的主要优点有：可以协调国外各子公司之间的联系，便于总部有效了解和控制其经营活动；克服了生产部门产品策略的局限性，并以全球性的产品观念来规划生产；有利于企业在其跨国经营经验不断丰富的过程中，将国内经营与国外经营逐步结合起来。然而，国际事业部结构在具体运作中，表现出一定程度的局限性：产品部门与国际事业部的分立，可能会发生目标冲突，有碍相互配合；在这种组织结构中，国内部门仍是主体，国际事业部协调、支持国外经营活动的能力有限，且在业务上依赖于国内生产部门。因此，国际事业部结构只适用于产品品种不多且适应性强，国际目标市场数量有限且地理分布集中这样的国际企业。

3. 全球性组织。国际事业部通常也只是企业由国内经营导向向多国或全球经营导向转变的过渡形式。随着企业的经营重心偏向国际市场，企业也逐渐由一个偶尔开展国际业务的国内公司，发展为一个在多个国家开展大量国际业务的国际公司或全球公司。企业开始把自己看做全球营销者，从全球角度对生产组织、营销策略、财务收支和后勤供给进行计划协调。在当今世界，甚至出现了多国籍或无国籍企业，企业的国内市场营销活动与国外市场营销活动已几乎无法分开，甚至有的企业只在注册国之外展开市场营销活动。这种企业的发展趋势，必然会导致企业组织结构的巨变。

4. 全球性区域结构。是以国际企业在世界各地生产经营活动的区域分布为基础，设立若干个区域部，各区域部管理该区域内的全部经营活动。企业总部负责制定全球战略和经营计划，控制各区域部门的生产经营。各地区部门经理主管协调本地区内各种产品的生产、营销及财务方面的经营活动。

地理区域划分的全球性组织结构有利于营销组合在国外市场上的综合运用，有利于各区域部门作为独立的利润中心去主动寻求在国外市场的快速发展，做到公司业务与市场环境的充分协调。但是，当企业跨国经营的产品类型增多时，这种组织结构就不便于企业内部的协调，也不便于将产品快速销往目标市场；各区域部门重复设置职能部门及产品，从而造成机构重叠、管理费用增长；由于各区域部门过分看重经营业绩，因而容易滋生本位主义，在一定程度上妨碍企业全球战略的实现。

在设计全球性区域组织结构时，有关区域的划分因公司而异，主要看是否符合企业需要，充分考虑消费者的需求及分布、工厂的区位等因素，其中关键因素是市场而不是生产和技术。因此，全球性区域结构更适合于向一系列相对集中的目标市场提供产品的企业。著名的可口可乐公司就是采用这种营销组织结构，在全球范围内设立三大地区分部：美洲分部、欧洲和非洲分部、太平洋地区分部。每个地区分部又进一步细分为若干开发部，在欧洲与非洲分部下又进一步分为：中欧、北欧、西南欧、巴尔干、俄罗斯、中东等分部，每个地区分部都设有职能机构，统管该地区的生产、计划、销售、财务、法律等部门的工作。

5.全球性产品结构。全球性产品结构是按产品类目设置管理部门，负责协调产品在全球范围内的生产和销售。企业的经营目标和发展战略由总部统一制定，总部是国内外经营的统一决策中心。各个产品部门以全球市场为着眼点，负责该产品或产品线在全球范围内的开发、生产、销售等全部职能活动。

按产品划分的全球性组织结构强调产品在全球范围内开发到销售各环节的统一协调，有利于产品信息的快速反馈，方便产品的开发与改进，有利于通过营销组合的管理来推动不同产品周期的市场销售，有利于产品相关技术与营销技能的协调运用。但是，全球性产品结构使企业组织过于庞杂，不利于协调同一地区内不同产品部门之间的经营活动；这种组织结构要求部门领导既要懂特定产品的生产，又要懂国际市场运作，而这种人才相对缺乏；全球产品结构同样也面临着机构重组、本位主义等问题。

全球性产品结构组织形式适用于公司规模庞大、产品系列复杂和产品技术含量高的跨国公司，尤其是那些迅速实现多角化的跨国公司。采取这种组织结构的多是资本、技术密集型企业，他们以全球作为目标市场，把经营重点放在产品技术和市场的开发上，如通用电气公司、宝洁公司等。

6.全球性职能结构。全球性职能结构是按照职能划分的全球性组织结构。其优点主要体现在管理效能上。它可以使企业对生产经营活动进行统筹规划，全面协调，严密监控，减少管理层次，避免人员和机构重叠，提高职能部门的专业化水平，加强公司的统一成本核算和利润考核。但是，这种机构容易造成生产与销售的脱节，部门间缺乏联系，难以进行地域或产品的协调，权力过于集中在上层，限制了基层单位的灵活性和对市场环境的应变力，限制了部门间产品和技术力量的转移及协调。

7.农民专业合作组织。在农产品营销方面各国较普遍实行了农民的各类经济合作组织的形式，进入市场、批发、出口各类农产品。如在日本和美国绝大多数农民加入合作社，主要有销售合作社、生产资料供应合作社、农业劳动合作社、共同使用农业设备合作社、农业技术中心和多功能的合作社。在农业的产前、产中、产后都建立了为农民和农业服务的各种合作社，是农民进入市场的最好形式之一。目前我国一些地区的政府帮助农民组织起来对当地农产品市场进行开发。对农民增收发挥了积极的作用。

案例　正值宾川县去年冬季农业开发的优质农产品大蒜、番茄等集中上市之际，在州城、宾居、宾居农场、大营等示范区和集散地，涌现出一些规模不等的村头、路边市场。各地客商、购销大户、农民经纪人等营销主体各显神通，集中收购跑外销、闯市场，对搞活该县农产品的流通起到了良好的促进作用。

为更好地保护好、引导好、发挥好各类营销主体对活流通、促加工、增强农产品外部市场竞争力的重要作用，宾川县农业局贯彻中共中央国务院关于促进农民增加收入若干政策的意见精神，积极探索培育农产品营销主体的有效措施。结合部门实际，主动深入各农产品集散地，与各类营销主体热情沟通，调查了解农产品购销情况，以及各类营销主体对农产品质量、农业科技推广、市场、信息服务、营销队伍建设等方面的建议和要求，与他们探讨宾川农业产业化发展进程中的优势、潜力以及存在的困难和问题。建议他们加强相互间的交流合作，形成统一价格和标准，统一包装，共同打造宾川农产品品牌，杜绝无序和不正当竞争，兼顾实现营销主体、农民群众各方利益。

县农业局同时诚意邀请各地客商、营销大户、农民经纪人等多到农业系统走一走、看一看、谈一谈，通过农业行政管理和科技推广部门以及家川农业信息网平台，更好地了解掌握各级党委政府鼓励发展农业龙头企业、农产品营销主体等方面的扶持和优惠政策，以及外部市场动态、农产品生产、加工、贮藏、流通各环节、各方面的农业法律法规和科技、信息知识，以更高水平地搞活农产品流通，实现农产品外销顺畅、营销主体发财、农民群众增收。

资料来源：newhst@hotmail.com

本章小结

国际市场营销是指企业超越本国国界的市场营销活动，它是企业将产品或服务由一个国家或地区销售给本国或本地区以外的消费者或用户的商业行为。本章分析了农产品国际市场营销环境，重点讲述了农产品营销的国际政治、法律、经济、文化环境。指出开展农产品国际市场营销的必要性，并且理解其发展状态也是农业企业进入国际市场的必要准备。讨论了农产品国际市场的开发问题，首先，是国际市场细分与目标市场选择；其次，进入国际市场的方式的讨论，包括：在进入国际市场之前，农业企业还应分析国际农产品市场，学会如何选择和进入国际目标市场，掌握和应用进入国际市场的方式；第三，关于国际营销组织的讨论，介绍了进入国际市场开展营销活动，健全的国际营销组织的重要地位。

主要概念：国际市场营销、国际营销组织。

主要观念：

1. 农产品国际市场营销环境是农产品国际营销的重要条件。
2. 开展农产品国际营销对我国经济发展具有极为重要的意义。

基 本 训 练

知识题：

1. 农产品国际营销的含义。
2. 农产品国际营销的特点。
3. 各国的环境是如何影响农产品营销市场的。

判断题：

1. 农产品国际营销是复杂的，因此没有必要钻进去。
2. 农产品国际营销的细分很重要。

简述题：

1. 请联系实际，分析农业企业进行国际市场营销的环境。
2. 你认为我国农业企业应怎样去寻求和选择目标市场？
3. 进入国际市场的方式应注意哪些问题？

案 例 分 析

案例一：分析目前国际农产品营销最热门的话题，你认为我国农民跟上这一步伐困难吗？差距在哪里？如何解决？

农产品绿色营销：品牌＋绿色＝国际通行证

在出口农产品面临越来越多的技术障碍与绿色壁垒的同时，国内出现的“毒大米”等一系列食品安全问题。深圳作为中国启动的农产品准入制度，实施无公害食品计划的四个试点城市之一，在布吉农产品批发市场建立起为百亿元的大菜篮做保证的先进的农产品检测中心与市场监督体系。实施我国的绿色营销计划。与国际绿色农产品和绿色保障接轨。这对于中国人民来说是一件大事，关系到千家万户的安全。

21世纪是“绿色”的世纪。绿色营销、绿色消费、绿色环保等影响着人们的生活观念和消费意识。但是市场经济在规范经营者行为的同时，也要不断与在市场中被利益驱动损害社会的人斗争，保证人们的食品安全和社会可持续发展。1992年在联合国环发大会上通过的《21世纪议程》，象征着人类进入了保护环境、崇尚自然、促进持续发展的“绿色时代”。绿色营销的兴起，将对未来生活方式、生活习惯、消费意识、消费时尚等产生重要影响，可能改变人的机能、寿命乃至人体生长健康的状况，无论怎样都是走向更加文明的表现。因此我国的绿色营销将是这场革命的源头、先锋。我们在迎接国际社会发展大潮时，一定要跟上时代的脚步。在这场营销革命中，我们必须抓住绿色营销的品牌，夺取 21 世纪中国农产品进入国际市场的有效通行证。因此，本文在剖析农产品绿色营销的国际国内环境的基础上，重点探讨了我国农产品绿色营销的政策和措施。

1. 农产品绿色营销的国际市场环境。20 世纪 90 年代世界性的绿色浪潮的兴起，农产品绿色营销的组织法律基础、市场观念基础、社会实践需求基础，以及客观现实基础均已形成，为我国农产品绿色营销奠定了国际市场环境基础。

(1)绿色营销的组织和法制基础：多年来，西方发达国家从行政、立法、经济等方面形成了一套行之有效的环保法规。目前，世界上已签署的与环保有关的法律、国际性公约、协议达 180 多项。许多国家都建立了环境标志制度，制定了绿色食品标准。在国际贸易中未取得环境标志和绿色标准的农产品已受到数量和价格方面的限制。同时，国际上各种环保组织也纷纷建立。最早的绿色组织始于美国，1972 年在法国成立了“有机农业运动国际联盟”，现有 75 个国家加盟。1993 年又成立了以环保为中心的“国际绿十字会”。这一切，既对我国农产品国际贸易构成相当威胁，又对我国农产品绿色营销起了一定的推动作用，对我国传统的农产品生产和经营提出了新的挑战。在第 2 章的案例中你可以看到国际上对绿色营销的严格控制，利用最强制的手段，使经营者认同和服从绿色营销的法律规则。

(2)绿色营销的市场观念和供求基础。近年来，人们越来越清楚地意识到环境保护的重要性，致使人们的思维方式、消费心理和消费行为发生变化。例如，购买食品时人们越来越小心，越来越多地考虑环保的因素，绝大多数消费者都对绿色食品感兴趣。在农村，一些农民给自己吃的粮食，绝对要求是绿色的。在市场上，绿色食品价格高，也容易出售。就连绿色产品标志也成为人们引起购买欲望的刺激条件。为此，绿色需求成为市场需求的强有力的消费热点。欧美国家纷纷进行农业技术改造、转型，实行“低投入持续型”新农业政策，减少生产过程中农药、化肥的使用，为农产品绿色营销提供了生产供应基础。目前发达国家对绿色食品需求以每年 20％的速度递增，其销售额大大超过普通农产品，供需矛盾日趋明显，但发达国家的工业化已经很少有能力实现市场供给的生产能力。而我国广大农村还正处于落后的阶段，稍加调整，就可以与这个市场的胃口吻合。因此，大力开发国内绿色农产品产业，实施农产品绿色营销战略，将是增强农产品国际竞争能力和创汇能力的最佳途径和方法。在这方面西方国家也早已看到了机会，如加拿大的企业来我国主动要求为农产品生产基地投资，我们在这样好的机会到来时必须要抓住。

(3)我们面临的绿色营销的挑战。绿色需求促使绿色保护、规则迅速建立起来。为此国外进口商对进口食品的检测和要求非常高。而我国经济技术落后，依靠原始生产方式和产品市场进入的操作方式，是无法应付如此严格的进口检测和规定的控制的，致使到来的机会很难抓住，这也是我们面临的现实。我国的出口市场主要是以美国、日本、欧共体为主的国家，他们的绿色产品管理规定日趋完善，致使我国相关产品的对外贸易受到严重影响，出口产品中受影响的品种达数百个。农产品出口比重逐年下降，农产品出口因质量，特别是农药残留量和其他有害物质超标而受到严重影响。从整体看，国际贸易中环境标准的实施将冲击我国50亿美元的出口贸易。因此，适应国际市场环境需要，发展生态农业，开发生产绿色农产品，将是摆脱我国农产品出口困境的有效途径和方法。

2. 农产品绿色营销的国内市场环境。国际上将那种在生产、加工、流通环节中无污染、安全健康的新兴食品称为有机农产品，国内则称为绿色食品，即绿色农产品。随着国际绿色营销环境的形成，国内消费者消费水平已经开始从温饱向小康型过渡，为满足国际国内双重营销需要，农业系统实施了生态农业计划，并率先实施了“绿色食品”工程，提出开发绿色食品，规范绿色食品的定义，制定了评定标准。至此，农产品绿色营销的国内市场环境基本具备。

(1)绿色营销的国内组织法律基础：自1990年起我国有关部门先后制定了《环境保护法》，召开了有关绿色食品一系列会议，建立了组织。制定了《绿色食品标志管理办法》及申请使用绿色标志的审核程序，通过了《中国21世纪议程》，加入了“有机农业运动国际联盟”，建立了绿色食品监督管理机构，在30个省建立了绿色食品办公室，制定了6大类30个产品的绿色食品标准。

(2)绿色营销的国内技术基础：目前，各国绿色食品的评定标准较为复杂，国际上也尚无统一的标准。我国制定并实施的现行评定标准是：第一，产品或产品原料产地必须符合绿色食品的生态环境标准；第二，农作物种植、畜禽饲养、水产养殖及食品加工必须符合绿色食品的生产操作规程；第三，最终产品必须经指定部门检测符合绿色食品的质量卫生标准，共有12项指标。这为中国农产品进入国际市场奠定了技术基础。

(3)绿色营销的国内社会实践与市场需求基础：我国绿色食品的开发具有很大的生产供应潜力。1990年农垦系统开发并获批准的绿色食品有124个，分布在17个省的70多个企业，产值6亿多元。1993年又建设了50个国家级生态农业县，省级农业示范县100多个，为绿色食品的生产提供了良好的自然条件。目前，我国正进行着630余种绿色食品的生产和开发，生产企业300多家，有近400个产品获得了绿色食品标志。

但是与国际市场相比，国内绿色食品市场消费增长缓慢，其主要原因：一是有效需求不足。由于初级阶段，产业结构调整，就业难、剩余劳动力上升，国内居民消费水平绝大部分仍处于温饱型和小康型初期，恩格尔系数为 60%，1994 年人均消费水平 1 337 元，人均收入 2 217 元。而绿色食品按其生产成本比一般食品价格高 20%～30%，有些甚至高达 50%。在居民消费水平没有大幅度提高的前提下，不可能将更多的购买力投向价格高的绿色食品，国内绝大多数消费者尚不具备足够的有效需求能力。二是国内绿色消费市场成长需要解决一系列问题，如消费观念问题、消费习惯问题、社会舆论、社会教育等，解决这些问题都需要时间，所以国内市场缓慢的绿色营销的开发和形成还需要培养蓄积条件，形成气候。发达国家居民恩格尔系数在 20%～30%，其对绿色食品的消费占 10%，我国若达到此水平，仍需 10 年甚至更长的时间。

3. 如何应对这一矛盾，促进农产品绿色营销发展的建议。

(1)应先从科技入手，从制定生产政策，鼓励种植绿色产品的农民，使他们承担的风险降到最低。

(2)舆论宣传，给社会消费者灌输绿色消费的知识，提高绿色消费的意识，为市场启动和形成创造条件。

(3)对绿色产品上市应给予财政支持，为经营绿色农产品的人员减免纳税指标，导向社会行为。

(4)开发和发现新的绿色产品，丰富人们的餐桌、休闲的食品，研制色香味俱全的产品，引导人们兴趣消费、猎奇消费。

(5)开发品牌生产基地，形成绿色品牌产品，也像外国的品牌食品畅销国内一样打入国际市场，树立中国产品就是绿色的形象。农业部已经在全国范围内开发 100 多个生态示范县和数十个绿色农产品示范基地。并从科研开发、信贷、税收等方面进行重点扶持，使其成为贸工农一体的绿色食品出口基地，不用过多久，绿色的产品就会成为整个社会崇尚的食品。绿色营销必须做好准备。

(6)我国联产承包责任制以来，农户的小规模经营，无法应付绿色生产的要求，因此可以通过多种形式，如组织绿色产品营销合作社，将绿色生产的农户组织起来，产品集中才能打市场，产品量大，货源充足，才能稳定经营；产品品牌经营稳定，才会有稳定的客户；绿色市场才持续。因此，建立适合经营的与农户紧密连接的绿色组织是当前农民必须解决的任务。也可以通过其他的方式。

(7)设计有效的营销广告，提高人们心目中绿色消费的价值。

要借鉴发达国家的经验，绿色消费不是谁愿意不愿意，消费水平低不应成为限制绿色消费的借口。党要实现三个代表，必须从为人民健康利益上下决心，制定国内绿色果蔬、肉蛋奶等一切关系人民健康的食品的准入政策和法律法规，经济困难不是食用污染食品的借口。国家应对这个群体提高福利。使他们具有平等地消费绿色食品的权力。强制经营者必须马上转变经营策略，违反规定的一定要严惩，学习新加坡的经验，使人民从根本上收益。我国也要建立绿色组织，监督市场经营行为；设立绿色教育课堂，普及绿色消费观念；扶植绿色生产加工企业、绿色物流包装等行业，规范其行为，树立遵守绿色经营、生产、运输、包装等规定者最光荣的社会风气。

总之，只有积极行动起来，在改革和制度建设、法律建设的基础上，从各个方面，建立绿色消费市场，这方面市场经营者具有开发市场、培养市场的责任。在我国现有农产品绿色营销基础上，积极实施上述微观和宏观两方面措施，才能提高国内绿色农产品生产能力，形成有效的生产规模和良好的符合国际绿色标准的产品质量，使我国农产品在国际市场竞争中占有一席之地，获得可观的国际营销效益，取得进入21世纪国际农产品市场的通行证，重新树立中国农产品新形象。

资料来源：根据中国农业网文章改编。

案例二 你认为在反倾销案中，农产品营销人员应学会什么？有关反营销规定参见第十二章

对虾案。2003年12月，美国南部虾业联盟向美国商务部和国际贸易委员会递交了诉状，要求对来自中国、泰国、越南、印度、巴西和厄瓜多尔的进口虾实施反倾销措施。加入WTO后，我国水产行业遭受的国外反倾销逐渐增多，究其原因，于斌(2004)认为，既有外部的，也有内部的。作为世界第一水产品出口大国，我国出口市场集中，行业组织化程度低，对反倾销调查应诉的比例不高。面对越来越多的贸易壁垒，我国水产加工企业、行业协会、政府有关部门应从长计议，逐步建立应对反倾销的有效机制。

罐装蘑菇案。2003年10月，美国国际贸易法院最终将我国德发贸易公司等原告所生产、出口和进口的蘑菇排除在对华罐装蘑菇反倾销税法令所调整的范围之外，从而奠定了我国罐装蘑菇在美国诉讼的最后胜局。罐装蘑菇案前后历时4年之久，中间涉及我国众多的厂商。仅就该案原告而言，便经历了美国国际贸易法院的3次判决，其中不乏程序性和实体性的问题值得深思。吴佳华、龚柏华(2004)对基本案情、推理理由、法院判决进行了归纳，并就我国企业如何利用美国反倾销司法审查的程序进行了简要的评述。不难发现，美国貌似公平、严密的反倾销调查和裁决制度，实际上也难免潜藏着这样或那样的错误，如果当事人不加以仔细审查、争辩，其正当利益很可能遭到损害。

资料来源：马述忠 黄祖辉 来源：《农业经济问题》2005.3

网上调查

当前中国商务网、中国信息网、中国农业信息网等对外国的农产品组织、农产品经营情况。

CHAPTER 10

第10章　农产品营销策略

学习目标

学习本章后：

素质目标：形成对农产品策略，包括对农产品含义，包装策略，农产品定价策略，农产品销售渠道的基本认识。

知识目标：了解产品的含义、影响农产品定价的因素、农产品的定价方法。有哪些农产品的定价策略；了解农产品销售渠道的类型，如何选择销售渠道，各种销售渠道的选用和比较；应用农产品营销策略进行农产品的市场营销。

技能目标：学会对农产品的各种营销策略进行分析；掌握农产品包装策略，农产品定价策略，选择农产品销售渠道；并通过实际训练，获得一定的农产品营销能力；并能对农产品营销策略进行一定的分析，有一定的进行农产品营销活动的能力。

市场营销是以消费者需求为导向的，消费者需求的满足是靠产品和服务来实现的。一个企业的成败兴衰，它的市场营销活动效益如何，取决于它所生产的产品是否满足购买者的需求。生产出适销对路的产品，是企业在市场竞争中取胜的关键。产品因素是市场营销因素中的首要因素，而产品营销策略是整个营销组合策略的基石，占有十分重要的地位。

10.1　农产品营销策略概述

现代市场经济条件下，每一个企业都应效力于产品质量的提高和优化，以更好满足市场需要，取得更好的经济效益。

案例　农产品竞争的策略

在今天产品涨跌已经成为司空见惯的事。粮食涨了、饲料涨了、全国肉类市场的价格也在迅猛上涨，国家统计局的数据表明，当今猪肉的价格突破历史最高点，达到近 20 年来的最高点。

汽车降价是自然的事，因为市场竞争越来越激烈，同时毕竟受到影响的是厂家，对百姓还是有利的。但是农产品价格的上涨却是老百姓不高兴的事。加入世界贸易组织后，各国都看好中国的市场，首先是人口多，13 亿人口的消费市场对于任何一个西方国家，哪怕是发达的国家也是极具吸引力的。于是国际品牌也挤了进来。

黄金周之际，众多洋家电品牌争先恐后地推出了“降价”的招牌。这确实是外资品牌大举进攻的最好时机，本土品牌与外资品牌的较量将是这次宏观调控下的一大主题。在外资品牌的雄厚资金的支持下，国内本土品牌大多面临着融资困难，不敢轻易乱动；本来外资品牌就比本土品牌有更多的品牌优势，这次的低价进攻将使外资品牌在中低端市场占有更强有力的地位。在新的“紧缩时代”的环境下，企业的营销应该如何开展？我们的农产品营销又应采取怎样的策略？

一、创立农产品品牌对农产品营销的意义。当我们吃到“泰国香米”的时候，我们可曾想过，就是这四个字，让他的大米走遍亚洲，解决了占世界人口绝大多数的吃饭问题。当一个品牌大米出现时，控制的是某一群体、区域的消费者。销售额如同变魔术，迅速上升。

二、建立农产品品牌策略的问题

农产品是一个对品牌比较陌生的领域，过去我们一直没有研究这个领域。但是从目前情况看，外国企业还没有太强的品牌占有我们的市场，这是一个极好的机会。

例如：普度养鸡场成功的事例。在普度先生进入美国市场之前，美国大多数的养鸡业者均认为鸡只是一种大宗商品。普度先生却采取差异化手法，很有耐心地开始提高广告预算，推出有品牌的产品，并在品牌建立过程中注入他特有的个人风格。从1968年到1985年，普度养鸡场的营业收入每两年增加一倍，如今已成为全美最大的养鸡业者之一。从而享受高价位好处，且一直能维持高价位市场霸主的高占有率。

三、营销要“无法无天”

即要想成功，必须打破一切规则。我们要的是一整套“非传统”的营销，评判的标准是：是否实效。是否所有传统的市场推广手段例如广告、促销都是必须、有效的？看案例：“老火”汤料。这是广东一个新生的区域性汤料品牌，策略不是广告、促销，而是它用了不到10万元在书店和书摊上的书作宣传。并到买汤料经常出现的群体——家庭主妇常去的地方——大集贸市场作推广、在小区促销作推广、在酒楼作推广，主妇们看到书，并照着书上的指南实践结果很快就将产品做起来，打开了市场，实现了200万元以上才能成功的强势品牌。

四、利用公关做广告

我国农产品是日常基本消费品，一般无须公关，但还是存在消费者挑选的问题。对市场需求少的产品、或还不被人们认识的农产品，就缺乏市场竞争力。建立品牌要通过公关的方式。金龙油的公关广告，使人们反复听到，并记住这种品牌的名称，当人们进入市场时，自然而然地一想到要买油，各种牌子都有，又都不太了解，于是哪个熟悉，就买哪个，自然人们就接受了该品种，市场就被占据了。

五、低价侧翼攻击战，人们在预期生活不理想的时候往往会多存款，少消费。在经济形式好转后，人们的储蓄存款数额增长后银行压力也来了，但经济发展对于企业来说就是资金紧张，迫使企业不得不紧守着原有的格局。这时对于百姓来说投资的机会来了。

跨国公司正是瞅准这个机会，趁着国家宏观调控期间紧缩银根的机会，开始向国内企业大规模地进攻和扩张。先是打降价牌，迫使资金薄弱的企业支撑不起，推出市场，后是占有市场。例如，可口可乐、百事可乐等一系列的饮料品牌，正是在我国国有饮料企业资金困难，大举进攻，不弱于当年的八国联军，一举将国内的仅有的北冰洋等饮料挤垮、吞并。进攻策略就是降价。从2.2元降到1.9元、1.7元，直到降价的厂商没有利润还要赔的地步。

农产品的市场营销必须学会竞争战略，掌握这个武器。

10.1.1　产品的概念

现代市场营销学中,产品是指能提供给市场,用于满足人们某种欲望和需要的一切东西,包括实物、服务、组织、场所、思想、创意等。产品的形式并不重要,关键是它必须具备满足顾客需要和欲望的能力。有两方面特点:首先,并不是具有物质实体才是产品,凡是能满足人们需要的物质和服务都是产品;其次,产品不仅是具有物质实体的实物本身,而且也包括随同实物出售时所提供的服务。即产品=有形实体+无形服务。

从市场营销观点看,产品是人们通过购买所获得的需要和满足,包括一切能满足顾客某种需求和物欲的物质产品和非物质形态的服务,这就是整体产品概念。

产品整体包含五个基本层次:核心产品、形式产品、期望产品、延伸产品和潜在产品(图 10-1)。

(1)核心产品是指为顾客提供的最基本的效用或利益,是最基本和最实质性的,也是需求的中心内容。产品若没有效用和使用价值,不能给人们带来利益上的满足,它将丧失了存在的价值,顾客就不会购买它。

(2)形式产品指产品的实体和形式,是产品呈现在市场上的具体形态,一般有五个方面的特征,产品的品质、款式、特色、品牌与包装。

(3)期望产品是购买者在购买产品时期望得到的东西,实际上是指与产品密切相关的一整套属性和条件。

(4)延伸产品指产品的各种附加利益的总和。通常包括维修服务、培训服务、融资服务、送货以及各种保证等。

(5)潜在产品包括现有产品的延伸和演进部分在内的,最终可能发展成为未来实质产品的产品。

产品整体概念是市场营销理论的重大发现,它的五个层次十分清晰地体现了以顾客为中心的现代营销观念,强调以消费者需求为标准,由消费者需求来决定。

10.1.2　农产品包装策略

中国有句老话,叫“人靠衣装,佛靠金装”,说的就是包装的作用。包装标识是产品的重要组成部分,在市场竞争激烈的状况下,除了突出自己的个性以外,包装及标识图案吸引消费者增加购买欲望也是有效的营销方式之一。国外企业在市场营销中都非常重视产品的包装,并在包装材料、包装风格设计等方面投入了巨大精

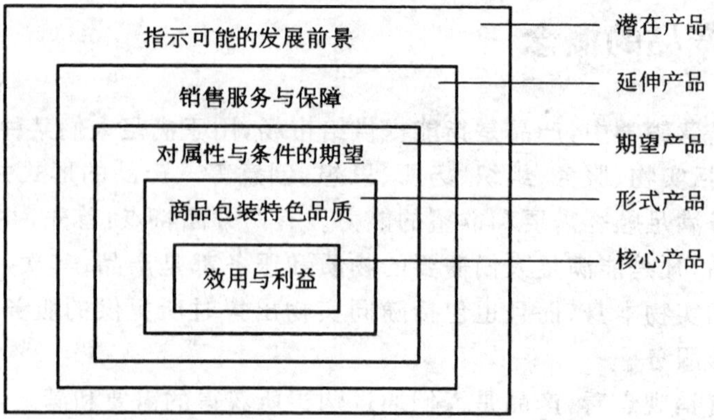

图 10-1 产品整体包含五个基本层次

力，也取得了非常好的回报。而中国由于长期计划经济的影响，产品可以统购统销，企业无须关心包装，于是“一等产品，三等包装”的事情屡见不鲜。由于包装质量上不去，中国企业在市场竞争中一直处于劣势，而每年因产品包装质量出现问题遭受的损失估计就高达几十亿美元，这种惨痛的损失和昂贵的“学费”应引起企业的高度重视。市场经济不仅是一种质量经济，它还是一种装潢经济，注重产品的包装质量绝非小事一桩，它是事关企业生存的重大问题，不可等闲视之。作为企业，尤其是面向国际市场的企业，要把产品包装质量当做一件大事来抓。

所谓包装就是指在产品的运输、贮存、销售过程中，为了达到保护、促销等作用而使用适当的材料或容器来保护产品，使其不致受到外界的影响，或是能够引起消费者的购买欲望。美国包装学会对包装的定义是：符合产品需求，依最佳成本，便于货物之传送、流通、交易、贮存与贩卖，而实施的统筹整体系统的准备工作。包装主要分为两大类：一类是运输包装；另一类是销售包装，即商业包装。销售包装又可分为三层：第一层为内包装，如香烟的纸盒；第二层为中包装，如每条香烟的包装纸；第三层为外包装，如装运香烟的纸板箱。

1. 包装的功能。一个好的包装必须具备以下几种功能：

(1)保护商品。适当的包装能使商品在生产、销售、流通过程中，保质保量地到达消费者手中，防止商品破损、震动、受潮、霉烂、挤压、渗漏等，从而保护商品的使用价值。这是包装最基本的作用。不同的商品，形态千差万别，有的有棱角、刃口等，都要用功能与之适应的包装，才有利于商品的保护。对于某些特殊商品，如感光器材、化工产品、药品等，包装这一作用就更为明显，如果包装不好，它们的使用价值便不复存在。

(2)便于运输、贮存、携带和使用。商品从生产到消费,要经过生产、运输、贮存、销售和消费环节。设计适当的包装,能方便商品的运输、贮存和销售,方便商品的使用和携带。如纸盒软包装的饮料,就具有小巧轻便、安全卫生和"随时可饮,随处可饮"的特点。

(3)促进销售。包装是争取顾客的重要手段,在商品的陈列展销中起着"无声的推销员"作用。商品经包装后,首先进入人们视觉的往往是商品的包装,而不是商品本身。精致优良的包装能强烈吸引人们的注意力,进而产生购买行为。因此,企业可利用包装来宣传商品的性能、特点和用途,美化商品形象,从而激起顾客的购买兴趣和购买欲望,促进商品的销售。

(4)增加商品价值。商品包装过程本身是一种创造价值的劳动,同种商品,由于包装不同,其卖价也就大不相同。例如我国出口的人参,过去多用大木箱包装,每箱20~25千克,不仅卖不上好价钱,外商还怀疑其真假。后改为精美的小包装,每个精制的铁盒或木盒只装一、两支人参,外表显得高雅名贵,给人以贵重滋补药的感觉,迎合了消费者的需要,不仅扩大了销售量,价格也平均提高了30%。可见,装潢美观、造型科学的包装往往能提高商品的身价,使顾客愿意付出较高的价钱购买,从而提高商品的竞争能力,增加企业的盈利。

(5)环保功能。这一功能是社会发展到今天,人们对包装提出的一个新的要求。包装应该是环保型的,在废弃后利于回收,或是能够自然降解,不会对环境造成污染。在这种理念下,许多设计师与企业家们提出了"绿色包装"的主题,产品包装也朝着"零污染"的方向发展。节省资源,不破坏生态的设计意识,已成为21世纪包装设计的新动向。

经济信息　酒类包装材料应更加注重环保

今年酒类行业销量稳中有升,酒类行业今后的竞争将逐渐向深度转化,进入一场品质、品牌和包装的较量战。行业竞争加剧要求企业必须开发满足市场需求,迎合消费者心理的酒包装。业内专家分析,今后酒类包装材料应更加注重环保。

从某种意义上来说,酒类包装的突破和发展很大程度上取决于包装材料的创新和升级。今后,酒类包装将更加广泛地利用环保的包装材料,并且有意识地降低材料成本,这主要源于众企业逐渐认识到高档包装不等于高档材料的简单堆积。外包装、内衬材料的实用性、环保性增强,外包装材料向无覆膜转化,内衬材料向瓦楞纸等过渡。

资料来源:http://www.tech-food.com 2005-6-30 15:40:54 中国食品科技网

2. 包装设计的原则。包装设计应遵循以下原则：

(1)产品包装要符合消费者消费观念的变化。随着经济的不断发展，在产品越来越丰富的今天，人们的消费观念以及消费方式都发生了变化。消费者的消费已经由过去单纯追求"量"，开始转变为追求"质"，不仅要消费得到，还要消费得好。包装美观的产品，往往在货架上、橱柜里一经展示，就能够引起消费者的注意，随后就有可能成为消费者的理想选择。因此包装也要能够符合消费者这种消费观念的变化，除了起到保护产品的最基本作用外，还应该根据消费者的心理和行为的变化，用新颖、别致和美观的包装来吸引消费者，满足消费者对生活质量的要求。同时，这样做还能够增加产品价值，提高产品附加值。特别是在现代化社会消费者非常注重环保的趋势下，产品如果以绿色包装出现，就可以满足人们的"绿色"观念，无形中也起到了促销的作用。

案例　过去礼品水果不过是用竹篁或篾黄做的小篮子包装。而现在，这些产品的包装是琳琅满目，非常精美，极大地满足了消费者的要求。现今，特别是进入21世纪后，食品市场以绿色食品为可持续发展生产和消费行为的情况下，产品包装能同时起到品牌商标、广告宣传等作用。

(2)满足消费者的心理变化。人们消费心理的多维性和差异性决定了产品包装必须有多样性才能吸引特定的消费群体产生预期的购买行为。包装设计的心理策略是非常逻辑化的促销创意，它不仅要从视觉上吸引特定的消费群体产生预期的购买行为，更要从心理上捕捉消费者的兴奋点与购买欲。产品包装只有把握消费者的心理、迎合消费者的喜好、满足消费者的需求、激发和引导消费者的情感，才能够在激烈的商战中脱颖而出，稳操胜券。

消费者的消费心理主要有以下几种：

①求便心理。很多顾客购物时，首先考虑的就是方便，而包装的方便易用也会在一定程度上增加产品的吸引力，所以企业在设计包装时一定要考虑到这种心理，例如采用透明或开窗式包装的食品就可以方便消费者挑选。

②求新心理。对于某些具备较强好奇心的消费者来说，通过设计与众不同的新奇包装，不仅可以将产品同以往的产品相区别，给消费者带来新的利益，还可以极大地满足他们的好奇心。例如采用凹凸工艺制作的立体式包装、防盗包装等。

③求信心理。在产品上突出了厂名、商标，有助于减轻购买者对产品质量的怀疑心理。特别是有一定知名度的企业，这样做对产品和企业的宣传一举两得，例如美国百威公司生产的银冰啤酒，其包装上有一个企鹅和厂牌图案组成的品质标志，只有当啤酒冷藏温度最适宜的时候，活泼的小企鹅才会显示出来，向消费者保证是货真价实，风味最佳，满足他们的求信心理。

④求美心理。产品的包装设计体现艺术美,具有艺术魅力的包装对购买者而言是一种美的享受,是促使潜在的消费者变为现实消费者,变为长久型、习惯型消费者的驱动力量。例如人头马等世界名酒,其包装都十分考究。从瓶到盒都焕发着艺术的光彩,这是一种最优雅且最成功的包装促销。

⑤求趣心理。人们在紧张的生活中尤其需要轻松和幽默。美国的一家公司在所生产的饼干的包装桶盖上印有各种有趣的谜语,只有吃完饼干才能在桶底找到谜底,产品很受欢迎。中国儿童食品“奇多”粟米脆在每包中都附有一个小圈,一定数量的小圈可以拼成玩具,小圈越多,拼的玩具就越漂亮,结果迷住了大批的小顾客。人们的好奇心往往可以驱使他们重复购买。

⑥求异心理。特别是年轻人,喜欢与众不同,喜欢求异、求奇和求新,极力寻找机会表现自我。以这类消费为目标市场的产品包装可以大胆采用禁忌用色,在造型上突破传统,在标识语中大肆宣扬“新一代的选择”,以求引导潮流,创造时尚。但是这类消费者的心理不稳定又难以捉摸,潮流变幻无常,因此对其包装促销是高风险、高回报的尝试。

消费者的心理还可以按生态心理和性别心理等标准细分。消费者心理市场细分的多层次决定了包装促销也要从多角度进行。随着物质文化生活水平的提高,人们的消费心理也在不断发展。今天的时尚,可能明天就会过时,所以产品的销售包装必须不断改进,在继承传统与创意中寻求平衡、和谐和统一。

(3)体现消费者个性。现代企业营销要求产品按消费者需求进行定制化生产,体现个性化,那么与产品密不可分的包装也应成为体现企业产品创新意识和现代意识的重要一环,也就是说,对包装也要同步进行创新和个性化设计。重视创新和个性化较强的包装,对企业参与市场竞争十分有利,它不仅具有强大的广告宣传效果,而且因离消费群体最近,容易达到促进销售的作用,更重要的是能够展示企业的形象,体现出一个国家经济发展的文明程度。

(4)产品包装更换时要慎重。企业产品更换外包装商标及图案一定要慎重,不能想换就换,防止适得其反。一般来说,当一种产品定格在消费者心目中后,它给消费者留下印象最深的是外包装及商标标识,也就是说,消费者在选购这种品牌产品时,首先注意的是让他感到熟悉而亲切的外包装。像“康师傅”方便面,尽管不断开发新产品,但包装万变不离其宗,这也是它成功的谋略之一。

(5)产品包装要“适度”。在消费者的消费观念、方式和水平都发生了很大变化的背景下,很多企业发现精美的包装可以带来超额利润,所以把注意力都集中在包装上,包装越来越豪华,例如中秋节的月饼包装,还有五花八门的老年人健康滋补品的包装都非常精美,却普遍是“形式大于内容”。其实,这是从以前不注重包装的一个极端，走向了另一个极端，即过度包装。虽然说消费者在消费产品时比较注重包装，但其追求的最终是实实在在的产品，其核心需求是产品本身能够给他带来的基本利益，因此，消费者产品的包装设计一定要根据消费者的消费层次、经济条件和消费场合的不同来设计不同的包装，而且必须能够满足消费者的核心需求，也就是必须有实在的价值，要“适度”，否则即使能够吸引到偶然的购买，也难以赢得消费者的忠诚，缺乏长远发展的动力，而且从整个社会的角度来看也是极大的资源浪费。

(6)包装图案的设计必须以吸引顾客注意力为中心，强调真实。包装图案对顾客的刺激作用是越来越具体、强烈和有说服力，并往往伴有立刻的购买行为。它的设计应遵循以下基本原则：①形式与内容要表里如一，具体鲜明，一看包装即可知晓产品本身。②能够充分展示产品。这主要采取两种方式：一是用形象逼真的彩色照片来表现，真实地再现产品。这在食品包装中最为流行，如巧克力、糖果、食品罐头等，逼真的彩色照片将色、味、形表现得令人垂涎欲滴。二是直接展示产品。例如全透明包装、开天窗包装在食品、纺织品、轻工产品中是非常流行的。③要有具体详尽的文字说明。在包装图案上还要有关于产品的原料、配制、功效、使用和养护等具体说明，必要时还应配上简洁的示意图。④要强调企业产品统一的形象色彩。凡同一家企业生产的或以同一品牌商标生产的相同或类似产品，不管品种、规格、包装的大小、形状，包装的造型与图案设计均采用同一风格，甚至同一个色调，给人以统一的印象，使顾客一看即知产品是哪种品牌，使消费者产生类似信号反应一样的认知反应，快速地凭色彩了解产品的内容。⑤要注意推销功效的设计。即无需销售人员的介绍或示范，顾客只凭包装画面文图的“自我介绍”就可以了解产品，从而决定是否购买。

(7)包装设计要考虑到文化这一因素。在历史的发展长河中，受不同环境因素的影响，出现了很多具有不同特点的文化。这些文化彼此之间会有很大的差异，在一种文化中普遍接受的东西到了另外一种文化中就可能变成了禁忌，例如在中国传统上的葬礼以白色来代表，而在西方，白色则是婚礼的常用色。所以企业在设计产品包装时，一定要考虑到文化之间的不同，不要触犯不同民族的文化禁忌。特别是国际化经营的企业，更要重视这一点。

(8)重视防止包装的模仿和“盗版”。目前市场竞争激烈，很多企业对产品外包装及标识图案进行了设计创新，完善定型后，由于忽视防止包装的模仿和“盗版”，结果推向市场后，遇到了众多“李鬼”的围追堵截，企业花了大量心血开发出来的市场很快就被吞噬掉了。所以，在目前的情况下，企业在设计完包装后，应马上申请外包装设计专利，以取得国家法律的保护。一旦有人想要模仿，就会侵权，受到国家的制裁,这在很大程度上能够有效地保护企业的权利和利益。

3. 包装策略。包装的关键最终综合反映在包装策略上,不同的包装策略会带来不同的营销效益。

案例 过去四川榨菜是以大罐的方式运到上海销售,获利极小,而上海人将大罐改为中罐出售,价格马上翻了一番,香港人买去后改为小罐出售价格再翻一番,日本人买去后,破罐、切丝改用铝箔纸、小包装出售,销量又翻几番。后来四川人终于精明起来,自己切丝加工改用铝箔纸、小包装,肥水终于不再外流。

由此可见,企业应根据不同市场环境、不同产品和不同消费者,实施不同的包装策略,鼓励和引导城乡居民消费,注重产品包装对拉动市场的作用。例如中国出品的"芭蕾"珍珠膏,在每盒珍珠膏包装盒内附赠一支带珍珠的别针,消费者每购买10盒珍珠膏,就可得到50粒珍珠,将它串成一串高雅的珍珠项链。当然,包装也要经常改变策略,以顺应消费者需求。

(1)统一包装策略。企业生产的各种产品,使用相同或类似的外形、色彩、图案包装,让消费者一看就知道是一家企业生产的产品。这种策略的优点在于:①可以节省包装设计成本。②能增加企业声势、提高企业声誉。一系列格调统一的产品包装势必会使消费者受到反复的视觉冲击而形成深刻的印象。③有利于新产品上市。通过统一包装可以利用企业已有声誉,使新产品迅速在市场上占有一席之地。统一包装策略的缺点就在于一旦某种产品出现了问题,就会连带到其他产品,甚至是整个企业,加大了企业经营的风险。一般来讲,在采用统一包装时,产品的质量水平应属于同一档次,不应是质量等级相差悬殊的产品,否则,会对高档次优质产品产生不利影响,并危及企业声誉。

(2)等级包装策略。等级包装策略是指企业所生产经营的产品,按质量等级的不同实行不同的包装,按高档、中档、低档产品分别采用相应的包装。这种策略的优点在于能够满足不同消费者的需求,促进产品的销售,同时,当一种产品出现问题时,不会影响到其他产品,但是包装成本和促销费用将提高。

(3)配套包装,又称为综合包装、多种包装。是指企业把互相有关联的多种产品纳入一个包装容器之内,同时出售。这种策略为消费者购买、携带、使用和保管提供了方便,又利于企业扩大销路、推广新产品,如工具配套箱、家用各式各样药箱、百宝箱、化妆盒等都是配套包装产品。

(4)多用途包装。指包装容器内的产品使用完毕后,这一包装容器还可继续利用。可能是用于购买原来的产品,也可能用于其他用途。如原来装饼干的饼干桶,也可装糖果,还可用来装文具杂物,药瓶当水杯用,塑料袋当手提包用等。这种策略有助于引起用户的购买兴趣,还可能促进其重复购买,以发挥广告作用。

(5)附赠品包装策略。这是目前国外市场上比较流行的包装策略,在中国市场上现今运用有所增多。这种策略是企业在某产品的包装容器中附赠连环画、识字卡片,化妆品包装中附有赠券,或者种类不同的其他化妆品赠品,有些产品包装内附有奖券,中奖后可获得奖品,如此等等,不胜枚举。

4. 特殊包装。对于贵重而有收藏价值的物品,或是用于赠送的礼品,通过特殊包装后可以满足特殊层次的消费,又可以提高产品的附加价值,提高售价。例如名贵的人参,由木箱包装改为精致的小包装,既可以满足礼尚往来的需要,又可以增加附加值。

5. 绿色包装。当今各国包装带来的环境污染十分严重,企业采用容易分解的纸质、无毒性组合型或复合材料包装,将污染降低到最低,这是关爱人类健康保持可持续发展的一个重大技术经济措施。

6. 创新包装。是指企业随着产品的更新和市场的变化,相应地改革包装设计和材料,及时采用新材料、新技术,精心设计新造型,创造新颖独特的包装来发挥包装的各种功能,增加产品的附加值和促进销售。

10.2 农产品定价策略

价格通常是影响产品销售的关键因素。企业营销活动能否成功,在一定程度上取决于定价的合理性,企业的定价决策就是把产品定价与企业市场营销组合的其他因素巧妙地结合起来,定出最有利的产品价格,以实现企业目标。如何把企业营销产品的价格定得既能为消费者乐于接受,又能为企业带来较多的收益,充分发挥价格的杠杆作用,取得竞争优势。

10.2.1 影响农产品定价的因素

1. 营销定价的内涵。从最狭义的角度来说,价格是对产品或服务所收取的费用。价格曾经是影响购买选择的主要因素。虽然在近几十年来,非价格因素在买方购买行为中已经变得越来越重要,但在较贫穷的国家、在较贫困的群体和大宗商品的交易中,价格仍然是影响购买行为的主要因素。

定价即价格的形成,是营销组合中惟一能产生收益的要素(其他要素均为成本)。合理的定价不仅可使企业顺利收回投资,达到盈利目标,而且能为企业的其他活动提供必要的资金支持。然而,企业产品定价要受到许多因素的制约,不能随意而为。并且,随着市场环境的不断变化,企业还需要适时地调整价格,以保持竞争优势和企业拥有的市场份额。

从理论上说,价格是商品价值的货币表现,以货币来表示的商品或服务的价值就称为该商品或服务的价格。一方面,价格的高低直接影响市场需求,影响产品在市场上的竞争地位和市场占有率,进而影响企业的销售收入和利润;另一方面,价格又是企业其他营销策略函数,也是营销组合中最灵活的因素,需与营销组合的其他策略相辅相成地发挥作用。事实上,在很多时候,买卖双方一次交易能否达成,最终取决于对商品价格的认知能否取得共识。可见,价格是影响交易完成的主要因素。

在任何交易中,产品的提供者自然都希望以他认为合适的价格出售产品,而买主也希望支付他认为合理的价格。但双方对同一商品价格的认知却未必一致,由此导致交易失败的情况屡见不鲜。

卖方在制定商品价格时最关心的是补偿产品成本后仍有利可图。一般说来,产品的价格由生产该产品所正常消耗的各种资源、缴纳的税金和合理的利润构成;进入流通领域后,还要包括流通费用及流通环节所应缴纳的税金和利润。因此,产品价格由生产成本、流通费用、企业利润和国家税收四个要素组成,即产品价格=生产成本+流通费用+利润+税金,其中,生产成本加流通费用所得的产品成本是产品价格的下限,产品价格只有在产品成本之上,企业才有获利的可能。由此可见,消费者对商品的认知价格还具有以下两个特点:①不同消费者对同一商品可能有不同的认知价格。②对同一消费者而言,他对某商品价值的认知会随着竞争产品价格的不同而不同。因此,从总体上说,产品定价具有买卖双方双向决策的特征。企业不能仅凭自己的愿望而制定价格。

2.影响农产品定价的主要因素。

(1)定价目标。一般认为,企业定价目标似乎都是获取尽可能高的销售额和利润额,但这只是企业长远的整体目标,具体到某一时期为某一产品定价时,企业的目标是有差异的。归纳起来如下:

①维持企业生存目标。当企业由于经营管理不善,或由于市场竞争激烈、顾客需求偏好突然变化时,会造成产品销路不畅,大量积压,资金周转不灵,甚至濒临破产。这时,生存比利润更重要,企业应以维持生存作为主要目标。为了确保工厂继续开工和使其存货减少,企业必须制定较低的价格,并希望市场是价格敏感型的。只要定价能收回变动成本或部分固定成本,企业即可维持生存。有时为了避免更大损失,甚至可使售价低于成本。这种目标只能是企业面临困难时的短期目标,长期目标还是要获得发展,否则企业终将破产。

②最大利润目标。即企业以获取最大限度的利润为定价目标。实现最大利润是企业的最大愿望，最大利润是指企业在一定时期内可能并准备实现的最大利润总额，而不是单位商品的最高价格。最高价格并不一定能获取最大利润。在一定时期内，企业综合考虑市场竞争、消费需求量、销售管理开支等因素后，以总收入减去总成本的最大差额为基点，确定单位商品的价格，以便取得最大利润。以利润最大化为定价目标必须要求企业的产品在市场上处于绝对有利的地位，但是这种目标不可能长期维持，必然会遭到多方抵制、竞争、对抗，甚至导致政府的干预。

③保持或扩大市场占有率目标。市场占有率是企业的销售量(额)占同行销售量(额)的百分比，是企业经营状况和企业产品竞争力的直接反映，它的高低对企业的生存和发展具有重要意义。一个企业只有在产品市场逐渐扩大和销售额逐渐增加的情况下，才有可能生存和发展。因此，保持或提高市场占有率是一个十分重要的目标。许多企业宁愿牺牲短期利润，以确保长期收益，即所谓"放长线，钓大鱼"。为此，就要实行全部或部分产品的低价策略，以实现提高市场占有率这一目标。当具备下列条件之一时，企业就可考虑通过低价来实现市场占有率的提高：

A. 市场对价格高度敏感，因此低价能刺激需求的迅速增长。

B. 生产与分销单位成本会随着生产经验的积累而下降。

C. 低价能抑制现有的和潜在的竞争者。

④保持最优产品品质目标。企业也可考虑产品质量领先这样的目标，并在生产和市场营销过程中始终贯彻产品质量最优化的指导思想。这就要求用高价格来弥补高质量和研究开发的成本。产品优质优价的同时，还应辅以相应的优质服务。

(2)产品成本定价。产品成本包括制造成本、营销成本和储运成本等，它是价格构成中一项最基本、最主要的因素。成本是产品定价的最低限度，产品价格必须能够补偿产品生产、分销和促销的所有支出，并补偿企业为产品承担风险所付出的代价。企业利润是价格与成本的差额，因而企业必须了解成本的变动情况，尽可能去掉产品的过剩功能，节省一切不必要的消耗，降低成本，降低价格，从而扩大销售，增加利润。

从企业产品成本与销售量的关系来看，成本构成及其表现形态一般包括以下几种：

①固定成本。是指在既定生产经营规模范围内，不随着产品种类及数量的变化而变动的成本费用。如固定资产折旧、房地租、办公费用和管理层的薪金等，这些费用不论企业产量的多少都必须支出。但随着时间的推移，生产规模的扩大，这种成本也将发生变化，所以长期成本中没有固定成本。从长期看，一切成本都是变动成本。固定成本包括固定成本总额和单位固定成本。前者是指在一定范围内不

随销售量变化而变化的成本;后者是指单位产品所包含的固定成本的平均分摊额,即固定成本总额与总销量之比,它随销量的增加而减少。

②变动成本。是指随着产品种类及数量的变化而相应变动的成本费用。如原材料、生产者的工资报酬及部分营销费用。在一定范围内,变动成本与产品销量呈正比关系变化,即成本随产品销量增长而增加。变动成本包括变动成本总额和单位变动成本。变动成本总额是指单位变动成本与销量的乘积;单位变动成本是指单位产品所包含的变动成本平均分摊额,即变动成本总额与总销量之比。

③总成本。是固定成本和变动成本之和。当产量为零时,总成本等于未营业时发生的固定成本。

④平均成本。是总成本与总销量之比,即单位产品的平均成本费用。企业获利的前提条件是价格不能低于平均成本费用。

(3)市场需求。企业有一种判断定价是否合理的通俗说法:“摆得住,卖得出”,即商品在柜台里能摆得住,不会被顾客一下子全部买走;同时也能卖得出去,不会积压。这个价格就是符合供求关系的合理价格。因此,企业给产品定价不但要考虑企业营销目标、生产成本和营销费用等因素,而且还必须考虑市场供求状况和需求弹性。

①需求与供给关系。一般情况下,市场价格以市场供给和需求的关系为转移,供求规律是一切商品经济的客观规律,即商品供过于求时价格下降,供不应求时价格上涨,这就是所谓市场经济“看不见的手”。在完全竞争的市场条件下,价格完全在供求规律的自发调节下形成,企业只能随行就市定价。在不完全竞争的市场条件下,企业才有选择定价方法和策略的必要和可能。

②需求的收入弹性。是指因消费者收入变动而引起的需求的相应变动率。有些产品的需求收入弹性大,即消费者货币收入的增加导致该产品的需求量有更大幅度地增加,如高档食品、耐用消费品和娱乐支出等会出现这种情况;有些产品的需求收入弹性小,即消费者货币收入的增加导致该产品的需求量的增加幅度较小,生产必需品的情况就是如此。也有的产品的需求收入弹性是负值,即消费者货币收入的增加将导致该产品需求量下降,如某些低档食品、低档服装就有负的需求收入弹性。因为消费者收入增加后,对这类产品的需求量将减少,甚至不再购买这些低档产品,而转向高档产品。

③需求的价格弹性。价格会影响市场需求。在正常情况下,市场需求会按照与价格相反的方向变动。需求的价格弹性,即产品价格变动对市场需求量的影响。不同产品的市场需求量对价格变动的反应程度不同,价格弹性大小不同。产品的需求弹性在理论上有完全无弹性、完全有弹性、缺乏弹性和富有弹性。在现实中,

需求的价格弹性主要是缺乏弹性和富有弹性。所谓富有弹性，是指顾客对价格变动有较高的敏感性，此时市场需求与价格成反比。缺乏弹性则相反。一般说来，缺乏弹性有如下情况：

A. 产品无替代品或企业无竞争者。

B. 购买者对价格不敏感。

C. 购买者保守，且不努力寻找便宜的产品。

D. 购买者认可并接受较高的价格。

④需求的交叉弹性。在为产品大类定价时还必须考虑各产品项目之间相互影响的程度。产品大类中的某一个产品项目很可能是其他产品的替代品或互补品。所谓替代产品是指功能和用途基本相同，消费过程中可以互相替代的产品，如洗衣粉和肥皂。互补产品是指两种或两种以上功能互相依赖、需要配合使用的商品。一项产品的价格变动往往会影响其他产品项目销售量的变化，两者之间存在着需求的交叉价格弹性。交叉弹性可以是正值，也可以是负值。如为正值，则此两项产品为替代品，表明一旦产品 Y 的价格上涨，则产品 X 的需求量必然增加；相反，如果交叉弹性为负值，则此两项产品为互补品，也就是说，当产品 Y 价格上涨时，产品 X 的需求量会下降。

所谓替代性需求关系，是指在购买者实际收入不变的情况下，某项产品价格的小幅度变动将会使其关联产品的需求量出现大幅度的变动。而互补性需求量关系，则是指在购买者实际收入不变的情况下，虽然某项产品的价格发生大幅度变动，但其关联产品的需求量并不会发生太大变化。

(4)竞争因素。产品价格的上限取决于产品的市场需求，下限取决于该产品的成本费用。在这个价格上限与下限的幅度内，企业能把产品价格定多高，则取决于竞争者同种产品的价格水平。

竞争因素对定价的影响主要表现为竞争价格对产品价格水平的约束。同类产品的竞争最直接表现为价格竞争。企业试图通过适当的价格和及时的价格调整来争取更多顾客，这就意味着其他同类企业将失去部分市场，或维持原市场份额要付出更多的营销努力。因而在竞争激烈的市场上，企业会认真分析竞争对手的价格策略，密切关注其价格动向并及时做出反应。

市场竞争结构影响企业定价的自由度。从经济学的角度分析，市场竞争结构可分为完全竞争、完全垄断、垄断竞争和寡头垄断竞争四种类型：

①完全竞争市场。这种市场上的产品价格是在竞争中由整个行业的供求关系自发决定的，无论是买主还是卖主，都只是价格的接受者，而不是价格的制定者。买卖双方都能及时得到市场信息，并完全凭理智决定买卖行为。事实上，完全竞争

在市场竞争中是极少见的，目前，国际贸易中只有少数农副产品如大米、棉花等交易符合这种竞争形式。完全竞争的条件，限制了企业的价格自由。

②完全垄断市场。完全垄断是指市场上某种产品完全由一家卖主所独占。最典型的完全垄断甚至没有任何代用品参与竞争，市场价格完全由这个垄断企业根据自己的经营目标在法律允许的范围内制定。完全垄断在现实市场上极为少见。在完全垄断条件下，由于竞争被排除了，由独家企业自由定价，对经济发展和对消费者都带来不利因素。在现代市场经济中应当提倡公平竞争，防止独家垄断。

③垄断竞争市场。垄断竞争是介于完全竞争与完全垄断之间的一种市场状态。在这种市场上，各企业对自己的产品有垄断权，但由于其他企业可能提供相类似的产品，从而企业之间存在或多或少的竞争。在这种条件下，企业可利用其产品的独特性制定或控制价格，从而在短时间内可以获得超额利润。但由于超额利润的诱导，使竞争者角逐，使供给增加，进而又使价格下降，结果企业也只能获得平均利润。也就是说，在垄断竞争条件下，企业也不能不接受约束而随意定价。

④寡头垄断竞争市场。在这种市场上，同行企业的数目不多，其中少数大企业生产和销售的产品在该行业中占有较大的比重，因而可把这几家大企业称为寡头。各企业相互依存、相互制约，产品的价格不是通过市场供求来决定，而是通过各企业之间的协商来决定。

随着市场竞争的激化，以营销组合为核心的全面竞争日益成为发展的趋势。这种竞争包含了产品、渠道及促销等各个方面。因此，企业在定价时不仅要关注竞争者的价格策略，而且对其产品策略、渠道策略和促销策略也不能忽视。

(5)国家政策。由于产品的价格直接关系到人民生活和国家安定，所以各国政府都在不同程度地加强对物价的管理，控制物价总水平的波动幅度。目前我国对绝大多数产品的价格已经放开，但对关系国计民生的产品价格仍然进行监管。政府可以通过行政的、法律的、经济的手段对企业定价及对社会整体物价水平进行调节和控制。因此政府政策也是企业定价时必须考虑的因素。

行政手段主要是在某些特殊时期，对某些特殊产品采用限价措施，包括最高限价和最低限价。限价措施在一定时期内对于保护消费者和生产者利益具有积极的作用，但长期采用则不利于供求规律发挥效用。采用立法手段管理价格主要是为了保护竞争，限制垄断，防止各种不合理的价格歧视。经济手段是政府反通货膨胀的重要措施，它通过财政政策和货币政策的各种措施，如增加或减少税收等方式影响企业的成本和利润。

10.2.2 定价方法

企业定价是一个复杂的过程，而且所使用的方法各不相同。下面从定价的不同依据和定价的原理进行分类阐述。

1. 成本导向定价。企业依据产品成本进行定价，称为成本导向定价。由于对成本的运用和获利的角度不同可有不同的定价方法。

(1)成本加成定价法。这种方法以平均成本为基数加上一定比率的预期利润构成产品的价格。经期利润可采用投资报酬率来计算，其计算公式可参考上一节有关内容；也可按平均成本利润率(加成率)来计算。平均成本利润率的大小，可根据企业产品过去的利润率、市场上同类产品习惯使用的加成率来确定；新产品可按产品被消费者预期的接受程度或需求弹性的大小来确定。一般情况下，需求弹性大，加成率可以低一些；反之，需求弹性小，即价格对需求的刺激作用小，加成率则可高一些。按平均成本利润率(加成率)来定价的公式是：

$$单位产品价格=\frac{总成本+预期总利润}{产品数量}=$$

$$\frac{(固定成本+单位产品变动成本\times产量)\times(1+平均成本利润率)}{产品数量}$$

成本加成定价是最简单的定价方法，且可保本求利。但它没有考虑市场供求及竞争的现实情况，缺乏灵活性，难以适应复杂多变的市场。

(2)收支平衡定价法。这种方法是以保本不求利为定价原则，即求出总成本与总收入相等时的价格进行定价。其定价公式为：

$$保本价格=\frac{单位产品变动成本+固定成本}{销量}$$

保本不求利是市场竞争的产物。在激烈的市场竞争中，企业产品的销路不好，只好把产品价格压到不亏本的水平上。在使用这种方法时，必须首先预测产品的销量，如果预测不准确，就可能造成不必要的损失。

(3)变动成本定价法。又称边际贡献定价法。采用这种方法时，只计算变动成本，而不计算固定成本，在变动成本的基础上加上边际贡献构成产品的价格。所谓边际贡献，是指销售总收入扣除总变动成本后，用于补偿固定成本和取得盈利的那部分收入。即：

$$单位产品价格=单位产品变动成本+单位产品边际贡献$$

任何产品价格都不能等于更不能小于变动成本，不然这种生产就毫无意义。但价格大于变动成本，则有现实意义。从总体上看，在收回变动成本的基础上进行定价，可适应市场竞争的要求，灵活确定边际贡献的大小。特别是在产品刚进入市场，且因价格因素而无法顺利进入市场时，使用边际贡献定价法便可有效地解决这一问题，体现了定价的灵活性。另外，某些企业在采用这一定价方法时，只使边际贡献补偿一部分或全部固定成本，出现亏损或不亏不赚的现象。这种做法主要出于以下几种考虑：

①为了充分利用企业的资源和生产能力。与其不生产产品，闲置厂房设备和劳动力，不如通过销售产品来弥补一部分固定成本；在企业有多种产品时，还可确保总体上盈利。

②为了向市场提供成套产品。即在零部件出现亏损时，为了保证主机件的销售，还要保留生产销售零部件。

③为了维持市场占有率。即在新产品未上市时，某些尚能获取边际贡献用于弥补一部分固定成本的老产品仍应保留下来，才不致使企业突然减少在市场中所占的份额而造成损失。

④为了照顾一部分忠诚顾客的需要，维护企业的良好信誉。在市场中往往会出现这种情况：某一产品已进入衰落期而出现亏损，但一部分习惯使用这一产品的忠实顾客还有需要，这时保留生产这种产品，有利于博取顾客对企业的好感。

(4)需求导向定价法。上述成本导向定价基本上是站在企业的立场上来进行定价；需求导向定价则是更多地考虑顾客、市场的需求和接受程度来进行定价。由于影响定价的需求因素较多，且推导方法有所不同，因此它也有具体分析的方法。

(5)差别定价法。它是指根据各种差异因素，对相同成本的同一产品实行不同价格的定价法。采用这一方法所根据的差异因素主要有：

①不同顾客。对不同顾客销售同一产品可采用不同价格。例如，生产用户与家庭用户的用电收费标准不同；某些服务收费国内外顾客有别。

②不同形式。对不同形式的同一商品也可采用不同的价格。例如，精装商品比普通装商品的价格可高出许多，高出部分的价格可远远超过精装商品所追加的成本。

③不同地点。同一商品在不同地点的价格可以有所不同。在旅游点与非旅游点、高级商店和普通商店、经济发达地区与落后地区，同一产品的价格可能相差甚远。

④不同时间。应节商品在节日前节日后、季节商品在应季与背季、农副产品在早上与下午等，都可采用不同的价格。

⑤不同需求弹性。企业可利用同一产品在不同场合的需求弹性不同这一特点，采用不同的价格：在需求弹性大的场合，价格可以低一些；在需求弹性小的场合，价格可以高一些。

(6)向后定价法。在正常情况下，定价的程序是：出厂价→批发价→零售价。向后定价法则反其道而行之，它是根据消费者或进货企业对商品价值的认识和需求程度来决定价格的方法。通常的做法是，企业通过调查研究，了解和掌握消费者或中间商对产品价值理解和认识，到底能值多少钱，以此确定产品的价格，然后再倒推算出批发价和出厂价。如果推算出的出厂价有利可图，则可按此定价。

例如，经市场调查，消费者认为某品牌全自动洗衣机价格为 1 500 元比较合理。如零售商的加成率(毛利率)为 25%，批发商的加成率为 5%，这种洗衣机的出厂价的计算过程是：

设批发价为 x，则：

$$x+25\%x=1\ 500$$

$$x=1\ 200(\text{元})$$

设出厂价为 y，则：

$$y+5\%y=1\ 200$$

$$y\approx 1\ 142.86(\text{元})$$

因此：

××牌洗衣机零售价	1 500 元
扣零售商毛利(1 200×25%)	300 元
批发商的批发价	1 200 元
扣批发商毛利(1 142.86×5%)	57.14 元
出厂价	1 142.86 元

2. 竞争导向定价。竞争导向定价是以竞争者的同类产品价格为定价的基本依据。其具体的定价方法有：

(1)随行就市定价法。是企业以行业内流行的市场价格水平来制定价格的方法。换言之，市场上某一产品的价格是多少，本企业同一产品的价格也是多少。这种方法可省略定价计算的麻烦，避免恶性价格竞争对同行企业的危害。企业在采用此法时，主要通过提高效率来获取比其他企业更多的盈利。

通常情况下，消费者对某一产品的质量等无法进行比较，即属于均质产品时，采用这种方法可同时被消费者和竞争者所接受；它对实力弱小的企业较有利，可避免因激烈竞争而被挤出市场的风险。

(2)竞争价格定价法。是指企业利用价格因素主动出击,通过竞争获取的定价方法。它多为实力强或具有产品特色的企业所采用。

采用这种定价方法时,首先要了解竞争对手的价格策略和方法;然后把本企业的产品与竞争性产品进行分析、比较,找出本企业产品所具有的优势,作为制定攻击性价格的武器;最后根据上述的竞争形势和竞争有利条件,制定出本企业产品的价格。随着竞争形势的变化,还应随之调整产品的价格。

(3)投标定价法。是用投标的方式参与价格竞争的定价方法,通常只适合于特殊行业和特殊产品,如基建工程、技术转让和成套设备交易等。

投标方法可以公开报价,也可以密封递价,即众多报价者把投标价格同时交给招标者,然后由招标者加以比较、选择,中标者则可达成交易。投标定价能否在竞争中获胜,关键在于处理好中标概率与报价多少的关系。如果报价低,虽然中标的机会比较大,但可能导致亏本;如果报价高,虽然预期获利水平高,但可能失去中标的机会。因此,必须兼顾中标与利润这两个方面提出最佳报价。它可依据预期盈利来作出决策,下面以表 10-1 来加以说明。

表 10-1　某产品投标价格方案比较　万元

方案	成本	报价	盈利	中标概率(%)	预期盈利
1	30	32	2	0.8	1.6
2	30	35	5	0.6	3.0
3	30	37	7	0.2	1.4
4	30	40	10	0.1	1.0

注:预期盈利=盈利×中标概率

表 10-1 中第二方案的中标概率及预期盈利较理想。最后应采取哪一种方案,还可依据企业的定价目标和给招标者带来何种附加交易条件等因素加以确定。

10.2.3　定价策略

在激烈的市场竞争中,定价策略是企业争夺市场的重要武器,是企业营销组合策略的重要组成部分。企业必须善于根据环境、产品特点和生命周期的阶段、消费心理和需求特点等因素,正确选择定价策略,争取顺利实现营销目标。

企业在确定与实施定价策略时,必须遵循如下基本原则:第一,必须在国家政策规定的范围内进行,树立全局观念,主动考虑社会总体利益。第二,必须兼顾企业营销的近期目标与远期目标。第三,必须以正当合法的手段进行价格竞争。第四，必须主动考虑顾客的长远利益。

1. 新产品定价策略。在激烈的市场竞争中，企业开发的新产品能否及时打开销路、占领市场和获得满意的利润，这不仅取决于适宜的产品策略，而且还取决于其他市场营销策略手段的协调配合。其中新产品定价策略就是一种必不可少的营销策略。一般来说，新产品定价有以下两种策略：

(1)撇脂定价策略。撇脂定价又称定高价，是指在产品生命周期的最初阶段，把产品的价格定得很高，以获取最大利润，犹如从鲜奶中撇取奶油。企业之所以能这样做，是因为有些购买者主观认为某些商品具有很高的价值。从市场营销实践看，在以下条件下企业可以采取撇脂定价策略：首先，市场上有足够的购买者，他们的需求缺乏弹性，即使把价格定得很高，市场需求也不会大量减少；其次，高价使需求减少，因而产量也相应减少，单位成本增加，但仍然能给企业带来利润；第三，在高价情况下，仍然独家经营，别无竞争者，因为在短期内仿制很困难，类似仿制品出现的可能性很小，竞争对手少。

(2)渗透定价策略。渗透定价策略又称定低价，是指企业把创新的新产品价格定得相对较低，以吸引大量顾客，提高市场占有率。采用渗透定价策略的条件是：首先，产品的市场规模较大，存在着强大的竞争潜力；其次，产品的需求弹性大，稍微降低价格，需求量会大大增加；第三，通过大批量生产能降低生产成本。

2. 某产品投标价格方案比较。需求差别定价，也称歧视定价，是指企业按照两种或两种以上不反映成本费用的比例差异的价格，销售某种产品或服务。需求差别定价有以下四种：

(1)以顾客为基础的差别定价。同一产品，对不同的消费者制定不同的价格和采用不同的价格方式。其中，有的是由于不同的消费者对同一产品的需求弹性不同，分别对不同的消费者群体制定不同的价格。如美国轮胎企业卖给汽车厂的产品价格便宜，因为需求弹性大；卖给一般用户价格贵，因为需求弹性小。电力工业对工业用户收费低，因为需求弹性大；对民用收费高，因为需求弹性小。如果对工厂的收费高于厂内发电设备运转费用，工厂就会自行发电。

(2)以产品改进为基础的差别定价。这种定价法就是对一项产品的不同型号确定不同的价格，但价格上的差别并不与成本成比例。如 A 型是普及型的电脑，成本为 3 000 元，售价为 4 500 元。B 型为功能型电脑，成本为 5 000 元，售价为 6 800元。C 型为多功能、便携式电脑，成本为 10 000 元，售价为 13 000 元。同种产品不同外观、款式、花色采用不同的定价。如服装，新款与过时服装之间价格的差别就很大。

(3)地域为基础的差别定价。如果同一产品在不同地理位置的市场上存在不同的需求强度，那么就应该定出不同的价格，但定价的差别并不与运费成比例。如我国的传统出口产品茶叶、猪鬃在国际市场上需求十分强烈，我们的定价就应该比国内高得多。再如戏院里座位的票价，前排、中排、后排、旁边的票价是不同的；旅游景点的旅馆、饭店定价通常比一般地区高。

(4)以时间为基础的差别定价。当产品的需求随着时间的变化而有变化时，对同一种产品在不同时间应该定出不同的价格。如电视广告在黄金时间播出收费要高于其他时间的收费；不同季节的产品，在淡季售价低一些，旺季价格上涨等。

3. 产品组合定价策略。产品组合是指一个企业所生产经营的全部产品线和产品项目的组合。对于生产经营多种产品的企业来说，定价须着眼于整个产品组合的利润实现最大化，而不是单个产品。由于各种产品之间存在需求和成本上的联系，有时还存在替代、竞争关系，所以实际定价的难度相当大。

(1)产品线定价。通常企业开发出来的是产品大类，即产品线，而不是单一产品。当企业生产的系列产品存在需求和成本的内在关联性时，为了充分发挥这种内在关联性的积极效应，需要采用产品线定价策略。在定价时，首先，确定某种产品的价格为最低价格，它在产品线中充当招徕价格，吸引消费者购买产品线中的其他产品；其次，确定产品线中某种产品为最高价格，它在产品线中充当品牌质量象征和收回投资的角色；再次，产品线中的其他产品也分别依据其在产品线中的角色不同而制定不同的价格。如果是由多家企业生产经营时，则共同协商确定互补品价格。选用互补定价策略时，企业应根据市场状况，合理组合互补品价格，使系列产品有利销售，以发挥企业多种产品整体组合效应。

(2)系列产品定价。有时企业向顾客提供一系列相关的产品和服务，如一家宾馆既为顾客提供住宿、餐饮服务，也提供娱乐、健身服务，那么，可考虑将住宿、餐饮的价格定低些，以吸引顾客，而将娱乐、健身的价格定得高些，以获取利润。

(3)互补产品定价。互补产品是指两种或两种以上功能互相依赖、需要配合使用的商品。具体的做法是：把价值高而购买频率低的主件价格定得低些，而对与之配合使用的价值低而购买频率高的易耗品价格适当定高些。如将照相机的价格定得适当低一些，胶卷的价格提高些；电动剃须刀架的价格定低一些，而刀片的价格适当提高；手机的价格可适当降低，电池的价格可适当提高。

4. 心理定价策略。心理定价是指企业针对顾客的消费心理，根据不同类型顾客购买商品的心理动机来制定产品价格的定价策略。它包括尾数定价、整数定价、声望定价、招徕定价和意义定价等。

5. 数字定价策略。

(1)尾数定价策略。尾数定价也称奇数定价，就是给产品定价时不采用整数而带有尾数，尽可能取低一位数。如零售商本应定为100元的商品，而宁可定为99.95元。这种定价会给人一种“商品便宜、定价认真、货真价实”的心理感觉。据心理学家调查发现，奇数可给人以跳跃感、差异感、降价感，更容易被消费者接受。但这种定价策略不适宜高档产品，一般适用于价值较低的产品。

(2)整数定价策略。即商品价格定为整数不带尾数。一般适用于名牌、高档或消费者不大了解的产品，如某高级商品，宁可定足10万元而不定为99 950元，以显示产品身价，满足消费者“一分钱一分货”的心理。

(3)意头定价策略。根据消费者追求吉利、好意头的心理，在定价时加以适当应用，可取得较好的效果。例如，我国消费者认为8、6等是意头好的数字，把“8”喻为发，“888”即“发发发”，把“6”喻为路，“168”即“一路发”，因此，168、888等在定价时也被采用。

6. 声望定价策略。声望定价是为迎合消费者求名、求荣、仰慕名店名牌商品的虚荣心理而采用的一种定价策略。因名店、名牌货在消费者心目中有了声望，产生了信任感，所以名店名牌商品的价格可比一般商店的商品稍高。声望定价一般适用于质量不易鉴别的商品。

7. 招徕定价策略。多数顾客对低于一般市场价格的商品都会感兴趣，招徕定价就是利用这种求廉心理，有意将少数商品降价，通过吸引顾客登门购买来达到推销其他正常价格商品的目的。如节假日举办“优惠大酬宾”等活动都是招徕定价的做法。

8. 折扣与让价策略。折扣与让价策略是企业对商品实行降价，减让部分价格，或加赠货品，另给一些津贴的一种定价策略。它给买方以优惠，鼓励顾客购买，争取顾客，借以达到扩大销售目的。主要有以下几种形式：

(1)现金折扣。顾客用现金一次性交付或提前付款的，企业给予其一定的折扣率，鼓励买方用现金交易，减少赊销带来的麻烦和损失，以利加速资金周转。

(2)数量折扣。顾客购买商品达到一定数量时，企业按总数给予不同的折扣率，数量折扣又分为非累进折扣和累进折扣。非累进折扣应用于一次购货，规定购买某种产品达到一定数量，或购买多种产品达到一定金额，给予折扣优待，数量或金额越大，折扣越大。累进折扣是规定在一定时期内，同一顾客购买的商品达到一定数量或一定金额后，给予一定折扣，数量越大，折扣也越大。但折扣数额不可超过因大量销售所节省的费用额。

(3)季节折扣。制造商为了保持均衡生产，加速资金周转和节省费用，鼓励中间商早进货或淡季购买，企业按原价给早进货或淡季购买的中间商一定的折扣。季节折扣适用于季节性强的商品。

(4)业务折扣。生产企业为了鼓励中间商推销其产品，根据中间商在流通环节中所负担的不同的功能给予不同的折扣。一般来说，给予批发商折扣较多，给予零售商折扣较少。

(5)商品赠送。为鼓励消费者购买某种商品，对凡购买此商品的，企业另赠送其他一定数量的商品，把赠送商品视为购物的价格优惠。

10.3　农产品销售渠道的策略选择

在农产品营销经济活动中，人们也要选择和设立各种流通、销售渠道，才能把生产企业的产品分销出去，送达各地域市场和众多的最终消费者手里。因此，选择怎样的分销渠道策略就成为企业市场营销组合中的一个重要策略。合理地选择和建立产品分销渠道，把产品及时、方便、有效、经济地提供给市场和消费者，实现企业的营销目标，则是分销渠道策略所要研究的主要内容。

10.3.1　分销渠道的策略选择的意义

1. 分销渠道的含义与作用。分销渠道，就是产品的流通销售渠道，是产品在从生产领域进入消费领域的过程中，由互相连接的企业机构和个人所组成的通道。企业机构和个人参与者主要包括生产者、中间商和消费者，它们都是渠道成员之一。其中，生产者处于分销渠道的起点，最终消费者或用户处于分销渠道的终点，中间商则是生产者和消费者的联络媒介。正是通过这些参与者的作用，产品才得以流通，才能上市行销，从生产者手中转移到消费者或用户手中。产品从生产者流向消费者的过程中，所有权至少要发生一次转移，在大多数情况下，要发生多次转移，而且还包括产品实体转移、货款和情报信息的转移。产品实体转移是产品实物通过运输和贮存等活动，转移到消费者或用户手中。货款转移是在产品所有权转移的同时，通过银行转账或现金结算方式，货款从消费者手里转移到供货方手里。情报信息转移则是产品流通过程中的循环运转，双向沟通。分销渠道在企业的营销活动中具有重要的作用。

(1)联结产销。分销渠道的主要职能是使企业产品有效、快捷、适时、适地地送达市场和消费者，它像一座桥梁，将产品生产和产品消费联结在一起，使希望得到某种产品的用户和生产这种产品的企业得以沟通，消除了产品和服务与使用者之间在时间、地点和所有权方面的关键性差距，从而促成两者之间交易的实现和交易的扩大。可见,分销渠道直接关系到产品能否及时送到消费者手中,能否及时销售出去,从而关系到能否顺利实现企业的生产目的的问题。

(2)反馈信息。由于产品从生产者向消费者转移的过程是在分销渠道实现的,因此分销渠道必然时刻在传播和反馈营销环境中有关潜在的和现实的顾客、竞争者和其他参与者对企业产品的销售状况,市场供求变化等方面的信息。

(3)促进销售。分销渠道的参与者在经营过程中,往往要制作并传播旨在吸引顾客的有说服力的沟通材料,开展各种促销活动,因此,产品只要能进入分销渠道广泛分销就能扩大销售量。

(4)承担风险。分销渠道的参与者在商品流转过程中,承担商品供求变化、自然灾害和价格看跌等风险。

(5)实体分配。产品在实行空间转移时,分销渠道的参与者负责进行运输、贮存和信息处理等活动。

分销渠道还有简化交易手续、节约销售费用、集散和平衡商品供应等作用。因此,企业在市场营销过程中,必然充分发挥分销渠道的作用,把生产出来的符合市场需要的产品,通过适当的分销渠道,及时、有效地提供给消费者。

2. 分销渠道的类型。按照不同的标准,分销渠道可以划分为不同的类型。一般可划分为直接渠道和间接渠道、长渠道和短渠道、宽渠道和窄渠道三种基本类型。

(1)直接渠道和间接渠道。这个类型是以生产者是否利用中间商为依据来划分的。直接渠道是指生产者不利用中间商,自己直接把产品销售给消费者和用户的渠道。间接渠道是指生产者借助于中间商,把产品销售给消费者和用户的渠道。在现实市场中,中间商介入分销渠道的数量和具体情况极其繁杂,为便于研究和分析,人们通常把它简化为基本模式(第六章间接营销渠道)。

①直接渠道的优点与缺点。直接渠道是一种最简单的分销渠道,产品由生产者直接送达消费者或用户。例如,企业派推销员上门推销产品,开展邮购业务,自设销售门市部等。这种渠道类型在消费品的销售中比较适合于产量少、销售范围小或市场比较集中的生产企业。在工业品(生产资料)的销售中,这种渠道形式占有特别重要的地位。因为很多工业品用户数量少且相对集中,购买量大,生产者接受用户直接订货,可以减少很多由于环节多所造成的麻烦。

直接渠道的优点是:A. 产商与消费者直接接触,能够迅速而具体地了解市场需求的变化以及用户的特殊要求,及时作出相应的经营决策,更好地满足顾客需要。B. 直接渠道没有任何中间经营环节,可以使产品迅速到达消费者手中,从而缩短流通时间,减少流通费用,降低产品价格,提高产品的利润。C. 以根据顾客的特殊要求，搞好产品的销售服务工作，指导消费，从而有利于促进产品销售。

直接渠道的缺点主要表现在：A. 生产商要分出一定的人力、物力、财力，自设一套机构推销产品，从而分散生产管理的精力。B. 生产商不可能在各地普遍设立推销机构，从而使产品的销售范围和生产规模受到极大限制。C. 生产商要承担全部市场风险，增加产品库存，影响企业资金的周转。

②间接渠道的优点与缺点。间接渠道一般要经过一个或几个中间环节，它在消费品的销售中采用得比较广泛，在工业品的附属设备、工业易耗品、农用化肥、农药、小型农具等也多采用这种形式。间接渠道的优点是：A. 实际生活中，大多数生产商只能生产大量的但种类有限的商品，而消费者通常只是需要数量有限却种类繁多的商品，产需之间存在着矛盾。渠道中的中间商一头连接生产者，另一头连接消费者，通过其经营活动使供给与需要相互匹配。并且通过中间商的中介作用，可以扩大商品流通范围，在较大范围调节产需矛盾，促进流通的社会化、现代化和合理化，减轻生产商市场营销的风险负担。B. 简化交易次数，节省流通费用。在商品经济条件下，交换已成为人们日常生活中的一项经常性活动，如果没有中间商，每件商品都要由生产商直接卖给消费者，手续繁杂；有了中间商，不但简化了交易手续，减少了人力和时间，使商品销售简单化、专业化，而且生产商通过间接渠道大批量地集中销售，也减少了资金周转的时间和流通资金占用额，还方便了消费者。

间接渠道也有缺点：主要是增加了经营环节。由中间商组织商品流通，增加了中间销售机构，从而要相应增加商品成本，提高商品的零售价格。此外，产销不能直接沟通信息，售前售后服务工作较粗，较难适应不同产品和不同顾客的特殊要求。

(2)长渠道和短渠道。分销渠道长度是指产品从生产者向消费者转移过程中所经过流通环节的多少。据此划分，可将分销渠道分为长渠道和短渠道。产品从生产者流向消费者或用户的过程中，每经过一个对产品拥有所有权或负有销售责任的机构，称为一个流通环节。环节越多，渠道越长；反之，环节越少，渠道越短。长渠道，是指经过两个以上的流通环节，把产品销售给消费者或用户的渠道。短渠道是指没有或只经过一个中间流通环节，把产品销售给消费者或用户的渠道。

①长渠道的优点和缺点。长渠道的优点表现在流通领域的一切职能均由中间商承担，生产商可减少资金周转时间和节省流通费用。同时，还有利于调节产销之间在时间、地点上的矛盾，减轻生产商市场营销的风险负担。长渠道的弊端主要是所经过的中间层次多，不利于商品迅速占领市场，取得竞争的主动权，还增加商品发生霉烂、变质、磨损和毁坏的风险，从而影响商品的信誉。此外，渠道长，使用不

当的话，会增加流通费用，导致商品价格提高，竞争力降低，而且生产商不容易掌握市场需求的第一手资料，不利于及时掌握市场行情与信息。

②短渠道的优点与缺点。短渠道在消费品中的食品、服装、鞋帽以及高档消费品的营销中运用得比较广泛，工业品中的易耗品、小农具等，以及上述直接渠道适用的商品都可采用这一类型。短渠道的优缺点可从上述直接渠道的分析中反映出来。但在有一个中间商介入的短渠道中，还会表现出一些独特的优缺点。其优点主要是，因为只有一个中间层次直接对生产商负责，双方关系较为紧密，有利于增加中间商的职责，更好地开展销售服务，维护生产商的信誉。缺点是生产商比较被动，不容易与中间商维系长期合作关系，生产规模和市场范围的扩大也会受到一定的影响。

(3)宽渠道和窄渠道。分销渠道的宽度是指生产者在特定市场里直接利用中间商数量的多少。据此来划分，可将分销渠道分为宽渠道和窄渠道。如果生产者在特定市场里直接利用两个或相对较多的中间商来经销其产品，称之为宽渠道；如果生产者在特定市场里只直接利用一个中间商销售其产品，称之为窄渠道。

①宽渠道的优点与缺点。宽渠道的优点主要是能使商品迅速转入流通领域和消费领域，使再生产得以顺利地、迅速地进行。而且，有利于中间商之间展开竞争，不断提高产品销售效率，使产品价值迅速实现，消费需求得到满足。宽渠道的缺点主要是由于所选用的中间商多，生产商与中间商之间的关系松散，不容易取得中间商的合作，生产商要花较多的精力和时间来处理与中间商的关系。

②窄渠道的优点与缺点。窄渠道最大的特点是产品生产者和中间商关系非常密切，相互之间有很强的依附关系。生产者主要依赖所选择的中间商推销自己的产品，中间商也依赖生产者而存在和发展。由于利益关系密切，相互依赖，双方可通力合作，提高销售竞争能力。如生产者可以向中间商传授产品技术，给予资金、人力等的支持，毫不保留地指导和支持中间商开展销售业务；中间商会随时将市场信息转达给生产者。窄渠道的弊端是风险较大，双方都将自身命运与对方联系在一起，万一对方发生变化，就使自己受到其牵连。例如，对生产者来说，一旦中间商不再为自己销售产品，就可能会失去所占领的市场。

10.3.2 分销渠道的选择

对生产者来讲，选择分销渠道是重要的决策之一。分销渠道选择适当，会使产品更快地转入消费者手中；但如果选择不当，就难以尽快地拓展市场，产品就会较长时间地停留在生产者手中，影响再生产的进行。选择分销渠道，主要包括确定渠道类型、长度、宽度和使用哪些中间商等内容。

1. 确定渠道类型和长度。即确定产品从生产者到达消费者或用户的转移过程中，要不要经过中间商，以及要经过几个中间环节的问题。如前所说，最短的渠道是直接渠道，其次是只有一个中间商的短渠道，最长的渠道是经过多个中间商环节的渠道。在商品流通中，生产者是否选用中间商以及用多少个中间商环节，主要取决下列因素：

(1)市场因素。①潜在购买者的性质和特点。主要包括潜在购买者的数量、地理分布、购买习惯、购买力水平等。如果潜在购买者多，市场范围大，地理分布广，购买批量小，就需要运用长渠道；反之，则可选择短渠道或直接渠道。②竞争者使用渠道的状况。企业应掌握竞争者使用的渠道类型，然后作出渠道决策。为了赢得市场竞争的主动权，企业应尽量避免采用竞争者的渠道成员，力争选用比竞争者更短的渠道。

(2)产品因素。①产品价格。一般来讲，产品单价越高，渠道越短；单价越低，渠道越长。因为价格高的产品，如渠道长，价格则会更高而影响销路。②产品的体积和重量。为了能尽量减少装卸费用和运输、贮存费用，对体积大或笨重产品，如重型机械、大型设备等应选择最短的渠道。对体积小、重量轻的产品，则可选择较长的渠道。③产品的技术服务要求。对通用性较大、技术服务要求低的产品，可采用间接渠道。而对技术复杂程度高、售前售后服务要求较高的产品，应选择直接渠道。④产品特征。易毁、易腐的产品，如水果、鲜蛋、玻璃制品等，应选择短渠道或直接渠道，以避免或减少中转过程中的损失和耗费。对时尚产品，应选择短渠道，以免过时滞销。对时令性不强的产品，渠道可长些。对有特殊规格要求的定制品，应选择直接渠道，而标准化产品则可选用间接渠道。

(3)企业因素。①企业的实力和信誉。一般来讲，企业实力强，声誉好，资金雄厚，可选择直接渠道或短渠道，反之则选择长渠道。②企业的营销能力和服务能力。如果企业营销能力强，有足够的推销员和丰富的推销经验，且提供售前、售后服务的能力较强，可选择直接渠道，反之则要选择间接渠道。

(4)环境因素。主要包括国家的政策法令和经济发展状况。国家的政策法令是企业不可控制的因素，国家的税收、价格政策、进出口法规、商检法等都会限制或影响企业渠道的选择。如我国规定烟酒专卖、盐业专营，企业只能按照国家规定的渠道进行经营。经济发展状况也会影响企业营销渠道的选择。经济繁荣时期，可选择较长的渠道；经济衰退时期，只适合采用短渠道。

2. 确定渠道的宽度。即对宽、窄渠道的选择。主要有三种策略：

(1)广泛分销策略。即生产者在一个销售地区直接运用尽可能多的中间商销售自己的产品。消费品中的日用品，工业品中的一般原材料、小工具、标准件等多采用这种策略。因为用户、消费者对这类产品一般不太重视品牌，采用这种策略有利于广泛占领市场，及时销售产品。

(2)选择性分销策略。即生产者在特定的市场内有选择地直接运用一部分中间商来推销产品。采用这种策略，企业所利用的中间商不止一个，但对所有有意经营的中间商也不全部都加以利用，而是只选择其中一部分中间商来经销。这种策略适用于选择性强的商品和同类临时替代品较多的商品的经销。其中，消费品中的选购品、特殊品，在投入市场一段时间，消费者形成品牌商标的偏爱后，最适宜采用这种渠道策略。工业品中的专用性强、用户比较固定、对品牌商标比较重视的产品，采用这种策略既能适应需求特点，又能维护产品在用户中的声誉。

(3)独家专营策略。即生产企业在一定地区、一定时间只选择一家中间商销售自己的产品。这种策略一般适用于购买者十分重视的品牌消费品和工业品中技术性强、服务要求高的专用设备等的销售。采用独家经销，通常双方要签订协议，在一定的地区、时间内，规定经销商不得经销竞争者的产品；生产者也不得再找其他中间商经销该种产品。

在众多的同一类型的中间商中，选用哪一家或哪几家来销售企业产品，这个决策相当重要，它直接关系到产品销售乃至经营的成败。企业在选择中间商时，一般要对中间商进行具体地分析评价。

①中间商的目标市场和地理位置状况。一般来讲，企业选择中间商，要看其目标市场与本企业的目标市场是否一致；要视其地理位置与本企业产品的顾客群体是否接近，对产品的运输、贮存和推销等是否有利。

②中间商的经营能力状况。主要从如下几方面考察：资金的多少；从业人员的数量、业务水平；经营管理能力；偿付能力；拥有的业务设施，如交通运输、仓储条件、样品陈列设备等；销售能力；售后服务能力；提供市场情报和信息能力等。其中，中间商的经营管理能力、偿付能力是直接关系到能否被选用的重要条件。如果中间商经营管理混乱，就不可能做好产品销售工作，还可能会出现拖欠商品资金等问题。因此，对中间商的经营能力状况要作细心了解。

③中间商的信誉状况。要考虑中间商的历史渊源，从业年限，经营过程中合同执行情况，财务支付和结算情况，以及顾客的构成和对其的评价意见等。

以上是企业在选择中间商时，要对中间商进行分析评估的几个主要内容。总之，在选择中间商时，要尽可能选择那些与生产者本身的目标市场接近，有一定经营能力和销售经验，能提供较好的服务，资信度高，信誉好，协作性强的中间商作为自己的分销渠道成员，以保障企业营销目标的实现。

本章小结

农产品营销方式的操作，最终还要靠策略取胜。在竞争性的活动中策略是取胜的法宝，也是人类智慧的表现。本章分析了产品特性，提出农产品的包装策略；分析了包装必须考虑消费者的六种心理规律；提出体现消费者个性；产品包装更换时要慎重；产品包装要“适度”等一系列的原则；提出一系列的包装策略，包括：统一包装策略；等级包装策略；配套包装，多用途包装；附赠品包装策略；特殊包装；绿色包装；创新包装等。

企业营销活动能否成功，在一定程度上取决于定价的合理性，企业的定价决策就是把产品定价与企业市场营销组合的其他因素巧妙地结合起来，定出最有利的产品价格，如何把企业营销产品的价格定得既能为消费者乐于接受，又能为企业带来较多的收益，充分发挥价格的杠杆作用，取得竞争优势。提出影响农产品定价的因素，包括：定价目标；产品成本；市场需求；竞争因素；国家政策等。

企业定价是一个复杂的过程，而且所使用的方法各不相同。成本导向定价法包括：成本加成定价法；收支平衡定价法；变动成本定价法；需求导向定价法；差别定价法；向后定价法。竞争导向定价法包括：随行就市定价法；竞争价格定价法；投标定价法。

在激烈的市场竞争中，定价策略是企业争夺市场的重要武器，是企业营销组合策略的重要组成部分。企业在确定与实施定价策略时，必须遵循如下基本原则：第一，必须在国家政策规定的范围内进行，树立全局观念，主动考虑社会总体利益。第二，必须兼顾企业营销的近期目标与远期目标。第三，必须以正当合法的手段进行价格竞争。第四，必须主动考虑顾客的长远利益。提出了操作性强的定价策略，包括：新产品定价策略；需求差别定价策略；产品组合定价策略；心理定价策略；折扣与让价策略等。

搞好农产品营销还要注意选择合适的营销渠道，包括直接营销渠道与间接营销渠道；长渠道与短渠道；宽渠道与窄渠道。渠道的策略选择对于成功营销非常重要。还要选择好合适的中间商一起合作。

主要概念：产品、包装、绿色包装、价格。

主要观念：农产品营销策略对于成功营销具有极其重要的作用；掌握好选择营销策略的方法。

基本训练

知识题：

1. 农产品营销策略。2. 农产品定价策略。3. 农产品营销渠道。4. 直接营销渠道。5. 间接营销渠道。6. 长渠道与短渠道。7. 宽渠道与窄渠道。

判断题：

1. 产品线是指单一品种的农产品。
2. 当你掌握少量农产品时你最好选择到批发市场出售。
3. 当你的农产品就要过期时你最好的方法是找到中间商合作出售。
4. 当你具有多种农产品时你会选择中间商做你的合作伙伴。

简述题：

1. 农产品包装的意义，你认为如何搞好农产品的包装？
2. 影响农产品定价的因素有哪些？
3. 根据实际如何进行农产品的定价？
4. 农产品的定价策略有哪些？
5. 分销渠道的类型有哪些？
6. 如何选择适合农产品销售的渠道？

案例分析

寿光蔬菜批发电子拍卖的经营策略

中国农产品在流通市场上要经过多个环节。依次为生产者—产地批发市场—销地批发市场—农贸市场(超市)—消费者。在这个基本产业链中，还有很多中间商，大大增加了流通成本，造成农民卖不了好价钱，消费者又感觉价格偏贵。有专家将这种现象称之为“中间笑，两头叫”。中国最大的蔬菜批发市场，山东寿光蔬菜批发市场是中国蔬菜生产与供应的晴雨表。全国 20 多个省市区的蔬菜在这里中转、集散。高峰时，这里每天的蔬菜交易量逾 500 万千克。如今寿光蔬菜批发市场采用了电子拍卖的方式，参加竞拍的江苏客商张杰，以每箱 169.4 元的价格竞得红辣椒 100 箱。他说：“过去采购蔬菜，经常会受到中间商的盘剥，消费者买的菜价格高，菜农收益也受影响。我对今天竞拍的价格非常满意，这比前几天便宜了不少。”过去农民辛辛苦苦种出来的菜，常常卖不上好价钱，钱都让菜贩子捣去了。现在，通过蔬菜基地组织统一收购，种的菜明显价格高了。王继成种了 3 亩大棚蔬菜，其中有 1 亩辣椒、1 亩西红柿和 1 亩黄瓜。前一阵，他的辣椒只卖到每千克 2.8 元，这次通过拍卖，每千克多卖了 0.6 元钱，按亩产 3 000 千克算，这样每亩菜就能多收入 2 000 多元。

试分析以下问题：

1. 分析电子拍卖形式的策略选择的理由和实际价值。
2. 这种策略是否可以代表农产品未来的营销方向。
3. 如果你是生产者你是否接受这种形式。
4. 何种情况下选择这种形式最好。

网上调查

1. “中农网” www.ap88.com，金农工程
2. 查 www.sd.xinhuanet.com/news/2003-05/27/content 537101.htm，寿光蔬菜电子拍卖

CHAPTER 11

第11章　农产品物流配送

学习目标

学习本章后：

素质目标：了解农产品物流的重要性和农产品物流的关键环节以及改善途径。

知识目标：农产品物流的概念、农产品运输的特征、方式、合理组织运输的方法。农产品配送的基本环节和工艺流程。农产品标准的含义、分级的基本方法。

能力目标：能够合理根据农产品的特征，合理选择运输方法；规划农产品配送的工艺、流程；识别农产品的标准等级。

11.1 农产品物流概述

11.1.1 物流的产生及其含义

案例 大沥是广东省著名的农产品集散地和商贸镇，2003 年农村经济总收入预计达 150 亿元，三级财政收入约 7 亿元，经济发达，信息灵通，商贸繁荣，综合实力居南海之首。大沥的常用耕地面积共 37 000 亩，其中蔬菜 25 000 亩，花卉苗木 5 200 亩，水产养殖 4 700 亩。

大沥农业已形成了“三场八大基地”的特色种养格局。它们分别是农产品市场、花卉苗木种植场、水产养殖场“三大场”，以及大顶苦瓜种植基地、西兰花种植基地、西洋菜种植基地、大芥菜种植基地、丝瓜种植基地、沙皮狗养殖基地、“育肥鹅”基地、“走地鸡”养殖基地“八大基地”。

大沥的产品如此丰富，如何才能将产品及时输送到需求的市场上，为此大沥人建立了“大沥桂江农产品综合批发市场”，将对原南海综合批发市场(俗称桂江市场)进行搬迁改造，扩大市场规模，完善市场功能，该市场将集运输、贮藏、保鲜、配送、信息服务、电子结算、交易于一体，通过信息网络、联结产销，实现网上信息查询、发布、订货结算、监督等业务能适应市场发展需要。

资料来源：中国农业网，广东佛山大沥有色技术支持网页

发展农产品营销，一定要建立物流概念。

案例 中国的蔬菜运到日本，中国农民经过种植、车运、船运等很多环节，非常辛苦，只赚很少一部分钱。而日本的物流业在日本港口码头附近就有工厂，拆开集装箱后，将蔬菜大包装迅速换成小包装，两根大葱一个塑料袋、两三个青椒一个小塑料盒，立刻送到超市，甚至送到居民家里，这样就赚大钱。所以要想发展农产品营销，提高农民收入，就一定要建立物流概念，发展物流产业。

著名物流专家詹姆斯·约翰有句名言：物流学是一个充满了活力的、新的科学领域。为了使市场经济达到让适当的用户，在适当的时候，花最小的费用，获得他们所需要的产品和服务的目的，一个有效的物流系统是关键。

事实上，人类社会自开始商品交换以来，就存在着与生产和流通相适应的物流活动。物流活动包括运输、贮存、装卸搬运、包装、配送和流通加工等过程。但是，真正将物流作为企业经营的基本职能，对物流活动实施系统化的科学管理则是 20

世纪50年代前后的事情。

大多数的观点认为，中国开始引入现代物流大致从20世纪80年代开始，现代物流在中国从引入到全面发展大致经历了以下几个阶段：

1. 20世纪80年代以前：空白期。在这个时期，中国尚未引入物流概念，没有现代物流的概念，只有流通业、运输业和邮政业等与物流密切相关的行业。

2. 20世纪80年代初期到90年代初期：引入期。在这个时期，中国引入了"物流"概念，中国物流概念的引入主要通过两条途径：一条是在80年代初随市场营销的引入而从欧美传入，即"Physical Distribution"（以下简称PD，PD也可直译为实物分配）。这两个单词被译为中文是"实体分配"、"实物流通"等意思。另一条途径是"Physical Distribution"从欧美传入日本，日本人将其译为日文"物流"，80年代初，中国从日本直接引入"物流"这一概念至今。

在物流概念传入我国之前，中国虽然没有"物流"的概念，但是，类似"物流"的行业是客观存在的。事实上，中国的"借故储运"与国外的"物流"就十分相似。

在这个时期内，中国经济实现了从计划经济向市场经济的转变，产品和服务产业化和市场化，市场竞争日益加剧，各类企业都意识到现代物流的重要作用，但是还没有物流运作和现代物流企业。

3. 20世纪90年代中期到90年代末期：发展期。发达国家的跨国公司开始全面进入中国市场，制造业开始本地化，跨国公司传播了物流理念，与此同时，物流市场开始开放，一批"三资"物流企业产生，传统的储运企业开始向综合物流企业发展，也产生了一批新的民族物流企业。从某种意义上说，跨国公司带动了物流需求和促进了物流市场的产生。

4. 20世纪末21世纪初：全面发展期。由于政治、经济、技术和管理因素的综合影响，极大地促进了跨国物流事业的全面发展，中国物流真正进入全面发展时期。

11.1.2 物流的含义

物流是指以满足客户需求为目标，把生产的末端延伸到零售商、甚至消费者，衔接成供应链，使销售、仓储、运输、加工、配送等环节联起来，形成一个系统，其中每一个环节都是专业化的，基本上实行垂直的专业分工。物流产业的利润来源是多元的、综合性的。物流主要包括以下六个环节：第一是物品配送，指准时、准地点把物品送给客户（门对门服务）。超市、来料加工企业都怕延误或中断供应，特别需要即时配送。第二是连锁经营，目前已从零售店、餐饮业、旅店业扩展到专业店（如家电、建材等业），内部建立配送中心。第三是初步加工，包括包装、再包装业务、其他加工业务以满足客户的要求，还包括定制业务。第四是产前产后服务，包括报关服务、纳税服务、维修服务、代理服务、广告业务、会展业务等，还包括信息提供。第五是仓储运输，包括多种方式联运和中转仓储服务、装卸业务、保管业务、维护货运安全服务。第六是电子商务，通过电子商务，实现网上订购、导购，锁定客户，追踪服务，为客户进行咨询服务。通过电子商务，把以上各个环节更好地衔接起来，以实现物流成本最小化。

11.2 农产品运输

农产品运输是指借助于运输工具，实现农产品在空间上的位置转移。农产品运输源于农产品的生产、加工和消费在空间上的背离，是农产品营销不可缺少的过程。与工业品运输相比，农产品运输的时效性更强，运输质量要求更高。

11.2.1 农产品运输的类型

农产品运输按照运输方式、装载形式和运输路径的不同，分为不同的类型，全面掌握运输方式的分类，是合理选择运输路径的前提。

1. 根据运输方式分类。不同农产品运输可以分为以下五类：

(1)铁路运输。铁路运输的显著特点是运输量大，运费低，受季节变化影响小，虽然中间环节多，灵活性、适应性差，但目前仍然是农产品运输的主要方式，适用于大宗农产品的中、长距离运输。铁路对农产品运输而言，无论是过去的“南粮北运”，还是当前的“北粮南调”，都是主要通道，随着集装箱运输、直达运输、联运、冷藏链运输等多种运输方式普及，铁路运输承载农产品的运输还会进一步扩大。

(2)公路运输。公路运输成本较高、运载量小、耗能大、运输效率低；道路不平时振动大，产品易损伤。但公路运输具有较强的灵活性和适应性，不需改换包装即可直接送往销售地，实现“门对门”的运输，还可深入到非铁路沿线的偏远地区，扩展运输辐射半径，这是其他运输方式所不具备的优势，这对农产品运输尤为重要。

(3)水路运输。水路运输包括河运和海运，其成本低、较平稳、运载量大，但因受自然条件的限制，其连续性差、速度慢，联运要中转、装卸，也会增加损耗。因此，水路运输不适合远距离、大范围内的农产品运输，而更适用于近距离直线式的农产品运输。

(4)航空运输。航空运输速度快、保质好、受损小，但费用高、运量少。空运特别适合于新鲜柔嫩、易受机械损伤而变质的高档农产品，有时也为特需供应作特运。

关于以上五种运输方式的特点通过表11-1可以更清楚地理解。

表11-1 几种运输方式的比较

运输方式	运量	运价	速度	连续性	灵活性
铁路	2	2	3	1	3
河运	1	1	4	4	5
海运	3	3	5	5	4
公路	4	4	2	2	1
航空	5	5	1	3	2

注：表中的数字代表的是五种运输方式的排列顺序。1为最优，2次之，依此类推。

2.根据装载形式分类。

农产品的运输根据装载形式可以分为散装运输、包装运输和集装箱运输。

(1)散装运输。散装运输是指农产品不加以包装，直接以散状形态装入运输工具内进行输送的运输形式。散装运输有利于提高装卸和运载效率；降低工人劳动强度，改善工人劳动条件；节省包装物料和器材；改善经营管理，节省费用开支；提高运输效率，加速车船周转；防止农产品污染，并为实现整个系统的机械化、自动化创造条件。目前，中国国家储备系统已在全国范围内实现了粮食的散装、散运、散卸、散存，即“四散”化，进一步改善了国储粮的调运环境。

(2)包装运输。包装运输是把农产品包装以后再装入运输工具内进行运输的一种形式。这种运输方式在装卸中会起到保护农产品安全、防止抛散损失、避免污染；便于农产品出、入，装、卸、搬运和中转作业；定量包装，可以减少发、收双方在交接过程进行检验作业的工作量，方便交接等作用。受当前运输条件所限，我国农产品运输长期以来一直以包装运输为主要形式。

(3)集装箱运输。集装箱是交通运输部门根据其运输工具的特点和要求，特制的装载商品的货箱。集装箱运输可实现整件吊装，机械化程度高，不但提高了装卸效率，还便于不同运输方式之间的联运。近年来，中国集装箱产业迅速发展，2000年已成为全球第三大集装箱生产国。集装箱运输方式为发展我国内外贸易运销和国际联运创造了条件，显示了明显的优越性和经济效益，发展前景看好。

11.2.2　农产品合理运输

1. 农产品合理运输的含义。农产品合理运输是指以最快的速度，走最短的里程，经过最少的环节，用最少的费用，及时安全地把农产品运送到目的地的运输。合理组织农产品运输的关键是使包括运输方式、运输时间、运输距离、运输环节和运输费用等几个方面都达到合理化。这些因素相互联系、密切相关，共同构成了农产品运输合理化系统，其核心是运输时间和运输费用的合理化，体现了农产品运输的综合经济效益。因此农产品运输时间的快慢和运输费用的高低是评价农产品运输是否合理的重要标志。

2. 农产品不合理运输的各种表现。

(1)对流运输，即相向运输，是指同种农产品在同一路线上，相互向对方的方向运输，双方发生全部运程或部分运程的对流重合，造成运输的浪费。一般有两种表现方式：明显对流运输和隐蔽对流运输。

(2)迂回运输，即绕道运输，主要体现为运输路程的增加。

(3)倒流运输，是指同种商品向一个方向运出去，又从相反的方向运回来。

(4)过远运输，是指舍近求远采购或供应造成的不合理运输。

(5)重复运输，也叫增加环节运输，是指本可以直达运输的农产品，因为种种原因没有直达而在中途装卸换运。

(6)亏吨运输，即由于装卸技术等原因，装运的农产品达不到规定的标准装载量。

3. 合理组织农产品运输的措施。

(1)按经济区域组织农产品流通。所谓农产品流通的经济区域，是指由自然地理位置、交通运输条件、生产力布局状况和产供销关系等各种因素决定，自然形成的科学合理地组织商品流通的地域范围。按经济区域组织农产品流通有利于消除农产品运输中对流、倒流、重复、迂回、过远等不合理现象。

(2)合理选择农产品运输方式、运输路线和运输工具。

(3)实行分区产销平衡，确定农产品合理流向。

所谓实行分区产销平衡，确定农产品合理流向，就是根据农产品的产销分布情况和交通运输条件，在产销平衡的基础上，按照近产地近销地的原则，规划农产品合理流向图，并用这种方法把产供销和合理运输路线相对固定下来，使农产品运输制度化、合理化。这对于加强产、供、运、销之间的相互衔接及其计划性，消除过远、迂回、倒流等不合理运输很有好处。这一措施适用于产地集中、销地分散，或产地分散、销地集中的品种单一、规格少、运量大的农产品。

(4)采用直达、直线、直拨运输与中转运输。

(5)大力开展联运。联运是指运用两种以上的运输工具的换装衔接联合完成农产品从发运地到收货地的运输过程。开展联运,既适应我国交通运输条件和运输能力,也适应农产品产销遍布全国点多面广的特点。只要联运衔接合理,就可以缩短待运时间,加速运输过程。

(6)大力发展集装箱运输。集装箱运输过程机械自动化操作程度高,是现代高效运输形式。适应农产品易腐易变的特点和运输要求,应大力发展这种运输形式。

(7)提高运输工具的使用效率和装载技术。运输工具的使用效率只指实际装运重量与标记载重量的比率。提高运输工具的使用效率就是既要装足吨位,又要装满容积,这就必然要求提高装载技术。适宜的装载技术可以挖掘运输工具潜力,运送更多的农产品,降低运输成本,节约运费开支。

(8)推广"冷藏链"运输。"冷藏链"运输是指对鲜活的农产品从始发地运送到接受地,每个环节的转运或换装都保持在规定的低温条件下进行的运输方式。"冷藏链"运输能抑制微生物的繁殖和酶的活动,防止农产品变质和减少途中的损耗,值得大力推广。

农产品在运输的过程中仍进行着各种生理活动,极易受外界温、湿度的影响而损害品质,甚至被微生物侵染而致腐。由于运输所需要的环境条件是与储藏条件基本相同的,因此运输又称为动态储藏;不过,这种动态储藏环境变化剧烈而迅速,所以在运输的过程中必须采取必要的调控措施和一定的技术处理。

11.3 农产品配送

11.3.1 配送的概念

配送一词是日文对英文"Delivery"的意译,是从日语中直接引用到我国流通界来的。日本工业标准 JS 将配送定义为"把货物从物流据点送到交货人处",是"从配送中心到顾客之间物品的空间移动"。用最通俗的话来说就是既配又送。"配"包括了货物的分拣和配货活动;而"送"则包括各种运输送货方式和送货行为。按照我国国家质量技术监督局发布的中华人民共和国国家标准"物流术语",其中关于配送的解释为:在经济合理区域范围内,根据用户的要求,对物品进行拣选、加工、包装、分割、组配等作业，并按时送达指定地点的物流活动。一般来说，配送是在整个物流过程中的一种既包含集货、储存、拣货、配货、装货等一系列狭义的物流活动，也包括输送、送达、验货等以送货上门为目的的商业活动，它是商流与物流紧密结合的一种结合的、特殊的综合性供应链环节、也是物流过程的关键环节。由于配送直接面对消费者，最直观地反映了供应链的服务水平，所以，配送“在恰当的时间、地点，将恰当的商品提供给恰当的消费者”的同时，也应将优质的服务传递给客户，配送作为供应链的末端环节和商场营销的辅助手段，日益受到重视。

11.3.2 配送的特征

从配送的定义可以看出，配送活动具有以下几个基本的特点：

1. 配送不仅仅是送货，是流通加工、整理、拣选、分类、配货、末端运输等一系列活动的有机结合。如果储存、运输、包装、流通加工等物流功能是相对独立的话，那么，配送则是包括上述物流功能的特殊职能——物资配送的物流据点是物资的集散地，一般具备物资存储的功能。从仓储角度来看，它经常被看作是一种特殊的出库方式；运输是配送实现的最后一个环节，“二次运输”、“支线运输”、“末端运输”等通常被作为配送的代名词；流通加工是配送的前沿，是衔接储存与末端运输的关键环节。因此，配送不能简单地等同于运输和其他物流功能的全部。

2. 配送的全过程有现代化技术和装备的支持与保证。物流配送面对的是成千上万的供应厂商和消费者以及瞬息万变的市场，这就决定了有现代化的配送设施和完善的配送网络才能做好物流配送，才能做大物流配送规模。在物流配送的各个环节，会用到诸多的配送技术和设备，如电子票签拣货系统、自动分拣系统、自动化立体仓库、GIS 技术、GPS 技术，由于现代化技术和装备的采用，使配送在规模、水平、效率、速度、质量等方面远远超过以往的送货形式。

3. 配送是一种专业化的分工方式。以往的送货形式只是作为推销的一种手段，多为配合商品的销售。而配送则是一种专业化的分工方式，是大生产、专业化分工在流通领域的体现。企业从社会化配送服务中不仅可以获得专业化程度高的物流服务，而且还有利于建立合理的库存结构和运输结构，提高物流设施、设备的利用率和工作效率，实现全社会物流资源的合理利用，使物流活动更加科学化、合理化；配送通过集中零散库存，增强库存调节功能，降低全社会总的库存水平，从而实现资源的优化配置，降低物流成本。

4. 配送活动不仅仅是物流活动的终结环节，而且是营销或促销活动的重要手段。成功的配送活动具备三方面的重要功能：准确而又稳定的配送活动可以在保证供给的同时，最大限度地降低生产企业或流通企业的商品库存量，从而降低了销售总成本；集中而高效的配送活动可以在简化流通程序、缩短流通渠道的同时，提高物流系统本身的效率及服务水平，这是赢得消费者的有效手段，合理而顺畅的配送活动，可以提高车辆的利用率，节约能源，降低成本，减少交通拥挤和城市污染，与此同时也可以降低物流系统的单位成本。

11.3.3 配送的基本环节

从总体上看，配送是由备货、理货和送货三个基本环节组成的，其中每个环节又包含着若干项具体的、枝节性的活动。

1. 备货。即指准备货物的系列活动。它是配送的基本环节。严格说来，备货应当包括两项具体活动，即筹集货物和贮存货物。

(1)筹集货物。在不同的经济体制下，筹集货物(或者说组织货源)是由不同的行为主体去完成的。若生产企业直接进行配送，那么，筹集货物的工作则会出现两种情况：其一，由提供配送服务的配送企业直接承担，一般是通过向生产企业订货或购货完成此项工作；其二，选择商流、物流分开的模式进行配送，订货、购货等筹集货物的工作通常是由货主(如生产企业)自己去做，配送组织只负责进货和集货(集中货物)等工作，货物所有权属于事主(接受配送服务的需求者)。然而，不管具体做法怎样不同，就总体活动而言，筹集货物都是由订货(或购货)、进货、集货及相关的验货、结算等一系列活动组成的。

(2)贮存货物是购货、进货活动的延续。在配送活动中，货物贮存有两种表现形态：一种是暂存形态；另一种是储备(包括保险储备和周转储备)形态。暂存形态的贮存是按照分拣、配货工序要求，在理货场地贮存少量货物。这种形态的货物贮存是为了适应“日配”、“即时配送”需要而设置的，其数量多少对下一个环节的工作方便与否会产生很大的影响，但不会影响贮存活动的总体效益。储备形态的货物是按照一定时期配送活动要求和根据货源的到货情况(到货周期)有计划地确定，它是配送持续动作的资源保证。如上所述，用于支持配送的货物储备有两种具体形态：周转储备和保险储备。然而不管储备合理与否，会直接影响配送的整体效益。

综合以上所述，备货是决定配送成败与否、规模大小的最基础的环节。同时，它也是决定配送效益高低的关键环节。如果备货不及时或不合理，成本高，那么，就会大大降低配送的整体效益。

2. 理货。是配送的一项重要的内容，也是区别于一般送货的重要标志。理货包括货物分拣、配货和包装等项活动。

货物分拣采用适当的方式和手段，从存的货物中分出（或拣选）用户所需要的货物。分拣货物一般采用两种方式来操作：其一是摘取式，其二是播种式。摘取式分拣就像是在果园中摘果子那样去拣货物。具体做法是：作业人员拉着集货箱（或分箱）在排列整齐的仓库货架间巡回走动，按照配送单上所列的品种、规格、数量等客户所需的货物拣出及装入集货箱内。在一般情况下，每次拣选只为一个客户装配；在特殊情况下，也可以为两个以上的客户装配。目前，推广和应用了自动化分拣技术，由于装配了自动化分拣设施等，大大提高了分拣作业的劳动效率。播种式分拣货物类似于田野中的播种操作。具体做法是：将数量多的同种货物集中运发到发货场，然后根据每个货位货物的发送量分别取出货物，并分别投放到每个代表用户的货位上，直至配货完毕。为了完好无损地运送货物和便于识别装备好的货物，有些已经过分拣、装配好的货物尚需重新包装，并且要在包装上贴上标签，记载货物的品种、数量、收货人的姓名、地址及运抵时间等。

3. 送货（发送）。是配送活动的核心，也是备货和理货工序的延伸。在物流运行中，送货的现象形态实际上就是货物的运输（或运送），因此，常常以运输代表送货。但是，组成配送活动的运输（有人称之为“配送运输”）与通常所讲的“干线运输”是有很大区别。前者多表现为对用户的“末端运输”和短距离运输，并且运输的次数比较多；后者多为长距离运输（“一次运输”）。由于配送中的送货（或运输）需要对众多的客户，并且要多方向运行，因此，送货过程中，常常在进行全面计划的基础上，制定科学的、距离较短的货运路线，选择就近、迅速、安全的运输方式。

4. 流通加工。在配送过程中，根据用户要求或配送对象（产品）的特点，有时需要在未配货之前先对货物进行加工（如钢材剪切、木材截锯等），以求提高配送质量，更好地满足用户需要。融合在配送中的货物加工是流通加工的一种特殊形式，其主要目的是使配送的货物完全适合用户的需要和提高资源的利用率。

11.3.4　配送的工艺流程

农产品配送的一般流程基本上是这样一种运动过程：进货→存货→分拣、配货→送货。每个流程的作业内容如下所述。

1. 进货。进货亦即组织货源。其方式有两种：①订货或购货（表现为配送主体向生产商订货，由后者供货）；②集货或接货（表现为配送主体收集货物，或者接受用户所订购的货物）。前者的货物所有权（物权）属于配送主体，后者的货物所有权属于用户。

2. 贮存。贮存即按照用户提出的要求并依据配送计划将购到或收集到的各种货物进行检验，然后分门别类地贮存在相应的设施或场所中，以备拣选和配货。贮存作业一般都包括这样几道程序：运输→卸货→验收→入库→保管→出库。贮存作业依产品性质、形状不同而各异。有的是利用仓库进行贮存，有的是利用露天场地贮存，特殊商品（如液体）则需贮存在特制的设备中。为了提高贮存的作业效率及使用贮存环节合理化，目前，许多国家普遍采用了先进的贮存技术和贮存设备。例如，采用“先进先出”的贮存方式进行作业，利用贯通式货架和计算机贮存系统等贮存货物。

3. 分拣和配货。分拣和配货是同一个工艺流程中的两项有着紧密关系的经济活动。有时，这两项活动是同时进行和同时完成的（如散装物的分拣和配货）。在进行分拣、配货作业时，少数场合是以手工方式进行操作的，更多的场合是以采用机械化或半机械化方式去操作的。如今，随着一些高新技术的相继开发和广泛应用，自动化的分拣、配货系统已经在很多国家的配送中心建立起来，并且发挥了重要作用。

4. 送货。在送货流程中，包括这样几项活动：搬运、配装、运输和交货。其作业程序如下所示：配装→运输→交货。送货是配送的终结，故在送货流程中除了要圆满完成货物的移交任务外，还必须及时进行货款（或费用）结算。在送货这道工序中，运输是一项主要的经济活动。据此，在进行送货作业时，选择合理的运输方式和使用先进的运输工具，对于提高送货质量至关重要。就前者而言，应选择直线运输、“配载运输”（即利用运输工具的载重和容积，合理安排装载的货物和载重及运载方法的一种运输方式）方式进行作业。

11.4 农产品标准与分级

11.4.1 农产品标准

农产品标准是对农产品的质量、规格以及与质量有关的各个方面所作的技术规定、准则。在农产品收购、调拨、储运以及销售的整个商品化过程中，应当严格执行国家对农产品指定的质量、规格标准。农产品标准除了质量标准、环境标准、卫生标准、包装标准、贮藏运输标准、生产技术标准外，还包括添加剂的使用标准、农产品中黄曲霉毒素的允许量标准和农药残留量标准等。农产品标准将随着科技的进步和市场需求的变化不断增删，不断完善。

我国将农产品大致分为普通农产品、绿色农产品、无公害农产品和有机农产品。不同农产品的生产标准各不相同。

1. 普通农产品的质量标准。

(1)农产品质量。质量是农产品优劣的尺度。品质优良的农产品应该具有良好的食用品质和商品价值,作为加工原料的农产品还有一些另外的质量要求。

农产品是人们生活不可缺少的事物,因此它的食用品质应该放在质量标准的首位。农产品的食用品质一般包括它的新鲜度、成熟度、色泽、芳香、风味、质地以及内含营养成分等指标。农产品的商品价值除了它食用品质的高低外,为了获得更好的经济效益和满足人们生活的各种需要,还应包括它的商品化处理水平,在贮藏、运输、销售过程中的抗逆性和耐贮性,商品的货架寿命等指标。农产品不仅能直接提供食物,而且还可以作为原料,经加工后提供食用或做它用。作为加工原料的农产品,其质量要求除了上述有关指标外还有一些其他要求,如:含水量、含杂量、加工适应性强、有效成分含量等。

(2)普通农产品标准的一般内容。

①说明标准所使用的对象。这是指首先要说明该标准应属于什么农产品,采用的是什么工艺以及分类或等级。有的指出这种农产品的用途或使用范围。

②规定农产品商品的质量指标及各种具体质量要求。这是农产品标准的中心内容,包括技术要求、感官指标、理化指标等方面的规定。感官指标是指以人的口、鼻、目、手等感官鉴定的质量指标。理化指标包括农产品的化学成分、化学性质、物理性质等质量指标。许多农产品还规定了微生物学指标及无毒害性指标。

③规定抽样和检验的方法。抽样方法的内容包括每批农产品应抽检的百分率、抽样方法和数量、规定抽样的工具等;检验方法是针对具体的指标,规定检验的仪器及规格、试剂种类及规格、配制方法、检验的操作程序、结果的计算等。

④规定农产品的包装、标志以及保管、运输、交接验收条件、有效期等。值得特别指出的是,大多数农产品是人们日常生活必不可少的主要食品,为了保障人民群众的身体健康,必须坚决贯彻执行国家《食品卫生法》的规定。规定明确指出,要禁止生产、经营腐败变质、油脂酸败、霉变、生虫、污秽不洁、混有异物或者其他感官性状异常而可能对人体健康有害的食品;禁止生产经营含有有毒有害物质或者被有毒有害物质污染而可能对人体健康有害的食品。在制定和推行农产品标准中,应当把国家制定的食品卫生标准作为重点,为确保农产品安全服务。

2. 绿色农产品的标准。绿色农产品(Green Agriculture Products)是遵循可持续发展原则、按照特定生产方式生产、经专门机构认定、许可使用绿色农产品食品标志的无污染的农产品。可持续发展原则的要求是,生产的投入量和产出量保持平衡，既要满足当代人的需要，又要满足后代人同等发展的需要。绿色农产品在生产方式上对农业以外的能源采取适当的限制，以更多地发挥生态功能的作用。

(1)绿色农产品标准的概念。绿色农产品标准是应用科学技术原理、结合绿色食品实践、借鉴国内外相关标准所制定的，在绿色农产品生产中必须遵守、在绿色农产品食品质量认证时必须依据的技术性文件。它既是绿色农产品生产者的生产技术规范，也是绿色农产品食品认证的基础和质量保证的前提。绿色农产品标准是国家行业标准，对经认证的绿色农产品生产企业来说，是强制性标准，必须严格执行。

(2)绿色农产品标准的构成。绿色农产品标准主要包括绿色农产食品产地的环境标准，即《绿色食品产地环境质量标准》，绿色农产品生产技术标准，绿色农产品产品标准，绿色农产品包装标准，绿色农产品贮藏运输标准等。

以上标准对绿色农产品产前、产中、产后全程质量控制技术和指标作了明确规定，既保证了绿色农产品无污染、安全、优质、营养的品质，又保护了产地环境，并使资源得到合理利用，以实现绿色农产品的可持续生产，从而构成了一个完整的、科学的标准体系。

(3)绿色农产品标准的作用。绿色农产品标准是绿色农产品质量认证和质量体系认证的基础；绿色农产品标准是开展绿色农产品生产活动的技术、行为规范；绿色农产品标准是推广先进生产技术，提高绿色农产品生产水平的指导性技术文件；绿色农产品标准是维护绿色农产品生产者和消费者利益的技术和法律依据；绿色农产品标准是提高我国农产品质量，增强我国农产品在国际市场的竞争力，促进产品出口创汇的技术目标依据。

因此，绿色农产品标准既是开发、管理绿色农产品的前提和基础，也是生产企业是否能够生产出高质量的农产品，赢得国际市场，获得经济效益的技术尺度。

3. 有机农产品的标准。有机农产品(Organic Agriculture Products)是根据有机农业原则和有机农产品生产方式及标准生产、加工出来的，并通过有机食品认证机构认证的农产品。它的原则是，在农业能量的封闭循环状态下生产，全部过程都利用农业资源，而不是利用农业以外的能源(化肥、农药、生产调节剂和添加剂等)影响和改变农业的能量循环。有机农业生产方式是利用动物、植物、微生物和土壤四种生产因素的有效循环，不打破生物循环链的生产方式，生产纯天然、无污染、安全营养的“生态食品”。

有机农产品执行的是国际有机农业运动联盟(IFOAM)的“有机农业和产品加工基本标准”。有机农产品在我国尚未形成消费群体，产品主要用于出口。虽然我国也发布了一些有机农产品的行业标准，但我国的有机农产品执行的标准主要是出口国要求的标准。目前,欧盟、美国、日本、澳大利亚、加拿大、墨西哥、阿根廷、韩国等都已制定了有机农业及产品生产、加工准则性的标准。有机农产品的标准集中在生产加工和贮运技术条件方面,无环境和产品质量标准。

4. 无公害农产品的标准。无公害农产品是产地环境、生产过程和产品质量均符合国家有关标准和规范的要求,经认证合格获得认证证书并允许使用无公害农产品标志的未经加工或者初加工的农产品。

无公害农产品执行的是国家质检总局发布的强制性标准及农业部发布的行业标准。产品标准、环境标准和生产资料使用准则为强制性国家或行业标准,生产操作规程为推荐性行业标准。目前,国家质检总局和国家标准委已发布了四类无公害农产品的八个强制性国家标准,农业部发布了 200 余项行业标准。

5. 农产品的检验。农产品检验是根据标准对农产品的质量进行科学鉴定以判断其质量高低、使用价值的大小。农产品检验宗旨应坚持为生产服务,促进农产品生产的发展和农产品质量的提高;坚持为消费者服务,保护消费者的经济利益和身体健康;坚持为市场服务,贯彻国家按质论价政策,进行公平交易和公平竞争,促进市场经济健康有序发展。

农产品检验与标准相互联系,密不可分。任何一种产品标准的制定,必须以大量的检验结果、正确的检验数据为依据;标准发布后,要确定其产品的质量和分等划级,又必须依据标准中规定的质量指标,通过检验来确定。

农产品的检验方法一般分为感官检验和理化检验两大类。感官检验在农产品检验中使用十分广泛,其优点是快速简便,有一定准确性,无需专门仪器设备。对于农产品的新鲜度、成熟度、色香味的判断都具有实用价值。理化检验是利用各种仪器设备、器械和化学试剂来鉴定农产品的质量。它与感官检验法比较,结果较准确,能用具体数值表示,并且可用以测定农产品的成分、结构和性质。随着现代科学技术的发展,农产品检验必须向科学化、仪器化和快速、少损或无损的方向发展。

11.4.2 农产品分级

农产品分级(Classification of Agriculture Products),是指按农产品商品质量的高低划分商品等级。它是生产者能否将产品投入市场的重要依据,也是经营者便于质量比较和定价的基础。分级应根据事先制定出的质量标准进行。

1. 分级的目的和意义。农产品收获以后应该经过一系列商品化处理,再进入流通环节。分级的主要目的是使农产品商品化。通过分级可区分产品的质量,为其使用性和价值提供参数、等级标准,在销售中可作为一个重要的工具,给生产者、收购者和流通渠道各个环节提供贸易语言。等级标准是评定产品质量的技术准则和客观依据。分等分级有助于生产者和经营者在产品上市前的准备工作和标价。等级标准还能够为优质优价提供依据，能够以同一标准对不同市场上销售产品的质量进行比较，有利于引导市场价格及提供信息，有助于解决买方和卖方赔偿损失的要求和争论。

分级不仅可以贯彻优质优价的政策，还可以促进农产品管理技术的改进，推动农产品生产向良性化发展。通过分级，剔除伤、病虫害农产品，不仅可以减少贮运中的损失，还可以减轻一些病虫害的侵染传播。总之，分级是农产品生产、销售及消费之间互相促进、互相监督的纽带，是农产品商品化的必要环节，是提高农产品质量及经济效益的重要措施。

2. **粮食的分级**。粮食的原始品质主要决定于粮食品种、完善粒状态、杂质和水分。不同的品种，由于其成分不同，其耐储性能及加工出的产品质量也不同。因此，为了保障加工产品质量的一致性，为了更好地进行粮食营销，有必要对收购的粮食进行分级分等，分别管理。不同粮食品种分级依据不同。例如，小麦和玉米以容重定等，下面以小麦为例具体介绍国标是如何给粮食分级的，如表 11-2 所示。

表 11-2　国标中小麦的分级

等级	容重(g/L)	不完善粒(%)	杂质(%)		水分(%)	色泽、气味
			总量	矿物质		
1	≥790	≤6.0				
2	≥770	≤6.0				
3	≥750	≤6.0	≤1.0	≤0.5	≤12.5	正常
4	≥730	≤8.0				
5	≥710	≤10.0				

注：水分含量大于表中规定的小麦收购，按国家有关规定执行。

3. **果蔬的分级**。果蔬分级方法有人工操作和机械操作两种。目前我国普遍采用的分级方法是人工分级。

(1)人工分级。人工分级有两种：一是单凭人的视觉判断，按果蔬的颜色、大小将产品分为若干级。用这种方法分级的产品，容易受心理因素的影响，往往偏差较大。二是用选果板分级，选果板上有一系列直径大小不同的孔，根据果实横径和着色面积的不同进行分级。这种方法分级的产品，同一级别果实的大小基本一致，偏差较小。人工分级能最大限度地减轻果蔬的机械损伤，但工作效率低，级别标准有时不严格。

(2)机械分级。采用机械分级，不仅能够消除人为的心理因素的影响，更重要的是显著提高工作效率。各种选果机械都是根据果实直径大小进行形状选果，或者根据果蔬的不同质量进行的质量上的选果，或是按颜色分选而设计制造的。

我国目前果蔬的商品化处理与发达国家相比差距甚远，只在少数外销商品基地才有选果设备，绝大部分地区使用简单的工具，按大小或质量人工分级，逐个挑选、包装，工作效率低。而有些内销的产品不进行分级。

水果分级标准因种类、品种而异。我国目前的做法是在果形、新鲜度、颜色、品质、病虫害和机械伤等方面已符合要求的基础上再按大小进行手工分级，即根据果实横径的最大部分直径，分为若干个等级。如我国出口的红星苹果，直径从 65～90 毫米，每相差 5 毫米为一个等级，共分为五个等。河南省的分级标准为从 60～85 毫米的苹果，每相差 5 毫米为一个等级。葡萄分级主要以果穗为单位，同时也考虑果粒的大小。根据果穗紧实度、成熟度、有无病虫害和机械伤，能否表现出本品种固有颜色和风味进行分级。一般可分为三级，一级果穗大小适中，穗形美观完整，果粒的大小均匀，充分成熟，能呈现出本品种固有色泽，全穗没有破损粒和小青粒，无病虫害；二级果穗大小形状要求不严格但要充分成熟，无破损粒和病虫害；三级果穗即为一二级淘汰下来的果穗，一般用做加工或就地销售，不宜贮藏。

蔬菜由于食用部分不同，成熟标准不一致，所以很难有一个固定统一的分级标准，只能按照对各种蔬菜品质的要求制定个别的标准。蔬菜分级通常根据坚实度、清洁度、大小、质量、颜色、形状、鲜嫩度以及病虫感染和机械伤等分级，一般分为三个等级，即特级、一级、二级。特级品质最好，具有本品种的典型形状和色泽，不存在影响组织和风味的内部缺点，大小一致，产品在包装内排列整齐，在数量或质量上允许有 5%的误差。一级产品与特级产品有同样的品质，允许在色泽上和形状上稍有缺点，外表稍有斑点，但不影响外观和品质，可允许 10%的误差。二级产品可以呈现某些内部和外部缺点，价格低廉，采后适合于就地销售或短距离运输。

经分级后的果蔬商品，大小一致、规格统一、优劣分开，从而提高了商品价值，降低了贮藏与运输过程中的损耗。

4. 绿色农产品的分级。我国的绿色农产品分为 A 级和 AA 级两种。其中 A 级绿色农产品生产中允许限量使用化学合成生产资料，AA 级绿色农产品则较为严格地要求在生产过程中不使用化学合成的肥料、农药、兽药、饲料添加剂、食品添加剂和其他有害于环境和健康的物质。按照农业部发布的行业标准，AA 级绿色农产品等同于有机农产品。

本章小结

物流是指以满足客户需求为目标，把生产的末端延伸到零售商、甚至消费者，衔接成供应链，使销售、仓储、运输、加工、配送等环节联起来，形成一个系统，其中每一个环节都是专业化的，基本上实行垂直的专业分工。物流主要包括六个环节：物品配送、连锁经营、初步加工、产前产后服务、仓储运输、电子商务。

农产品运输根据运输方式分类可以分为铁路运输、公路运输、水路运输、航空运输等方式。农产品的运输根据装载形式可以分为散装运输、包装运输和集装箱运输。合理组织农产品运输的措施包括按经济区域组织农产品流通；合理选择农产品运输方式、运输路线和运输工具；实行分区产销平衡，确定农产品合理流向；采用直达、直线、直拨运输与中转运输；大力开展联运；大力发展集装箱运输；提高运输工具的使用效率和装载技术；推广“冷藏链”运输。

配送是指在经济合理区域范围内，根据用户的要求，对物品进行拣选、加工、包装、分割、组配等作业，并按时送达指定地点的物流活动。配送是由备货、理货和送货三个基本环节组成。农产品配送的一般流程基本上是这样一种运动过程：进货→存货→分拣、配货→送货。

农产品标准是对农产品的质量、规格以及与质量有关的各个方面所作的技术规定、准则。我国将农产品大致分为普通农产品、绿色农产品、无公害农产品和有机农产品。不同农产品的生产标准各不相同。绿色农产品标准主要包括绿色农产食品产地的环境标准，即《绿色食品产地环境质量标准》，绿色农产品生产技术标准，绿色农产品标准，绿色农产品包装标准，绿色农产品贮藏运输标准等。有机农产品执行的是国际有机农业运动联盟（IFOAM）的“有机农业和产品加工基本标准”。无公害农产品执行的是国家质检总局发布的强制性标准及农业部发布的行业标准。农产品分级，是指按农产品商品质量的高低划分商品等级。分级的主要目的是使农产品商品化。

主要概念：物流、农产品物流、农产品运输方式、配送、分级、绿色农产品若干技术标准。

主要观念：农产品物流配送在当前发展非常必要；农产品运输中的问题及其解决需要掌握物流的基本技术和管理经验。

基本训练

知识题：

1. 什么是物流？物流发展有哪些阶段？
2. 农产品有哪些运输方式？如何合理选择运输方式？
3. 农产品物流配送的工艺流程如何设计？
4. 绿色农产品、有机农产品以及无公害农产品的标准是什么？
5. 为什么要进行农产品的分级？

简述题：

1. 农产品标准。
2. 绿色农产品标准。
3. 农产品运输方式。
4. 绿色农产品技术标准的内容。

分析题：北京市作为中国的首都，农产品物流一方面要满足市民日常生活的需要，方便市民；另一方面要满足城市环境建设的需要，避免出现农产品运输和集散地出现“脏、乱、差”的情况，那你认为应如何设计全市的农产品物流体系？

案例分析

以“五统一”架起农产品进社区的“绿色通道”
——郑州市供销社实施“田园情”进社区工程收到成效

近年来，农民进城销售农副产品带来的矛盾和问题日益凸现。每到收获季节，郑州市城区周边农民就会利用农用三轮车、拖拉机或篓、篮、筐等工具运输、携带农产品进城销售，不仅分散了农民的精力，增加了农民的费用，影响了农业生产，而且给郑州市的城市管理工作带来了诸多影响。农用车违规进城，农民占道经营，乱设摊点、流动贩卖等等，都成为郑州市久治不决的难题。如何解决农副产品进城销售和城市管理之间的矛盾？传统的做法是建立农贸市场、菜市场等，郑州现有以蔬菜、果品等农产品零售为主的大小集贸市场数十个。但是，集贸市场的脏、乱、差，进场农产品的质量监管等问题又接踵而来，城市居民迫切希望能在家门口买到质量有保证、价格适中的农产品。针对这种情况，郑州市供销社在充分进行市场调查的基础上，今年3月份，提出了构建农产品有序进城的设想，他们抓住市政府要求西瓜有序进城销售、提升城市管理水平的契机，成立了郑州市田园农副产品（配送）有限公司，以“田园情”农副产品售货亭为依托，积极实施“田园情”连锁经营进社区工程，帮助解决农民“卖难”和市民“买难”问题，收到了良好的效果。

1. 主要做法。郑州市供销社实施“田园情”连锁经营进社区工程，得到了郑州市政府的大力支持。市政府多次召开专题会议进行研究部署，政府办公厅还下发了《关于做好“田园情”农副产品售货亭进入社区工作的通知》，明确把“田园情”进社区作为文明社区创建工作的重要内容列入目标考核。要求农业、工商、公安、民政、交通、劳动、市政管理、技术监督、金融等部门支持、配合该工程。郑州市各街道办事处、社区管理单位做了大量的协调工作，使此项工作得以顺利推进。郑州市供销社在工程实施中，主要采取了“五统一”措施。

(1)统一采购，实现生产基地化。新建200亩科学实验示范园区和现代化日光温室、塑料大棚、生化实验室、药理检验室、果蔬研究室等，以全市现有的120万亩无公害生产基地为基础，下联各市(县)区专业合作社，突出区域特色，引导、联合农民发展优质、高效、绿色农业，逐步实现统一供种、统一管理的标准化、规模化、基地化生产，降低生产成本，提高比较效益和市场竞争力。田园公司安排专人专车与生产基地、示范园区和各级专业合作社联系，集中统一采购。采购品种和数量根据市场需要和时令的变化作出安排。目前，该公司正在全市抓紧筹建5个农副产品生产基地，确保一年四季都能为市民提供货源足、质量高、品种全的农副产品。

(2)统一配送，实现运输现代化。为改变农用三轮车、拖拉机运输农副产品进城的无序、杂乱状况，把各类农副产品保鲜，迅速地送到消费者手中，郑州市供销社注册成立了田园快运有限公司，配备了60余辆专用“货的”营运车。在城区四周筹建莆田农产品配送中心、郑州果品冷库配送中心、洁云农贸市场配送中心、老鸦陈供销农贸配送中心、毛庄供销农贸配送中心5个配送中心。各经营网点只需一个电话，配送中心就可利用快运“货的”，最迟在1小时内将新鲜果蔬和各类农副产品送到市内任何一个网点。

(3)统一规划，实现销售网络化。郑州市供销社把合理设置农副产品连锁销售网点作为做好“田园情”连锁经营进社区工程的重要内容，以田园公司为依托，对全市330个社区进行调查，科学规划，设置“田园情”农副产品售货亭，为市民提供方便。同时，积极进入各大连锁超市，把“田园情”农副产品摆上柜台，为消费者提供质优、价廉、安全、放心的商品。按照年底前发展320个销售网点的规划和划区经营、分块管理的原则，成立东、西、南、北四区农副产品管理委员会，协调各区政府，共同做好销售网点延伸工作。中原区、管城区、二七区政府还召开了辖区各办事处和社区主任参加的“做好‘田园情’进社区工作”专题会议，对各办事处和社区的“田园情”进驻情况和进度作了具体要求，列入责任目标。年终统一考核。同时，采取办事处、社区选点上报、管理委员会组织验收等办法，指定专门机构协助供销社搞好"田园情"连锁经营进社区工作。目前,已在近60家超市、酒店、机关食堂建立了销售点,在近50个社区设立了"田园情"农副产品销售网点,日配送各类水果、蔬菜、小杂粮等农副产品达30吨以上。

(4)统一要求,实现质量标准化。根据郑州市从今年10月1日起将实行农产品市场准入制的要求,郑州市供销社依托田园农副产品无公害生产基地,按照有关部门要求,对所有农副产品实行严格的质量监控,确保了所产果蔬时令、常新、常鲜、无公害。园区和基地均使用日本产无毒无害酵素菌生物肥料和生物农药种植生产,符合国家无公害、绿色食品标准。采购基地以外的产品,都要进行严格的检验,凡不符合无公害标准的,不得进入配送体系,减少了社区和餐桌污染,实现了无公害上市。

(5)统一运作,实现管理科学化。一是建章立制。制定了《"田园情"连锁经营进社区管理制度》。该制度规定:"田园情"售货亭经营人员由社区从下岗职工中挑选,上岗前,必须参加培训;经营过程中,要接受市供销社的统一管理。接受社区或办事处的监督,保持环境卫生,文明经商、依法经营。二是实行联系点制度。郑州市供销社机关处室及带班领导所联系区域的工作成效同其工资挂钩,同奖同罚。三是实行督察员制度。安排专人进行督导,确保全市"田园情"售货亭统一价格、统一包装、统一质量标准。四是实行奖罚制度。对"田园情"售货亭实行随时抽查,定期检查,一月一考核,一季一奖罚,对任务完成好、为社区服务好、受到群众赞扬的进行奖励,否则给予相应的处罚。五是所有售货亭统一喷印"田园情"标志图案及文字,要求所有工作人员统一着装、统一佩带胸卡。

2. 效果。

(1)解决了农民无处卖、不好卖的问题,增加了农业生产收入。农民"卖难"问题的长期存在,影响了农民发展农业生产的积极性,制约了城乡经济的协调发展。"田园情"连锁经营进社区工程的实施,使农民能够集中精力发展生产,加快增收致富的步伐。据统计,"田园情"连锁经营进社区工程实施以来,已引导和带动生产基地的9 000多户农民实现了增收,平均每户增收110多元。

(2)解决了市民买不到、买不好的问题,提高了市民生活质量。近年来,残留农药超标果蔬、掺水果蔬等问题层出不穷,危害着城市居民的身体健康。"田园情"连锁经营进社区工程的实施,打造了无公害绿色食品配送体系,使市民足不出院(社区)就能买到放心果蔬。

(3)解决了政府管不了、管不好的问题,提升了城市品位。小商小贩占道经营、流动贩卖一直是城市管理的难点,但也是农民销售农副产品的重要途径,所以治理的反复性较强、难度较大。由统一的快运"货的"代替农用三轮车、拖拉机,由美观、整洁、大方的售货亭代替占道经营、流动贩卖，大大降低了城市管理的难度。“田园情”连锁经营进社区工程的实施，以企业化运作的方式改变了市政管理单纯依靠行政手段的做法，减少了流动商贩、乱设摊点等破坏城市环境的行为，服务了城市管理，提升了创建水平。

(4)解决了就业难、难就业的问题，创造了更多的就业机会。“田园情”农副产品售货亭及销售点已安排230人实现再就业，人均月收入600元左右。随着该工程的推进，将为更多的下岗职工提供再就业机会，可以缓解郑州市的再就业的压力，帮助部分困难家庭摆脱困境。据测算，320个田园售货亭全部建成后，可安排2 000多名下岗职工实现再就业。

资料来源：2003-09-26 03：14 PM http//www.zjcoop.com/web.nsf/(河南省供销社)

问题：依据所学的农产品物流知识，你认为上述案例的积极作用和对农产品营销的意义是什么。

模拟训练

请阅读下列资料，并制作一份平谷建设农产品物流配送中心的项目建议书

资料一：平谷拟建农产品物流配送中心情况简介

农业是信息化水平最低的行业，但恰恰蕴藏着很大商机，农业领域的电子商务发展对推动农业的产业化步伐作用巨大。平谷农产品销售方式和市场正在逐步摆脱传统的地头交易市场批发的经营方式，新的销售方式快速发展。

平谷的信息化建设不断创新、发展，现已经走在了其他郊区县的前面，电子商务全世界的迅猛发展，打开了一个崭新的对外交往的渠道，平谷区首先在白个庄村建立了一个电子商务示范点，引起了国内二十几个地区、商贸公司的注意，这引起了我们极大的注意力，根据平谷区城域网的建设情况，我们有信心、有能力在此基础上建立一个完善的农副产品物流配送系统。

北京市平谷区农产品物流配送中心的建设，就是要充分开发我区拥有的丰富农副产品资源。而且目前我区各种物流基础设施基本能适应目前物流的需要，只要将这些物流资源进行有效整合，就可以形成遍布全区的配送网络体系，满足配送需要。

平谷农业物流配送网的建成会大大缩短农民和客户之间的销售时间，促进农产品的最大流通。外地客户通过农业物流配送网了解平谷区的农产品报价，发布供求信息，平谷农民也可以通过农业物流配送网进行网上报价，发布供求信息。农业是个古老的生产行业，也需要注入现代的新鲜血液，而电子商务是一条经济发展

的新时速干线，使平谷农业再次走上飞速发展的道路。

平谷农业物流配送网将紧靠政府网站和提供相应的农业信息，吸取商业网站的经验，寻求合作，共求发展，为农业、农村、农民提供有效的信息服务，平谷农民可以通过"信息高速公路"，及时、准确、经济、全面地搜集所需要的信息，找准市场，降低成本，提高经济效益，将在很大程度上减少流通环节，简化交易程序，节约交易费用，降低市场风险，提高经济效益。

资料二：湖南湘西绿色农产品物流配送中心项目背景资料

万元

项目法人名称：邵阳汇隆食品工业有限公司 法人代表：古知行		地址：湖南省隆回县 桃洪镇青丰村	联系人：谭永宏 电话：13337294630
单位总资产： 项目总投资：18 000	单位净资产： 贷款需求：10 000	上年销售收入： 预计新增销售收入： 300 000	上年利润： 预计新增利润：14 000 利税：24 000

1. 企业现状及建设背景。湖南湘西区域的农业问题，关键是如何解决农产品和农产品加工制品（例如食品）的出路问题，也即是产地向市场的流通问题。针对这一问题，香港永得利国际投资企业有限公司决定在隆回投资建设湖南湘西绿色农产品物流配送中心，并带领广东食品加工企业和连锁企业加盟落户隆回，深圳澳昌冷库有限公司作为深港澳食品出口的市场型物流配送企业也决定和本中心联手，共同打造湘西农产品向粤港澳及国际市场物流配送平台。

2. 融资方式。项目筹资、贷款。

3. 融资用途。设备、配套设施建设。

4. 市场分析。

(1)湘西地区有丰富的绿色农产品（食品）资源，但缺少具有资金和技术优势的加工型、流通型龙头企业带动，尚未形成产业优势。

(2)消费市场对农产品（食品）的需求趋向安全、卫生、保健，要求建立现代化的流通体系。

(3)随着中国加入 WTO，国际市场对中国农产品（食品）准入的标准提高，要求高标准的流通体系作保障。

(4)现代物流的流通方式转变，需要产地型物流与市场型物流对接。

(5)现代农产品（食品）加工企业向农产品产地发展的战略转移，需要现代化的物流支持。

5. 效益分析。建成后，可实现农产品原料交易每年 60 万吨，成交额 12 亿元人民币，形成年加工产值 20 亿元人民币；可向长株潭、粤港澳等国内市场及东南亚国际市场输入农产品商品和各类食品，年销售额达30亿元人民币，实现年利税2.4亿元人民币；可以带动湖南湘西区域农业产业化快速发展，实现传统农业向现代农业的转型，带动100万农民脱贫致富。

6. 担保方式以项目用地、配送中心设备及建筑作抵押。

网上调查

查阅中国农业网在物流配送方面的信息或典型案例。

CHAPTER 12

第12章 国际农产品营销规则与对策

学习目标

学习本章后：

素质目标：提高对农产品营销工作的法律意识和规范意识；树立运用有关政策指导农产品营销活动的观念。

知识目标：了解加入世界贸易组织以来的与农产品营销活动有关的规定；把握国际营销活动中的规范性政策。

技能目标：学会运用有关规定和规范进行分析和解决问题。

12.1 世贸组织的《农业协议》及有关规则

12.1.1 乌拉圭回合与《农业协议》建立

进入新世纪以来，世界各国农产品贸易有了进一步的发展。各农业出口大国和进口大国对农产品进出口的相关经济问题更加重视。尽管其增长速度落后于制造业，但仍然领先于矿产、机车、化工、纺织和服装以及钢铁产品等行业。在农产品交易中，食品仍然占全部贸易额的80%左右。特别是加工后的农产品在进出口贸易中占有重要地位。例如罐头、水果和蔬菜的交易，成为国家市场上的大批量交易的农产品。因此农产品贸易在许多国家仍然是整个经济活动的重要组成部分，并且在国内农产品生产与就业方面起到极为重要的作用。贸易制度在全球食品安全方面也起到了根本性的作用，例如，由于不良气候和其他条件引起的农产品暂时性或长期性短缺，可以通过世界市场得到解决。

伴随农产品进出口交易，发生在发达国家与发展中国家以及最不发达国家之间，在农产品贸易中矛盾日益尖锐，特别是食品安全、进出口准入制度等。国际贸易组织为了解决农产品在世界范围内的交易畅通，不断通过协商，制定了一系列的规则，使得贸易在国际间得到协调和管理。但是，农产品进出口活动对于任何国家都具有两面性，一方面对各国消费市场起到补充作用，进口大大丰富了国内农产品供给，各国的农产品都可以在国内与国人见面，对于一些农产品短缺的国家，更是非常必要的经济活动；另一方面对于进口国的农产品生产者具有很大的影响。因此各国也采取了各种各样的保护本国农业和加工业生产者的利益，乃至国家利益的措施，为出口国设置贸易壁垒或障碍。为此，世界贸易组织在解决国际间的营销问题上提出了一系列条款，并日益完善。

值得注意的是，解决各国在农产品国际交易问题中的国际会议——乌拉圭回合的农产品谈判，对世界产品贸易无序的原因是超出了进口准入这一传统焦点问题，进行了协商。其谈判提出农业一揽子方案，在维护各国自身的权利，通过采用保护主义的食品安全、动植物卫生措施、防止规避进口准入方面更加严厉的规则和动植物检疫措施等更加明确的规则产生重要作用，在国际贸易史上产生了极为重要的影响。

在此基础上，各国签订了《农业协议》，并于 1995 年 1 月 1 日生效。表明从此各国在农产品市场上建立起了公平和以市场为导向的农产品贸易体制，对减少贸易壁垒，在出口补贴和改善市场准入方面的承诺、建立运行有效的贸易规则和纪律都产生积极作用。

12.1.2 《农业协议》的主要规定

《农业协议》(以下简称"协议")是一种国际贸易体制和制度，规范了农产品进出口行为，包括在海关估价、进口许可证程序、装船前检验、能源保障措施、补贴和阻碍贸易的技术壁垒等方面的要求。其规定范围包括：小麦、牛奶和活牲畜；面包、黄油和肉类产品；以及所有经过加工的农产品，如巧克力和香肠等；葡萄酒、白酒、烟草和纤维，如棉花、羊毛与丝绸，还有为制作皮革所需的牲畜生皮。而鱼类、林产品类未在其中。在实施期限方面规定：从 1995 年开始，特定国家承诺的实施期限为 6 年。而对发展中国家实施其削减(关税)与其他特定承诺方面实施期限可以长达 10 年，表明对发展中国家的优惠政策。在关税减让方面，要求成员方有权根据年度经营(作物)或财政年度来选择，以实施其减让；在其和平条款中，对成员方关税减让的实施年度可以为 9 年。在保证协议条款的组织实施上，建立了一个农业委员会，通常每年开 4 次会，以监督农业协议的实施，并向各成员提供包括以规则为基础的、承诺实施相关的任何事宜进行协商的机会。

1. 市场准入。在国际农产品市场营销方面，关键是市场准入问题。乌拉圭回合后，对制约农产品贸易市场准入的关税问题得到了一定程度的解决。对市场准入条件更加透明、更有预测性与竞争性，加强了农产品贸易国之间的联系，在市场机制下，促进了稀少资源在各国农业部门及整个经济领域获得了最大效率的利用。

2. 关税削减时间表。协议制定了不同国家的关税减让时间表。总体上，发达国家成员规定自 1995 年起以 6 年期限，减少农产品平均关税 36%，每项产品至少削减 15%。对发展中国家，自 1995 起，在 10 年期内实施关税削减，削减幅度分别为 24%和 10%。其中规定：最高水平约束关税的发展中国家成员方承担了削减的承诺；而最不发达国家的成员方需有农产品关税约束，但不必承担关税削减。就具体国家而言，每个世贸组织的成员方均有一个包含所有农产品的关税减让"时间表"，对进口到有关成员方境内的每项农产品所适用的最高关税进行规定，或在某些情况下进行一般性的规定。这些关税规定在许多情况下，比起工业品关税要高出许多。

3. 关税配额承诺。协议中关于关税配额承诺是关税化一揽子方案的一部分，为了保证在 1995 年现行和最低准入机会两者的总和达到至少基期消费的 3%，并保证其逐步分别增加到2000年(发达国家成员方)或2004年(发展中国家成员方)消费的5%,规定了世贸组织成员方需要对征收关税的产品维持在现行的进口准入水平,达到与1986—1988年基期期间相同的水平。如果这种“现行”准入低于基期该产品国内消费的5%,在最惠国待遇原则的基础上还需要增加一项(额外的)最低准入机会。而许多这种的承诺却是加入世界贸易组织的结果(保加利亚、厄瓜多尔、巴拿马)。

4. 最低准入机会。现行的最低准入机会一般是以关税配额的形式实施。在最低准入的情况下,可适用的税率要求较低或只是名义上或绝对意义上的低,或者至少是关税配额以外所适用的、与“正常”一般的海关关税相关的关税。这些关税配额,包括可适用的关税税率和任何其他与关税配额有关的条件,在有关的世界贸易组织成员方时间表中作了规定。

5. 禁止非关税边境措施。《农业协议》第四条第二款规定,禁止使用特定农业非关税措施。这些措施包括数量性进口限制、差价进口关税、最低进口价格、自由进口许可证程序、自愿出口限制协议以及通过国有贸易企业所维持的非关税措施。除了“正常关税”以外的所有类似边境措施不再允许使用。

但是,该条款并未阻止与关贸总协定所规定的或一般性贸易货物(工业品或农产品)的其他协议规定一致时,使用非关税进口限制。包括在国际收支条款、一般性保障条款、一般例外条款、适用《动植物卫生检疫措施协议》、《贸易技术壁垒协议》或其他一般性非特定农业的世贸组织条款中所保留的措施。

6. 特殊待遇规定。协议中包含有“特殊待遇”的条款,规定有四个国家(日本、韩国和菲律宾的大米和以色列的奶酪与羊肉)允许在关税减让期限中对某些特定产品维持非关税边境措施(根据进一步的谈判有可能延长特殊待遇),但是要受到严格条件的限制。作为条件之一,以逐步增加进口配额形式的市场准入必须对有关产品做出规定。

7. 特殊保障规定。在关税化一揽子方案中,还有一个规定是:成员方有权对关税化的产品求助于《农业协议》(第五条款)的特别保障条款规定。该条款规定一项保留看上去是超出了与相关成员方时间表中有关的产品。有36个成员方具有保留使用特别保障条款规定的权利,在特定情形下可以对产品有一定的限制。

特殊保障条款规定:在满足一定的标准情况下(包括或者达到规定的急速进口增加,即数额引发,volume trigger,或者在每批装运的基础上,进口价格的下降低于规定的参考价格,即价格引发),该成员方允许征收额外关税。并规定:该标准在数额引发的情形下,高关税的适用只到发生年度的年底;在价格引发的情形下,任何额外关税的征收只适用于每批装运有关的货物。而额外关税不能适用于关税配额内发生的进口产品。

8. 报告义务。作为对各成员国市场准入的信息条件，协议对有关成员方作出必须提交报告的规定：适用的关税必须呈送给世贸组织的市场准入委员会以及贸易政策审议机构有关报告；有关税配额和有权使用特殊保障条款的成员方需向农业委员会作出专门年度每种关税配额是如何管理的报告。例如允许进口是以先来先服务为基础还是使用进口许可证为基础，如属后者的，需表明谁可以获得许可证以及许可证是如何分配的；若有任何关税配额分配上的变化还需作出专门报告；每年的年底，还需对每项进口关税配额完成数量作出一份报告；有权使用特殊保障条款的成员方必须报告该项权利的首次使用情况，以便让贸易伙伴准确建立特殊保障行动的参数，如启动特殊保障措施使用的数额与价格；在价格启动的情况下，有可能要提交一份相关的参考价预先报告。此外，还需要提交一份使用特殊保障的年度总结报告等。

12.1.3　“绿箱”措施与“黄箱”措施

1. “黄箱”措施。乌拉圭回合产生的农业一揽子方案改变了 1947 年《关贸总协定》中在国内支持方面有利于生产者待遇的方式。其主要目标是为实施规定时减少各国的国内保护措施而制定的。主要考虑两种情况的国内支持：一是 Green Box，即一种没有贸易扭曲影响或仅有名义上的贸易扭曲影响，通常称为“绿箱”措施，例如，政府所提供的农业研究或培训；另一个是 Amber Box，即贸易扭曲支持，通常称为“黄箱”措施，例如，政府以保证价格即“市场价格支持”的国内支持，黄箱措施总的货币价值除某些例外情况外，需受提供这种支持的世界贸易组织成员方时间表所规定的减让承诺的限制。在农业协议项下，所有有利于农业生产者的国内支持均受规则的约束。

2. “绿箱”措施。《农业协议》规定了许多一般和特定性措施标准，当满足这些标准时允许将这些措施划入“绿箱”。包括：政府服务计划、向生产者的直接付款。例如，发展中国家政府实行的以食品安全为目的的仓储计划和为贫穷城镇与乡村给予的食品补贴价格方面，可以提供特殊待遇。“绿箱”为各国发展生产开展的政府性的研究、计划、服务性措施等开了绿灯。包括一般性的研究，与环境计划有关的研究；与研究有关的计划或措施，如某项产品有关的研究计划；害虫与疾病控制计划，包括一般性和特定产品方面的害虫与疾病控制措施；农业培训服务与延伸和咨询服务、检验服务，包括一般性检验服务和健康、安全、分级或标准化目的而进行的特定产品检验；营销和促销服务；基础设施服务，包括供电网、道路和其他运输工具、市场与港口设施、供水设施等等;与以食品安全为目的的公共仓储而实行的积累和保持有关的开支;与需要提供国内食品援助的部分人口有关的开支。这些措施不受减让承诺的约束,并且确实还能够增加而不受世界贸易组织中任何金融方面的限制。"绿箱"既可适用于发达国家成员方,也可适用于发展中国家成员方,但是就一般性标准是,措施不得有贸易扭曲效果或者至多是名义上的贸易扭曲效果,或者对生产产生影响。因此严格规定,这些计划或措施必须通过一项公开资助的政府计划方式提供(包括过去的政府收入),不涉及从消费者的转移并且不得有向生产者提供价格支持的效果。

其他例外措施:"蓝箱"措施,即为得到付款需要有生产,但实际付款并不直接与该生产的当前数量产生关联。生产限制计划项下直接付款(通常称为"蓝箱"措施)不受承诺的约束,如果该种付款是根据固定领域和产出或者固定数量的牲畜而作出的支出。这种付款还适合该种类型,如果在确定的基期是生产数量的85%或者低于生产数量的85%。"绿箱"包括脱钩的付款,而"蓝箱"措施则可被视为部分地脱钩。

12.2 世贸组织反倾销条款与对策

12.2.1 倾销与反倾销行动

反倾销行动是一种保护本国产品和国内市场不受外来商品倾销损害的手段。也是1947年《关税及贸易总协定》中所确立的原则。此后各国纷纷通过立法强化反倾销手段的使用,例如设立反倾销税,抵制外国商品大量侵入。随着世界经济的发展,该手段逐步演化成各国保护国内产业的主要工具。

世界上一些国家先后订立了反倾销规则,但为各国所普遍接受的反倾销概念始于1948年临时生效的《关税与贸易总协定》。该协定第六条对反倾销做出专门规定:一国产品以低于正常价值出口到另一国,对进口国的工业造成实质性损害或实质性损害的威胁或实质性地阻碍了进口国工业的建立,进口国可以采取措施消除这种损害。此后,越来越多的国家据此修改或制定自己的反倾销法律,反倾销成为被广泛认可的用以保护本国工业不受损害的工具。

1. 什么是倾销。一般地,倾销是指一种国际价格歧视的情况,即以低于出口国市场价格在进口国市场销售某种产品。而以价格的标准确定是否具有倾销行为是很少见的。一般应采取一系列复杂的分析步骤来确定出口国家商品的适当价格(即所谓“正常价格”)以及进口国市场的适当价格(即所谓的“出口价格”)以便进行正确的比较。根据 1994 年总协定第六条和《反倾销协议》的规定，如果按照协议规定做了调查，必须确定具有如下事项：①倾销发生；②对进口国的同类产品的企业造成实质性损害；③倾销进口品与所称损害之间存在着因果关系。那么世贸组织成员方就可以实施反倾销措施。

2. 反倾销协议。《1994 年关贸总协定》规定了适用于世贸组织成员间贸易的许多基本原则，包括“最惠国待遇”原则，总协定还要求进口产品在国内税费和其他国内法规方面应与本国产品享有同等待遇，不应受到歧视。总协定还建立了关于数量限制、进口规费和海关估价等的规则，世贸组织成员方还同意达成关税减让表。另一方面，1994 年关贸总协定第六条明确授权成员国在其某项工业由于倾销造成实质性损害或产生实质性损害威胁或对某一国内新工业的建立产生实质性阻碍时，对该种进口品可以征收超过其一定限度的反倾销税。

《关于实施 1994 年关税与贸易总协定第六条的协议》，通常称作《反倾销协议》，对总协定第六条确定的基本原则作了进一步解释，以便制约调查、损害的确定、反倾销税的征收等实施。

12.2.2　反倾销应诉对策

近年来，我国加入世贸组织后在农产品方面的反倾销案例常有发生。在一定意义上，我国的农产品价格低，是由于国内劳动力价格决定的；同时我国是发展中国家，农产品的生产费用和科技含量低，有些就是纯自然的无污染的农产品，成本低，但市场需求看好。因此，一定意义上在国外市场营销竞争力强。但是外国对华反倾销斗争一直没有断，自 1979 年就开始了对华的反倾销行动。1978 年中国开始实施对外开放的经济政策，经济开始驶入高速发展的快车道。但是，随着经济的不断发展，国外对中国出口产品反倾销如影随形地扑了上来，其来势之广、速度之快也是世上不多见的。从某种角度来讲在国际贸易方面，竞争与保护从来都是一对孪生兄弟。

在现代社会，反倾销是经济发展的“副产品”，反倾销构成了各国贸易政策的重要部分。反对倾销，依法抵制不公平竞争行为，维护正常的贸易秩序是无可非议的，但过度的保护政策不利于国际贸易的健康发展，反而会破坏正常的贸易活动。它是我国农产品进入国际市场必须解决好的问题，目前，我国农产品出口正面临着国外反倾销的巨大压力，要选择正确的方法进行反倾销应诉。

1. 积极应诉，及时抗辩。反倾销案件发生以后，最重要的措施是正确认识反倾销及其后果，积极应诉，尽量避免国外反倾销措施的使用，将损失降到最低点。

反倾销操作首先是调查程序，应积极配合有关的法律程序的调查，消极等待是不利于问题合理解决的，国外调查机构会利用申请方提供的资料做出最不利于我国的裁决。

积极应诉反倾销的做法是：首先，要树立"参加应诉就是主张自己的权利"的正确的应诉观念。在国际经济交往中，为了维护合法权益，当被告时要理直气壮地讲道理。其次，尽快报名参加应诉。第三，抓住反倾销调查有严格的时限性，在规定的时间范围内，积极答辩，以征得"有效地配合调查"的评价，使应诉材料被认可、采用。所以，在整个应诉的过程中，要按照应诉的要求提供各种帮助，因特殊情况导致应诉迟延的，要及时要求调查机构予以延期。

2. 配合调查，及时提供数据。反倾销调查主要包括：问卷调查、实地调查、听证会、裁决、申诉等。配合调查主要体现在以下几方面：

①认真填写调查问卷。特别要注意在调查问卷中进行有利的抗辩，如申诉方资格、不存在倾销的情况及倾销幅度低、不具有损害事实等。填写调查问卷应在专业人员的指导下进行，回答尽量准确、充分和有说服力。保密材料要注意按要求做保密处理。

②配合反倾销案件组织及成员的实地调查。在实地核查中要实事求是，使调查人员对我国农产品生产、劳动力和市场等内容作出客观的正确认识。我国农产品在生产经营活动中按照市场规律生产、经营、销售的现状和经营独立性。

③充分利用法律手段保护自己。应诉组织应利用法律赋予的权利促使反倾销案件向有利于我国的方向发展。如适时要求举办听证会，利用听证会阐述有利于我方的论点，并可届时补充调查问卷等调查的一些不足；在初裁后审时度势商签中止协议；终裁明显有误时及时上诉法院等。

3. 选择适当的律师。律师的选择是反倾销应诉能否成功的重要环节。反倾销应诉涉及时间长、技术性强、法律性强，又要与反倾销调查机构打交道，具备这些有利条件的是律师。选择律师应考虑：选择通晓反倾销所在国的有关法律、具有反倾销辩护经验、对中国国情比较熟悉并且不反华至少是中立的、与当地反倾销调查机构联系密切的律师。在应聘律师的指导下，应诉企业应特别注意在答调查问卷、准备应诉方案、整理有关证据、协助实地核查、出席听证会以及各种反倾销交涉等多方面与律师进行配合。

4. 抓住复查重新进入市场的机会。新出口的商品即由与已被调查的出口商无关系的新出口商，在反倾销调查期间内未向外国出口被调查的产品，基于新到岸的出口产品可以提出复查要求，从而可以得到有别于原出口商的单独税率。新出口商复查不一定等待行政复查周年期内，一年内可以进行两次新出口商复查，即终裁之后一年或六个月之后的那个月。商务部一般情况下不能拒绝接受新出口商复查来回避复查。另外，新出口商复查还具有快速的特点，商务部应在提起复查之日起 270 天内作出初裁，案情特别复杂的可以延长。

5. 市场经济问题的抗辩和替代国的选择。市场经济抗辩是我国企业遭受反倾销调查应注意的重点。在某些国家歧视性反倾销政策下，往往采取首先要确立我国是“非市场经济国家”，然后采用“替代国”的做法。为此，我国出口商应积极抗辩，证明我国的市场经济状况，阐述农产品在市场经济体制下运作的情况，促使有关调查当局改变对我国经济体制的不合理看法和对企业的不公平待遇。

6. 政府交涉，改变国外不公平的政策和做法。针对国外对中国“非市场经济”的认定和歧视性的反倾销做法，中国政府一贯都是积极支持出口商，运用国际程序与国外有关机关进行交涉，通过大量的我国市场经济活动的事实，使一些国家开始认识到中国市场经济的现状，使他们意识到，反倾销不应是贸易保护主义手段，公平的贸易环境才能促进双方市场经济的发展，这对于进一步促进我国农产品打开国际市场，促进外贸事业的发展具有积极的作用。

综合训练

1. 农产品经纪人技能训练。

操作指导:

(1)到农产品贸易市场观察经纪人的行为方式和了解其经验。

(2)寻找一个农户商议做产品经纪商,注意操作中要做出买卖协议,体现双方利益。

(3)研究产品并进行市场调查,确定市场定位。

(4)寻找销售商,并建立销售关系,注意签订双方的销售协议。

(5)进行销售善后管理,注意农产品的规格、质量、数量控制,对数量不足及时寻找货源补齐。

(6)交接货物后,进行成本核算,并总结经验。

2. 农产品推销员技能训练。

(1)找一农产品批发商或经济合作组织建立产品推销关系。

(2)进行市场调查,研究市场行情。

(3)制定推销计划和方案,注意方案的内容应与市场需求调查相适应。

(4)寻找销售商、零售商或其他加工企业展开推销公关。

(5)一旦洽谈成功立即进行农产品货源组织、运输、保鲜等管理。

(6)直到完成任务,进行成本、利润核算,进行总结。

3. 选择某一种农产品进行推销活动。

(1)寻找市场、研究市场需求群体、组织或可销售的载体。

(2)与商家洽谈形成协议,注意成本核算,双赢原则。

(3)对自家产品进行筛选、包装和组织运输方式。

(4)成交及其善后服务。

(5)总结经验,成本核算,盈亏核算。

上述训练的技巧要参考各章的营销方式进行活动,并要根据情况大胆创新方法。

建议:在市场调查中可以利用网上信息,但一定要到实地了解网上信息提供的情况真实性后再操作。

参考文献

1. 朱祥贤主编．网络营销．北京:科学出版社,2004
2. 韩伟主编．现代推销学．北京:科学出版社,2004
3. 田义江,戢运丽主编．消费心理学．北京:科学出版社,2004
4. 邱华主编．服务营销．北京:科学出版社,2004
5. 杨琼主编．市场营销学．北京:科学出版社,2004
6. 高云龙,等编著．市场营销操作手册(第 2 版)．北京:社会科学文献出版社,2002
7. 郭国庆,等编著．推销员职业技能培训鉴定教材．北京:中央广播电视大学出版社,2004
8. 赵光忠主编．市场营销——管理模板与操作流程．北京:中国经济出版社,2004
9. 何成云主编．最新市场营销．北京:冶金工业出版社,1993
10. 李崇光主编．市场营销学．北京:高等教育出版社,2004
11. 陈利秋,李培亮著．物流公里操典．广州:广东经济出版社,2002
12. 段亚林编著．商务代理．北京:中国经济出版社,1995
13. 王福明主编．世贸组织运行机制与规则．北京:对外经济贸易大学出版社,2000
14. 牛海鹏,等编著．销售通路管理．北京:企业管理出版社,1998
15. 雷培莉,等编著．分销渠道管理学．北京:经济管理出版社,2003
16. 郭国庆编著．市场营销管理——理论与模型．北京:中国人民大学出版社,1993
17. 陈秀山,雷达著．市场国家国际协调．北京:中国青年出版社,1993
18. 何自力,郑子彬著．法国市场经济体制．兰州:兰州大学出版社,1994
19. 张精华著．德国市场经济体制．兰州:兰州大学出版社,1994
20. 叶全良著．WTO 与农产品营销．武汉:湖北人民出版社,2001
21. 朱信凯主编．农民闯市场指南．北京:中国农业出版社,2003
22. 孙天福编．现代营销方式．北京:中国财政经济出版社,2000
23. 中国人民大学书报资料中心．市场营销．2004
24. 约翰·奥桑尼斯,等著．营销中的情感力量．池娟,张琼,王登奎,江涛译．北京:中国金融出版社,2004
25. 陈文华主编．消费心理与营销对策．北京:中国国际出版社,2005
26. 王明华主编．农产品营销．北京:中国农业出版社,2001
27. 北京农村经济编辑部．北京农村经济．2003—2004 年期刊

图书在版编目(CIP)数据

农产品营销理论与实务/李季圣,李志荣主编．—北京:中国农业大学出版社,2005.8(2016.11 重印)

北京市高等教育精品教材立项项目

ISBN 978-7-81066-945-0

Ⅰ.农… Ⅱ.①李… ②李… Ⅲ.农产品-市场营销学-高等学校-教材 Ⅳ.F762

中国版本图书馆 CIP 数据核字(2005)第 099998 号

书　　名	农产品营销理论与实务		
作　　者	李季圣　李志荣　主编		
策划编辑	张秀环	**责任编辑**	杨晓昱　张秀环
封面设计	郑　川	**责任校对**	陈　莹
出版发行	中国农业大学出版社		
社　　址	北京市海淀区圆明园西路 2 号	**邮政编码**	100193
电　　话	发行部 010-62818525,8625	读者服务部	010-62732336
	编辑部 010-62732617,2618	出　版　部	010-62733440
网　　址	http://www.cau.edu.cn/caup	**E-mail**	caup@public.bta.net.cn
经　　销	新华书店		
印　　刷	北京鑫丰华彩印有限公司		
版　　次	2005 年 8 月第 1 版　2016 年 11 月第 7 次印刷		
规　　格	787×980　16 开本　17.5 印张　317 千字		
定　　价	35.00 元		

图书如有质量问题本社发行部负责调换